电子商务基础与应用

邹占才　张志栋　◎主编

北京工业大学出版社

图书在版编目（CIP）数据

电子商务基础与应用 / 邹占才，张志栋主编. — 北京：北京工业大学出版社，2025.7重印
ISBN 978-7-5639-7204-3

Ⅰ. ①电… Ⅱ. ①邹… ②张… Ⅲ. ①电子商务—教材 Ⅳ. ①F713.36

中国版本图书馆CIP数据核字(2019)第272948号

电子商务基础与应用

主　　编：邹占才　张志栋
责任编辑：刘连景
封面设计：点墨轩阁
出版发行：北京工业大学出版社
（北京市朝阳区平乐园100号 邮编：100124）
010-67391722（传真） bgdcbs@sina.com
经销单位：全国各地新华书店
承印单位：三河市元兴印务有限公司
开　　本：787 毫米×1092 毫米 1/16
印　　张：14.25
字　　数：285千字
版　　次：2021 年 10 月第 1 版
印　　次：2025 年 7 月第 4 次印刷
标准书号：ISBN 978-7-5639-7204-3
定　　价：54.00元

前　言

随着信息时代的发展，网上交易与支付、网上娱乐与生活已经被人们接受，电子商务不仅对商业活动产生了巨大的影响，也对人类的思维方式、经济活动方式、工作方式和生活方式产生了很大的影响，电子商务已经成为信息社会商业活动的主要形式。作为21世纪的大学生，除了要掌握电子商务的基本理论外，更应具备从事电子商务交易活动的实际经验。

电子商务是一门综合性很强的课程，该教材通过具体的工作任务、电子商务相关的基础知识和实务操作，培养学生专业知识和实践能力。全书内容包括电子商务概述、网络环境、构建Web应用技术、网络交易行为、网络营销、网络交易与网上银行、电子商务物流、电子商务组织管理、电子商务的法律与知识产权保护九个章节，并在每个章节后精心安排了紧密结合章节知识内容的案例。对这些有代表性的案例进行分析，为学生创设特定事件的场景，使学生能透彻了解电子商务的发展状况，更深刻地理解电子商务的基本理论。

一、教材编写的目标与任务

该教材旨在使学生掌握电子商务的概念、相关技术、运行环境及应用，包括电子商务安全问题和电子交易系统、基于互联网的电子商务应用、网络营销的概念和策略、电子商务法律环境、电子商务物流。通过该课程的学习，能够培养学生较强的电子商务应用操作能力，较强的商务信息化采集及处理能力，计算机网络的一般构建、管理和维护能力，电子商务网站的设计、制作、维护能力，网络营销及其他电子商务活动的策划、组织和管理等能力，较强的社会活动适应能力和组织策划能力。

二、教材编写特色

该教材在对其他高校电子商务课程教学情况进行广泛调研的基础上，筛选、参考多种教材与教学资料，密切结合电子商务发展实际和前沿问题，不断更新教学内容，构建了独具特色的课程内容体系。

该教材重视实践教学，以提高学生的动手能力和实践技能，加强创新意识和科研能力的培养。其主要采取了以下措施：一是利用阿里巴巴国际网站和国内贸易网站平台及淘宝网进行实际操作；二是组织学生参与网店的开发与应用，从而使实践教学环境不断得到优化，在教学中有效地实现了知识教学、价值濡染和实践引导的统一。

编者在编写本书的过程中参考并借鉴了国内外文献资料、著作和网站的相关研究成果，得到了许多同人的大力支持，在此深表谢意！

由于编者对电子商务教学和研究的一些问题论述还不够深入，书中难免有不足之处，敬请各位读者在使用过程中提出宝贵意见，以便不断完善。

目　录

第一章　电子商务概述

第一节　电子商务的产生与发展

一、电子商务的产生

20世纪90年代以来，随着网络、通信和信息技术的突破性进展，Internet在全球呈爆炸性地增长并迅速普及，使得现代商业具有不断增长的供货能力、客户需求和全球竞争三大特征。在这一新趋势下，一种基于互联网、以交易双方为主体、以银行电子支付和结算为手段、以客户数据为依托的全新商务模式——电子商务出现并发展起来。

二、电子商务的发展

（一）迅速扩展阶段

1996年12月16日，联合国第85次全体会议通过了第51/162号决议，正式颁布了《贸易法委员会电子商业示范法》（以下简称《电子商务示范法》）。《电子商务示范法》的颁布，规范了电子商务活动中的各种行为，极大地促进了世界电子商务的发展，并为各国电子商务立法提供了一个范本。

1997年4月15日，欧盟提出了“欧盟电子商务行动方案”，对信息基础设施、管理框架和商务环境等方面的行动原则进行了规定。同年7月1日，美国政府发表了“全球电子商务框架”文件，提出了开展电子商务的基本原则、方法和措施。该文件第一次将互联网的影响与20年前的工业革命相提并论，极大地推动了美国和世界电子商务的发展。这一年，通过互联网形成的电子商务交易额达到26亿美元。

1998年，IBM、HP等跨国公司相继宣布该年度为“电子商务年”，得到众多信息技术公司和商务公司的响应。1999年12月14日，Ziff Davis杂志牵头组织了301位世界著名的互联网和FT业巨头、相关记者、民间团体、学者等，经过半年时间，对7项47款标准进行了两轮投票，确定了世界上第一个互联网商务标准，虽然这并不是一个法律文本，但遵守这一标准的销售商的确在随后的几年中获得了更大的发展。

2000年，世界电子商务交易额达到3549亿美元。

（二）稳步发展阶段

进入21世纪，互联网经济遭到第一次沉重的打击。美国纳斯达克指数暴跌，网络股的价值缩水使得投资人忧心忡忡。一时间，众多的注意力集中在因特网经济上。尤其是作为电子商务典范的美国亚马逊公司经营情况的恶化，8848等电子商务公司的倒闭，更加大了人们对电子商务的恐惧心理，似乎电子商务已经走到崩溃的边缘。甚至有人惊呼，网络公司已经开始分享“最后的晚餐”。

面对电子商务发展的严峻形势，联合国有关组织加大了电子商务发展工作的力度。2001年5月10日，联合国促进贸易和电子商务中心（UN/CEFACT）与结构化信息标准发展组织（OASIS）正式批准了ebXML标准，为拓展一个统一的全球性的电子商务交易市场奠定了基础。

2001年11月，联合国贸易和发展委员会发表了由联合国秘书长安南亲自作序的《2001年电子商务和发展报告》。这一长达40万字的报告，在充分考察电子商务发展过程的基础上，深入分析了电子商务对发达国家和发展中国家的影响，构造了电子商务发展环境模式和实践方法，并对电子商务的应用进行了全面总结。应当说，在电子商务发展的关键时刻，这一报告对于促进世界电子商务的发展起到了极为重要的作用。

2002年1月24日，联合国第56届会议通过了《联合国国际贸易法委员会电子签字示范法》（以下简称《电子签字示范法》），这是联合国继《电子商务示范法》后通过的又一部涉及电子商务的重要法律。该法试图通过规范电子商务活动中的签字行为，建立一种安全机制，促进电子商务在世界贸易活动中的全面推广。会议之后，联合国国际贸易法委员会电子商务工作组将工作的重点转移到电子订约的立法工作上，并提出了电子订约立法的整体构思。与此同时，各国政府也相继推出各种鼓励政策，继续支持电子商务的发展。电子商务摆脱了世界经济萎缩和行业泡沫破灭的影响，步入了稳步发展阶段。

三、世界电子商务发展现状

（一）北美地区

美国在20世纪90年代中期开始了电子商务的革命，电子商务已经成为美国经济中不可或缺的重要组成部分。2013年，美国电子商务市场销售规模约为2630亿美元，占比达到5.8%，相比2012年的2255万美元（约合1.4亿元人民币）增长14.8%。2013年美国移动端的电子商务交易额达388.4亿美元（约合2425.6亿元人民币），相较2012年的248.1亿美元（约合1549.4亿元人民币）增长56.5%，到2017年，移动商务商易额将高达1058.6亿美元。

加拿大是全球电子商务最为发达的国家之一。2010年，加拿大80%的16岁以上个人在使用互联网，有资料表明，加拿大2010年的全国居民宽带普及率就已达到98%，农村宽带普及率为96%，2013年，加拿大电子商务销售额占总零售额的4.5%，到2018年，市场份额会上升到8.2%（439.5亿美元）。

（二）欧洲地区

互联网的飞速发展已经冲击了欧洲社会的各行各业，尤其是商业、法律、技术及金融等部门。目前有8.16亿人生活在欧洲，其中网民人数为5.65亿人，网购用户为2.64亿人，社交媒体用户为4.43亿人。欧洲人均年网购金额为1884美元。

2013年，欧洲的电子商务交易总额达到4969亿美元（约合3630亿欧元），同比增长19%。其中，46%来自服务贸易，54%来自实物交易。其中，欧盟28国的电子商务交易总额为4352亿美元，同比增长18%。2013年，欧洲网上零售的交易总额为50.36亿美元，同比增长 18.68%。欧洲网上零售已至少连续 5 年保持着两位数百分比的增长率。

（三）亚洲和太平洋地区

互联网在亚太地区已经深入百姓的日常生活中，成为人们生活中不可分割的一部分。2013 年第三季度，韩国电子商务交易额达 292.034 万亿韩元（约合人民币 1.67 万亿元），同比增幅仅为 5.3%，环比减少 5.4%。企业间的交易规模同比增加 4.8%，企业与政府间的交易增加 11.6%，企业与个人间的交易增加 14.4%，个人之间的交易增加 14.8%。第三季度的网络购物的交易总额为 9.603 万亿韩元，同比增加 13.5%。

电子商务在日本经济活动中所占的地位越来越重要，并在迅速改变着企业的经营方式和人们的生活习惯。2012 年，日本 B2C 市场规模为 9.5 万亿日元，同比 2010 年增长 12.5%。同时，代表电子商务浸透指标的电子商务转化率约为 3.1%，同比 2010 年增长 0.3%。日本狭义 B2B 市场规模约为 178 万亿日元，同比 2010 年增长 4.1%，电子商务转化率为 17.5%（狭义），同比 2010 年增长 1.4%。

日本电子商务的发展得益于网络通信基础环境的迅速发展，具有鲜明特色的移动通信和移动上网的快速发展及拥有众多的便利店。根据企业界的要求，日本政府尤其是日本国际经贸部积极与私人机构合作，在日本经济的每一个商务活动中开展电子商务的促进计划。此外还加强电子商务预算，扶持电子商务企业发展。

新加坡是世界上电子商务发展最为迅速的国家之一。据新加坡信息通信发展局和国家统计局的统计，新加坡电子商务收入近年来翻了几番，在新加坡 9000 家公司中，98.7% 的公司使用了互联网，包括在线销售和购买，以及与政府有关的网上服务。新加坡的电子商务大部分来自 B2B 业务，金融和会计业务是 B2B 电子商务收入的主要部分，占 56%，为 285.1 亿美元。增长率最高的行业是交通、存储和电信，幅度为 265%，其次是批发、零售和制造业。

（四）其他地区

拉丁美洲是除了北美、欧洲和亚太地区以外，另一个大的电子商务区域。拉美各国 B2C 电子商务消费情况各不相同，其中，巴西成为该地区的佼佼者，其国内 B2C 电子商务消费额占整个拉美地区总额的 59.1%，排在其后的分为别墨西哥、加勒比地区、阿根廷、智利、委内瑞拉、中美洲地区、哥伦比亚、秘鲁及其他所占有份额更少的国家。

拉丁美洲电子商务发展迅速，吸引了亚马逊这样的国际电商，其 2013 年在拉丁美洲市场的零售增幅达到 142%。拉丁美洲电子商务的年交易总额已经超过 600 亿美元。2013 年，亚马逊全球交易额 299.3 亿美元中，拉丁美洲占 4.75 亿美元，其多数来自亚马逊增长最快的海外市场——巴西。亚马逊在拉丁美洲的交易额增幅分别是欧洲的 8.3 倍、中国的 3.7 倍和北美市场的 7 倍。

四、我国电子商务的发展

纵观电子商务发展历程，我们可以将其划分为三个历史阶段。

（一）初创期（1997年至2002年）

互联网虽然是舶来品，但是却受到人们的热切期待。加之美国网络热潮兴起，也催使我国互联网得以快速发展，中国化工网、8848、阿里巴巴、易趣网、当当网、美商网等知名电子商务网站很快就在最初的几年时间里发展起来。然而，由于这段时期我国信息化发展水平仍然较低，社会大众对电子商务仍然缺乏了解，加上不久之后的互联网泡沫等，电商网站大多举步维艰。不过，这段时期的经历为我国电子商务发展打下了很好的基础，营造了很好的社会舆论和环境。

（二）快速发展期（2003年至2007年）

在这段时期，我国电子商务的发展获得了难得的历史机遇，支撑电子商务发展的一些基础设施和政策也在这期间得以发展起来。阿里巴巴先后建立淘宝网并推出"支付宝"。国家也先后出台了一些促进电子商务发展的重要措施，《国务院办公厅关于加快电子商务发展的若干意见》《电子商务发展"十一五"规划》等接连颁布，从政策层面为电子商务发展指明了方向。

（三）创新发展期（2008年至今）

尽管受到国际金融危机的影响，但是2008年以来我国电子商务仍然以较快的速度增长。这段时期的特点是，我国电子商务初步形成了具有中国特色的网络交易方式，网民数量和物流快递行业都快速增长，电子商务企业竞争激烈，平台化局面初步成型。

当前，我国电子商务发展正在进入密集创新和快速扩张的新阶段，日益成为拉动我国消费需求、促进传统产业升级、发展现代服务业的重要引擎。我国电子商务的发展现状具有以下几个特点。

1. 我国电子商务保持快速增长态势，潜力巨大

我国近年来的电子商务交易额增长率一直保持快速增长势头，特别是网络零售市场更是发展迅速，2012年交易额达到13110亿元。而2013年天猫"11·11"购物狂欢节支付宝成交额达350.19亿元，更是让人们看到了我国网络零售市场发展的巨大潜力。毫无疑问，电子商务正在成为拉动国民经济保持快速可持续增长的重要动力和引擎。

2. 企业、行业信息化快速发展，为加快电子商务应用提供坚实基础

近年来，在国家大力推进信息化和工业化融合的环境下，我国服务行业、企业加快信息化建设步伐，电子商务应用需求变得日益强劲。不少传统行业领域在开展电子商务应用方面取得了较好成绩。农村信息化取得了可喜的成绩，创新电子商务应用模式，涌现出一批淘宝店，一些村庄围绕自身的资源、市场优势，开展特色电子商务应用。传统零售企业纷纷进军电子商务。其他行业如邮政、旅游、保险等也都在已有的信息化建设基础之上，着力发展电子商务业务。

3. 电子商务服务业迅猛发展，初步形成功能完善的业态体系

从电子商务交易情况来看，近年来出现了一些新的发展趋势。一是发展模式不断演变。近年来 B2B 与 B2C 加速整合，并由信息平台向交易平台转变。二是零售电子商务平台化趋势日益明显。其具体包括三种情况：追求全品类覆盖的综合性平台，专注细分市场的垂直型平台，大型企业自营网站逐渐向第三方平台转变。三是平台之间竞争激烈，市场日益集中。以阿里巴巴、京东商城为第一梯队拉开了与其他中小型电子商务企业的差距。从支撑性电子商务服务业来看，近年来出现了不少重大的变化。比如，各方面的功能日益独立显现，呈现高度分工的局面；新一代信息技术在电子商务服务中得到快速应用，除了物联网技术外，大数据正逐渐让数据挖掘发挥其精准营销功能；电子商务平台的功能日益全能化。从辅助性电子商务服务业来看，围绕网络交易派生出一些新的服务行业，如网络议价、网络模特、网（站）店运营服务与外包等。

4. 跨境电子交易获得快速发展

我国中小外贸企业跨境电子商务近年来保持了 30% 的年均增速。有关部门正加紧完善促进跨境网上交易对平台、物流、支付结算等方面的配套政策措施，促进跨境电子商务模式不断创新，出现了一站式推广、平台化运营、网络购物业务与会展相结合等模式，使得更多中国制造产品得以通过在线外贸平台走向国外市场，有力推动了跨境电子商务纵深发展。

此外，电子商务发展环境不断改善。全社会电子商务应用意识不断增强，应用技能得到有效提高。相关部门协同推进电子商务发展的工作机制初步建立，围绕电子认证、网络购物等主题，出台了一系列政策、规章和标准规范，为构建良好的电子商务发展环境进行了积极探索。

第二节 电子商务的概念与特征

一、电子商务的概念

（一）世界电子商务会议关于电子商务的概念

1997 年 11 月 6—7 日，国际商会在法国首都巴黎举行了世界电子商务会议，从商业角度提出了电子商务的概念：电子商务是指实现整个贸易活动的电子化。从涵盖范围方面可以定义为：交易各方以电子交易方式而不是通过当面交换或直接面谈方式进行的任何形式的商业交易。从技术方面可以定义为：电子商务是一种多技术的集合体，包括交换数据（如电子数据交换、电子邮件）、获得数据（如共享数据库、电子公告牌）以及自动捕获数据（如条形码）等。

电子商务涵盖的业务包括：信息交换、售前售后服务（如提供产品和服务的细节、产品使用技术指南、回答顾客意见）、销售、电子支付（如使用电子资金转账、信用卡、电子支票、电子现金）、运输（包括商品的发送管理和运输跟踪，以及可以电子化传送的产

品的实际发送）、组建虚拟企业（组建一个物理上不存在的企业，集中一批独立中小公司的权限，提供比任何单独公司多得多的产品和服务）、公司和贸易伙伴可以共同拥有和采用共享的商业方法等。

（二）联合国国际贸易法委员会（UNCITRAL）的表述

为了适应使用计算机技术或其他现代技术进行交易的当事方之间通信手段发生的重大变化，1996年12月16日，联合国国际贸易法委员会通过了《电子商务示范法》。但《电子商务示范法》并未给出明确的“电子商业”的定义，只是强调这种电子商业交易手段的特殊性，即在商业交易中使用了数据电文作为交易信息的载体。

《电子商务示范法》对“电子商业”中的“商业”一词做了广义解释：“使其包括不论是契约型或非契约型的一切商务性质的关系所引起的种种事项。商务性质的关系包括但不限于下列交易：供应或交换货物或服务的任何贸易交易；分销协议；商务代表或代理；客账代理；租赁；工厂建造；咨询；工程设计；许可贸易；投资；融资；银行业务；保险；开发协议或特许；合营或其他形式的工业或商务合作；空中、海上、铁路或公路的客、货运输。”

《电子商务示范法》第2条对数据电文做了明确的定义：“数据电文系指经由电子手段、光学手段或类似手段生成、储存或传递的信息，这些手段包括但不限于电子数据交换（EDI）、电子邮件、电报、电传或传真。”

联合国贸易法委员会认为，在“电子商业”的标题下，可能广泛涉及数据电文在贸易方面的各种用途。“电子商业”概念所包括的通信手段有以下各种以使用电子技术为基础的传递方式：以电子数据交换进行的通信，狭义界定为电子计算机之间以标准格式进行的数据传递；利用公开标准或专有标准进行的电文传递；通过电子手段，如通过互联网络进行的自由格式的文本的传递。电子商业的一个显著特点是，它包括了可编程序电文，通过计算机程序制作是此种电文与传统书面文件之间的根本差别。

（三）经济合作与发展组织关于电子商务概念的理解

经济合作与发展组织（OECD）曾对电子商务的定义做过深入研究，其研究报告《电子商务的定义与统计》指出，狭义的电子商务定义主要包括利用计算机网络技术进行的商品交易，而广义的电子商务将定义的范围扩大到服务领域。公共统计部门为了数据收集的需要和便利，常常将电子商务局限于某一领域，如互联网商务。而国家政策部门为了扩大影响，其电子商务的定义几乎涵盖了经济生活的各个方面，将电子政务归于电子商务之中就是一个典型。

OECD认为，类似于其他横向活动，很难为电子商务做出一个精确的定义。作为一个通用的定义，“电子商务”应当包括两个方面：一是交易活动或形式；二是能够使交易活动进行的通信设施。交易活动或形式所涵盖的范围可以是广义的，也可以是狭义的：前者包括大部分不同层次的商务活动，如工程设计、商务、交通、市场、广告、信息服务、结算、政府采购、保健、教育等；后者仅仅包括通过电子化实现的零售或配送等。通信设施可以再分为两个部分：应用软件与网络。所有软件（如网络软件、EDI软件等）应当可以在所有可能的通信网络（如开放的、封闭的、私人的或非私人的网络）中运行。

理解技术与商务过程的相互关系是理解电子商务定义的关键。电子商务的定义应当反映现代经济活动转变的状态，反映信息技术在商务活动中的应用，否则，就不能区别存在多年的利用传真或电话进行的电子交易；电子商务的定义也不能局限于信息软件和通信技术，它应当反映信息软件和通信技术在全部商业过程价值链中的应用。

2004年，OECD从业务流程的角度对电子商务进行再次定义：电子商务是以计算机网络为媒介的自动商务流程，既包括企业内部流程，也包括企业外部流程。电子商务的处理过程需要整合各项任务并且逾越单独的和个人的应用。

（四）对电子商务的定义

综合各方面不同看法，虽然电子商务所涵盖的内容非常复杂，但仍然需要有一个比较简明的概念以利于电子商务的推广。本书对电子商务的概念做如下表述。

电子商务系指交易当事人或参与人利用现代信息技术和计算机网络所进行的各类商业活动，包括货物贸易、服务贸易和知识产权贸易。

对电子商务的理解，应从“现代信息技术”和“商务”两个方面考虑。一方面，“电子商务”概念所包括的“现代信息技术”应涵盖各种以使用电子技术为基础的通信方式；另一方面，对“商务”一词应做广义解释，使其包括不论是契约型或非契约型的一切商务性质的关系所引起的种种事项。如果将“现代信息技术”看作一个子集，“商务”看作另一子集，则电子商务所覆盖的范围应当是这两个子集所形成的交集，即“电子商务”标题之下可能广泛涉及的互联网、内部网和电子数据交换在贸易方面的各种用途。

二、电子商务的特征

电子商务与传统商务相比具有明显的特征，主要表现为以下几个方面。

（一）交易虚拟化

电子商务通过互联网开展贸易，参与贸易的各方从贸易磋商、签订合同到资金支付等都无须当面进行，整个交易完全虚拟化。对卖方来说，其可以通过建设自己的网站或者大型网络交易平台，将产品信息发布到互联网上。对买方来说，其可以通过网络找到自己需要的产品。买卖双方通过网上洽谈、签订电子合同，完成交易并进行电子支付。

（二）交易成本低

距离越远，网络上进行信息传递的成本相对信件、电话、传真等的成本而言就越低。

买卖双方通过网络进行商务活动，无须中介者参与，减少了交易环节。

电子商务实行“无纸化贸易”，可减少90%的文件处理费用。

企业利用内部网可实现“无纸化办公”，提高内部信息传递的效率、节省时间，并降低管理成本。而且，企业通过互联网可把总部、代理商，以及分布在各地的子公司、分公司联系在一起，即对各地市场做出反应，及时生产、及时销售，降低库存，采用高效快捷的配送公司提供交货服务，从而降低产品生产成本。

卖方可通过网络进行产品宣传，降低广告宣传费用。

（三）交易效率高

互联网将贸易中的商业报文标准化，使商业报文能在各地瞬间完成传递与计算机自动处理，原材料采购、产品生产、需求与销售、银行汇兑、保险、货物托运及申报等过程无须人员干预，可在最短时间内完成。

（四）交易透明化

买卖双方从交易洽谈、签约以及货款的支付，到交货过程都在网络上进行。通畅、快捷的信息传输可以保证各种信息之间互相核对，可以防止伪造信息的流通。同样，在典型的许可证 EDI 系统中，由于加强了发证单位和验证单位的通信、核对，所以假的许可证就不易漏网。海关 EDI 也帮助杜绝边境的假出口、兜圈子、骗退税等违法行径。

三、电子商务与传统商务的比较

（一）电子商务与传统商务的关系

电子商务与传统商务并不是截然分开的，两者有着密切的联系。根据产品、过程和参与者的虚拟化程度，可以设计一个三维坐标图（见图 1-1）。产品为纵坐标，过程为横坐标，参与者为水平坐标，箭头的指向表示虚拟程度的高低，即离原点越远，产品、过程和参与者的虚拟化程度越高。据此，我们可以将坐标图显示的空间划为 8 个部分。左下方带有阴影的方格表示的商务形式为传统商务，此种形式商务的 3 种要素都是物质形态的；右上方明影表示的方格则代表纯粹的电子商务，其中包括的 3 种要素都是数字化的；而所有其他方格所包含的 3 个要素则兼有实物性和虚拟性，即它们所包含的 3 种要素中至少有一个变量是非数字形式的，这些方格表示不完全的电子商务。从左下方到右上方，数字化程度逐渐加强，传统商务逐步向纯粹的电子商务过渡。

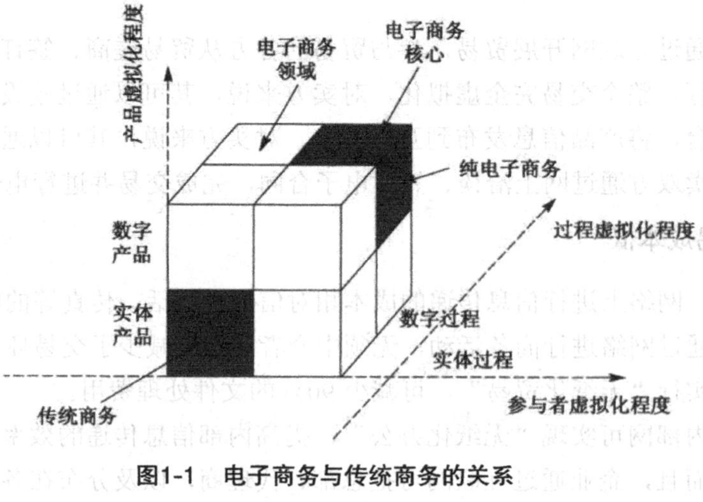

图1-1　电子商务与传统商务的关系

（二）电子商务的优势与劣势

1. 电子商务的优势

企业对电子商务感兴趣的理由非常简单，就是电子商务可以为企业带来利润。对企业来说，电子商务的优势可以概括成一句话，那就是电子商务可以增加销售额并降低成本。具体来说包括四方面。第一，电子商务可以增加卖方的销售机会。企业可以通过网络找到许多新的贸易伙伴，减少交易环节，增加交易机会，降低交易成本。第二，可以增加买方的购买机会。与传统商务相比，电子商务给买方提供了更多的选择，因为买方可以考虑更多的产品和服务。第三，电子商务可以 24 小时提供交易机会，而且不受交易地点的限制。第四，电子商务可以惠及整个社会。互联网可以安全、迅速、低成本地实现税收、退休金和社会福利金的电子支付。而且由于电子商务可以让人们在家工作，交通拥挤和环境污染也可以得到缓解。

2. 电子商务的劣势

①由于现有技术和软件方面的问题，有些业务也许永远不能使用电子商务。

②对电子商务进行投资时，其收益是很难计算的，所以实施电子商务的成本和收益也很难精确计算。

③很多企业在实施电子商务时，还会遇到习惯和法律上的障碍。一些消费者不愿意在互联网上发送信用卡账号；还有些消费者不愿改变购物习惯，宁愿到商场亲自购物。另外，电子商务所面临的法律环境也存在相互冲突的地方，很多情况下，立法跟不上技术的发展。

④互联网正在把世界各地的人连在一起，因此也带来了国际电子商务。但是，世界各国的政治结构还跟不上互联网技术的发展，所以国际化的电子商务还面临着许多挑战。

第三节 电子商务的分类及其服务内容

一、按照交易对象分类

（一）企业与消费者之间的电子商务

企业与消费者之间的电子商务即 B2C 电子商务。它类似于联机服务中进行的商品买卖，是利用计算机网络使消费者直接参与经济活动的高级形式。这种形式随着网络的普及迅速地发展，现已形成大量的网络商业中心，提供各种商品和服务。

（二）企业与企业之间的电子商务

企业与企业之间的电子商务即 B2B 电子商务。B2B 包括特定企业间的电子商务和非特定企业间的电子商务。特定企业间的电子商务是在过去一直有交易关系或者今后还要继续进行交易的企业间，为了相同的经济利益，共同进行的设计、开发或全面进行市场及库存管理而进行的商务交易。企业可以使用网络向供应商订货、接收发票和付款。非特定企业间的电子商务是在开放的网络中对每笔交易寻找最佳伙伴，与伙伴进行从定购到结算的全部交易行为。这里，虽说是非特定企业，但由于加入该网络的只限于需要这些商品的企业，可以设想是限于某一行业的企业。不过，它不以持续交易为前提，不同于特定企业间的电子商务。B2B在这方面已经有了多年运作历史，使用得也很好，特别是通过专用网络或增值网络上运行的电子数据交换（EDI）。

按照网站交易模式的不同，B2B电子商务还可以分为水平网站和垂直网站。水平网站将买方和卖方集中到一个市场上来进行信息交流、发布广告、拍卖竞标、交易、库存管理等。此类网站也被视为各大企业内部采购部门的延伸，其主要客户一般是大型企业。“水平”主要是指这种网站的行业范围广，很多行业都可以在同一个网站上进行贸易活动。

垂直网站是将特定产业的上下游厂商聚集在一起，让各阶层的厂商都能很容易地找到物料供应商或买主。例如，美国的由三大汽车制造商所形成的汽车零件交易网便是一种垂直市场。之所以称之为“垂直”网站，是因为这些网站的专业性很强，它们将自己定位在一个特定的专业领域内并沟通上下游生产企业。

（三）企业与政府方面的电子商务

企业与政府方面的电子商务即B2G电子商务。这种商务活动覆盖企业与政府组织间的各项事务。政府采购清单可以通过互联网发布，公司可以电子化方式回应。同样，在企业税款的征收上，政府也可以通过电子交换方式来完成。美国政府已经从1997年1月起通过EDI完成政府年度采购任务，并于1999年最终取消了纸面单证。

通过上述三种电子商务的基本形式，可以产生出若干种派生形式，如C2B、C2C、G2B等。这些形式的运作过程与B2C和B2B电子商务基本类似，所以，本书将侧重点放在B2C和B2B电子商务的研究上，而对其他内容不做重点介绍。

二、按照商务活动形式分类

按照商务活动的形式分类，电子商务主要包括两类商业活动：一是间接电子商务——有形货物的电子订货，它仍然需要利用传统渠道（如邮政服务和商业快递）送货或实地交割（如房地产产品）；二是直接电子商务——无形货物和服务的网上交易，包括计算机软件、娱乐内容的联机订购、付款和交付，也包括金融产品、旅游产品的网上交易，或者是全球规模的信息服务。直接和间接电子商务均提供特有的机会，同一公司往往二者兼营。间接电子商务要依靠一些外部要素，如供应链、配送系统等；直接电子商务能够使双方越过地理界线直接进行交易，充分挖掘全球市场的潜力。

三、按照使用网络类型分类

根据使用网络类型的不同，电子商务目前主要有四种形式：EDI（电子数据交换）商务、互联网（Internet）商务、Intranet（内联网）商务和移动（mobile）电子商务。

（一）EDI商务

按照国际标准组织的定义，EDI商务是“将商务或行政事务按照一个公认的标准，形成结构化的事务处理或文档数据格式，从计算机到计算机的电子传输方法”。简单地说，EDI 就是按照商定的协议，将商业文件标准化和格式化，并通过计算机网络，在贸易伙伴的计算机网络系统之间进行数据交换和自动处理。

EDI 主要应用于企业与企业、企业与批发商、批发商与零售商之间的批发业务。相对于传统的订货和付款方式，EDI 大大节约了时间和费用。相对于因特网，EDI 较好地解决了安全保障问题，这是因为使用者均有较可靠的信用保证，并有严格的登记手续和准入制度，加之多级权限的安全防范措施，从而实现了包括付款在内的全部交易工作数字化。

但是，由于 EDI 必须租用 EDI 网络上的专线，即通过购买增值网（VAN）服务才能实现，费用较高，也由于需要有专业的 EDI 操作人员，需要贸易伙伴也使用 EDI，因此只有大公司才有能力使用 EDI。随着计算机大幅度降价、Internet 网络的迅速普及，基于因特网、使用可扩展标识语言（XML）的 EDI，即 Web-EDI，或称 Open-EDI 正在逐步取代传统的 EDI。而在 EDI 基础上发展起来的 eBXML，成为 21 世纪初电子商务推广的重点。

（二）互联网商务

互联网商务是现代商务的新形式。它以计算机、通信、多媒体、数据库技术为基础，通过互联网络，在网上实现营销、购物服务。它打破了传统商业生产、批发、零售及进、销、存、调的流转程序与营销模式，真正实现了少投入、低成本、零库存、高效率，避免了商品的无效搬运，从而实现了社会资源的高效运转和最大节余。消费者可以不受时间、空间、厂商的限制，广泛浏览，充分比较，模拟使用，力求以最低的价格获得最为满意的商品和服务。

（三）Intranet 商务

Intranet 商务是利用企业内部网络开展的商务活动。Intranet 是 Intra-business Internet 的缩写，是指运用 Internet 技术，在企业内部所建立的网络系统。Intranet 只有企业内部的人员可以使用，信息存取只限于企业内部，并在安全控制下连上 Internet。一般 Intranet 多设有防火墙程序，以避免未经授权的人进入。由于建立成本较低，所以 Intranet 目前发展迅速。企业开展 Intranet 商务，一方面可以节省许多文件往来时间，方便沟通管理并降低管理成本，另一方面可通过网络与客户提供双向沟通，适时提供产品与服务，提升服务品质。

因特网商务、EDI 商务和 Intranet 商务的关系可以用图 1-2 表示。

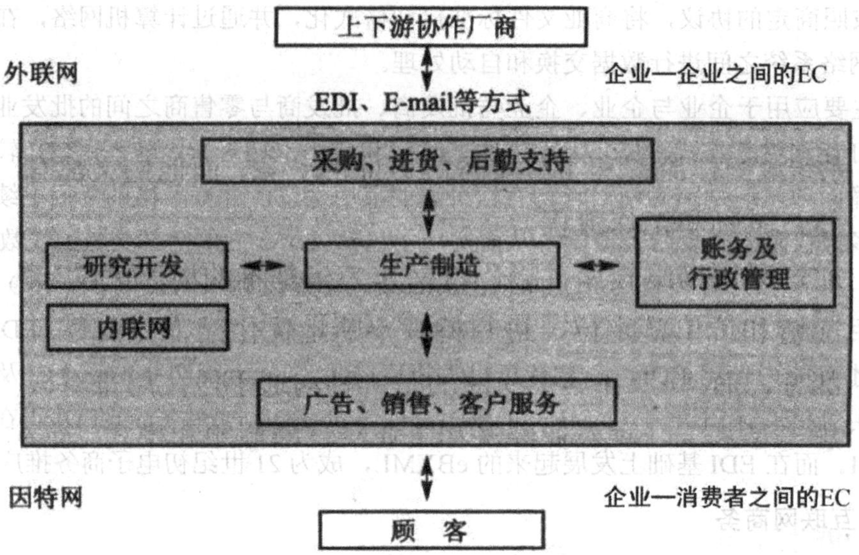

图 1-2　因特网商务、EDI 商务和 Intranet 商务的关系

四、按照服务行业类型分类

按照服务行业的特点，电子商务可以分为若干不同的类型，如金融电子商务、旅游电子商务、娱乐（包括游戏）电子商务、房地产电子商务、交通运输电子商务、医药卫生电子商务等。相对于其他电子商务形式，这些类型的电子商务具有相当现实的盈利点。因为它们主要都是提供信息服务，而较少涉及实物运输，无须用很大精力解决复杂的物流配送问题。它们可以采用 B2C、B2B、C2B、C2C 等多种形式，具有用户范围广、营运成本低、无时空限制以及能同用户直接交流等特点。

第四节　电子商务在现代经济中的地位与作用

一、电子商务的价值创造

在分析电子商务在现代经济中的地位与作用时，一个首要的问题是：电子商务的价值从何而来？或者更准确地说，从宏观角度观察，网络经济作为信息社会的主流经济形态，如何通过价值创造和价值转移的方式获得其价值来源呢？

按照美国商务部 1999 年的说法，电子商务及其赖以实施的信息网络构成了网络经济的两个方面，而电子商务的应用在整个经济和社会范围内产生了巨大影响。

为了降低交易成本，改善提供给客户的服务，提高生产效率，无论是新出现的以因特网为基础的企业，还是传统的货物和服务的生产者，都在将其业务方式转化为电子商务。由于客户需求和交易需求的推动，企业组织正在努力想办法整合与顾客、供应商、合作伙伴在数据、信息系统、工作流程和工作实务等方面的业务，而他们又都有各自不同的标准、协议、传统、需要、激励和工作流程。

电子商务是通过采用网络技术并以因特网作为最基本的沟通手段，将企业的价值主张通过创新链、供应链和价值链定位，进行持续不断的优化配置，而业务仍旧是这种方式的核心部分。

传统的价值思考是基于一种农业经济和工业经济的假想和模式。而在一个飞速变化的全球网络竞争环境中，价值创造的基本逻辑发生了巨大的变化。

农业时代的财富来源于土地，通过运用有限的农业技术来顺应自然力的要求，进行农牧业的开发和财富的积累。这时候，劳动是财富之父，土地是财富之母，劳动成为价值增值的源泉，而新土地的使用和土地的兼并则成为价值增值的基础。

工业时代的财富来源于制造，社会通过分工和专业化提高了组织的作用，工厂建立起来进行生产，大学和研究机构建立起来以培养与之相适应的科学技术和劳动力。工业生产的核心特征是"标准化基础上的规模经济"，效率的提高成为财富之母，流水线的作用使得社会经济高度组织化，效率成为至上的价值来源。

在信息时代，价值越来越多地是建立在数据、信息和知识的基础结构上。当服务经济转变到信息经济时，使用电子商务的优势就变得更为清晰。通过因特网，电子商务以一种前所未有的方式，集成传统商业活动中的物流、资金流和信息流，同时帮助企业将客户、经销商、供应商以及员工结合在一起。它改变了企业的生产方式，改变了传统的采购、营销及售后服务活动的方式，减少价值链环节，从而为企业带来巨大的利润。

电子商务是因特网发展日臻成熟的直接后果，是网络技术应用新的发展方向。因特网自身所具有的开放性、全球性、低成本、高效率的特点，已成为电子商务的内在特征，它不仅使电子商务大大超越了作为一种新的贸易形式所具有的价值，而且为整个社会的价值创造带来了一种新的模式。

二、电子商务对社会生产力的推动作用

以微电子、计算机、通信和网络技术为代表的现代信息技术在经济领域的广泛应用，使得交易成本急剧下降，从而导致信息替代了资本在经济发展中的主导地位。作为重要的生产要素和战略资源，通过互联网传递的大量信息使得现有的社会资源获得高效配置，社会劳动生产率大幅度提高，并推动经济结构革新和产业结构的升级。

电子商务对社会生产力的推动作用突出表现在三个方面。

（一）大幅度降低信息成本，提高信息使用效率

作为一个极为重要的商务信息载体和运送平台，电子商务降低了信息来源成本；突破行业和产品物理特性的限制，使交易范围急剧放大；弥补了信息的不对称性，实现交易信息互换和交易行为的虚拟市场化。从目前市场情况看，电子商城、网上书店和网上拍卖等交易行为，无不体现与传统交易相比的信息成本优势。信息成本的低廉形成了对电子商务生存的最有力的支撑。

（二）大量减少中间环节，降低销售成本和购买成本

电子商务为买卖双方在网上直接交易提供了现实可能性，缩短了供求之间的距离。绕

过传统的经销商而直接与客户沟通，企业可以将需求直接转化为企业的生产指令，减少了许多中间环节，使得零库存生产成为可能。在批发领域，电子商务可以在很大程度上取代传统商业在商品流通渠道中的批发职能，使批发商的作用大大削弱。除了农业生产资料要面对众多零星的农户以外，大多数生产消费者都有可能直接上网采购生产资料。而对于普通消费者，则可以通过网络购买降低购物成本。

（三）有利于形成高效流通、交换体制

电子商务构成了虚拟社会中的整个商品交易的庞大网络，实体社会中商品的盲目实物移动转变为有目标的实物移动。借助于电子商务的信息沟通和需求预测，企业可以组织有效生产，形成高效流通、交换体制。政府则可以通过电子商务，将市场、企业和个人连接起来，方便地进行宏观调控。

三、电子商务是实现经济变迁的重要措施和手段

说到经济变迁，人们自然联想到制度变迁、技术变迁、体制变迁等。但是，用其中任何一种“变迁”来描述信息经济带给人类经济活动各个方面的深刻变化似乎都嫌单薄。“经济变迁”也许更多地包容了世纪之交产业社会向知识社会的根本转换，从企业经营管理到经济理论、社会经济结构、经济增长等。而就“变迁”本身而言，它需要“变迁”的内在和外在动力、变迁的传导形态和变迁的阶段性内容。20世纪70年代以来，针对发达工业国家的经济“滞胀”的压力，变迁的外在动力导致寻找新的经济增长点。

20世纪90年代以来，以网络为核心的信息产业革命带来了经济的高增长、低通胀。

1994年至今，美国持续4%左右的经济增长正是以计算机和通信为基础、全方位信息服务相配合的信息产业带动的。从1993年到1996年，日本信息产业的平均增长率为6.42%，大大高于日本整个产业平均增长率的1.68%。1996年，日本国内的信息产业生产总值占所有产业生产总值的11.4%，对国内生产实际增长率的贡献度为15.4%。1998年，我国GDP预期8个百分点的增长中，约有1.44个百分点来自信息产业。2005年，我国信息产业完成增加值1.13万亿元，约占GDP比重的7.5%。

人类社会经济的发展曾经历了两次重大的转变：一是在1880年前后由农业经济转变为工业经济；二是开始于20世纪70年代的工业经济向知识经济的转化。农业经济和工业经济都属于物质经济，因而农业经济转变为工业经济仍然属于在同一形式下的经济转变。与第一次转变相区别，工业经济转变为知识经济却是由旧的经济形式向新的经济形式的转变，因此这种转变对经济发展的影响要比第一次转变深远得多、广泛得多。而在这样一种转变过程中，电子商务是一种非常重要的、关键性的措施和手段，因为它是将信息技术与传统经济连接起来的最有效的桥梁。电子商务将会对世界经济发展和竞争格局产生巨大的影响。

四、电子商务发展是促进市场资源有效配置的必备手段

中国经济的发展需要一个高效、健全、可持续的发展战略与发展模式，以满足与支持全球资源配置的能力。要发挥我们的比较优势，更需要我们有一个高效而廉价的交易平台。

电子商务是一种手段，也是企业不可忽视的一种竞争力。无论是传统产业的转型，还是新型行业的兴起，都需要发挥电子商务潜在的市场配置能力。

电子商务将政府、企业以及贸易活动所需的其他环节连接到网络信息系统上，在整个供需链与贸易链中，从原材料采购供应到为消费者服务进行双向的信息交换、传递和应用集成，并以高效快捷的信息交流与直接应用完成全部商务活动，促进各种要素合理流动，消除妨碍公平竞争的制约因素，实现市场对资源的基础性配置作用。

在解除了传统贸易活动中物质、时间空间对交易双方限制的条件下，电子商务帮助企业实现了资源的跨地域传递和信息共享，在传统贸易运行环境下困扰企业的区位劣势和竞争劣势得以克服。

信息在互联网中充分、便捷地流动，减少了产品交易的不确定性和市场发展的盲目性，进一步削弱因不完全信息或信息的不对称而产生的市场垄断行为，消除了暗箱操作和信用危机，使整个市场秩序得到优化。

五、经济全球化与电子商务

经济全球化是 21 世纪经济发展的大趋势。随着我国加入世界贸易组织（WTO），经济全球化给我国经济未来的发展带来了结构性的冲击和整体性的挑战。由于互联网全球性、便捷性的特点，经济全球化对我国电子商务的影响可能是整个影响中最深远、冲击最剧烈的领域之一。信息行业（IT）成为人们关注的焦点。按照 WTO 的要求，2005 年以后，中国不再对半导体、计算机及计算机产品、电信设备等 IT 产品征收关税，实行国际通行的零关税。这就是说，加入 WTO 后，中国 IT 产业的大门 100% 地向世界打开。由于国内生产硬件的 IT 行业近年来不断调整，在技术、产品、分销网络、售后服务等方面都有大的改进，已具备与国际 IT 产业发展相适应的竞争能力。但对于软件行业来说，由于国内软件企业与国外差距较大，该行业面临较大的竞争压力，国内本来就比较弱小的软件企业需要尽快改变自己的经营模式。加入 WTO 有利于扩大出口，改善我国的对外经贸环境，但同时也要求我国企业迅速采用电子商务的贸易形式，包括利用 B2B 和 EDI 形式。对于传统企业来说，加入 WTO 后，其销售行为发生了明显的变化。具有较强竞争力的中国服装、纺织、机电等商品，不再受“反倾销”之类的干扰，但也失去了“最惠国”的待遇。借助最新网络技术迅速介入全球市场成为出口企业的最佳选择，相当一部分出口额转移到了网络上来。

WTO 将 ICP（网络内容服务商）的开放作为最优先考虑的行业，具有强大竞争力的国际信息提供商与中国 ICP 展开一场新的文化较量。网上社区在 24 小时内就可以把国外的文化娱乐产品传送到国内，因此，提高国内 ICP 的素质，抵御不良文化渗入的任务也将更加繁重。

国外银行业在网络技术上的领先地位可能更多地对我国银行业造成威胁。网络银行将银行的服务站点散布到各个企业和家庭，提供信息查询、货币支付、储蓄、结算和信用卡等多种在线服务，不仅及时方便，而且成本低廉，具有很强的竞争能力。

现代商品配送中心是连锁企业商流、物流、信息流的交汇点，承担着各个商店和用户所需商品的进货、库存、分拣和理货、配货和分发职能，同时负责整个供应链的情报工作。特别是在电子商务条件下，由于所有的信息传递均是在虚拟条件下进行的，商品配送工作的好坏将对整个虚拟市场商品的流通产生重要影响。

【案例分析】

不同电子商务模式典型案例

①B2B = Business to Business。商家(泛指企业)对商家的电子商务，即企业之间通过互联网进行产品、服务及信息的交换。通俗的说法是指进行电子商务交易的供需双方都是商家(或企业、公司)，她（他）们使用了互联网技术或各种商务网络平台，完成商务交易的过程。这些过程包括：发布供求信息，订货及确认订货，支付过程及票据的签发、传送和接收，确定配送方案并监控配送过程等。有时写作“B to B”，但为了简便干脆用其谐音B2B(2 即 two)。B2B 的典型是中国供应商、阿里巴巴、中国制造网、敦煌网、慧聪网、瀛商网、Needsee、电子商务学吧等。B2B 按服务对象可分为外贸 B2B 及内贸 B2B，按行业性质可分为综合 B2B 和垂直 B2B，垂直 B2B 有中国化工网、鲁文建筑服务网。

②B2C = Business to Customer。B2C 模式是我国最早产生的电子商务模式，以 8848 网上商城正式运营为标志。

第一种为综合商城：淘宝线上的天河城、正佳广场。商城，谓之城，自然城中会有许多店，综合商城就如我们平时进入天河城、正佳、新大新等现实生活中的大商城一样。商城一楼可能是一级品牌，然后二楼是女士服饰，三楼是男士服饰，四楼是运动或装饰，五楼是手机数码……将 N 个品牌专卖店装进去，这就是商城。而后面的淘宝商城自然也是这种形式，跟传统无异，它有庞大的购物群体，有稳定的网站平台，有完备的支付体系、诚信安全体系，促进了卖家进驻卖东西，买家进去买东西。如同传统商城一样，淘宝自己是不卖东西的，是提供了完备的销售配套。这种商城在线下是以区域来划分的，每个大的都市总有三五个大的商城。而互联网这一领域，也注定了三五家综合商城独大，目前是淘宝一家独大。

第二种为专一整合型：赛 V 网。赛 V 网是集体育用品网上销售、导购、新闻资讯、赛事报道等为一体的体育综合门户网。北京赛威网信息技术有限公司是一家富有创新性的综合性企业，他们把先进的电子商务模式与传统零售业进行创新性融合，用现代化网络平台和呼叫中心的方式为客户服务。公司依托赛 V 网，以网络营销和网站推广为主要手段，主要靠先进的营销理念，高效完善的配送方式，全新的经营模式，为消费者提供高品质的完美购物体验。

第三种为百货商店：亚马逊、当当、卓越、线上的沃尔玛。商店，谓之店，说明卖家只有一个；而百货，即满足日常消费需求的丰富产品线。这种商店自有仓库，会库存系列产品，以备更快的物流配送和为客户服务。这种店甚至会有自己的品牌。就如同线下的沃尔玛、屈臣氏、百佳百货。这种模式最受关注的当数亚马逊，很多人笑称，要入电商行业，先研究亚马逊，要做电商行业，要摆脱亚马逊，说的就是其专业而规模化，让人既爱之，又妒恨之。因为各自有库存，配送等环境的差异，使每个平台各具特色，也就是说是有品牌效应的。有了品牌效应，这种模式的网店是可以多家的，不仅仅三五家，可以是一个倍数。可能消费者会因为某一次不愉快的购物体验、较小的价格差异，而选择尝试其他家。当当和卓越都曾试过店中店的模式，不过比较失败。

第四种为垂直商店：麦考林、红孩子、京东、优歌网、线上的千色店、国美、360商城、笑购网。垂直商店，服务于某些特定的人群或某种特定的需求，提供有关这个领域的全面产品及更专业的服务。如麦考林定位于18～25岁的年轻女性群体无店面销售载体，起家是用DM，后面慢慢向网店倾向。红孩子起步时就以母婴市场切入。京东，做线上的国美，专业于销售电器或3C产品。这种商城的产品存在着更多的相似性，要么都是满足于某一人群的，要么是满足于某种需求，抑或某种平台的（如电器）。垂直商店，存在于互联网上有多少呢？这取决于市场的细分。设定细分的种类是X的话，那就是X的三到五倍，因为每一个领域，总有三五家在那里竞争着，尽管第二名活得很辛苦，但因为有了良好的竞争格局，而促进了市场服务的完善。京东、红孩子都开始了扩大产品线。红孩子以原有的母婴市场，拓展到以家族为单位的购物平台；京东通过低价的电器或3C产品吸引了大批的购买者，然后通过丰富产品线，添加或推荐利润空间更大的产品以谋求赢利。很明显，他们都在往综合商店转型。而另一个现象，像麦考林，优歌网这种针对人群细分的垂直商店，目标则是将自己塑造成一个知名品牌。

第五种为复合品牌店：佐丹奴、百丽。佐丹奴是一个传统的服装品牌，自己有很多家直属、加盟店。正佳商城开了，佐丹奴进驻，而网上的淘宝商城开了，线上的佐丹奴也第一时间进驻。佐丹奴也有自己有独立形象店，这就是传统的品牌。当佐丹奴发现线上的消费者和线下的消费者是不同的时，他们大胆地做了不同价格的运营，而其完善的仓储调配管理通过网络的销售更好地把握了现金流及货品流通的运作。百丽，线下有近万家店，进军网络市场后，大量生产产品，降低价格，抢占市场。通过线下店铺的支持，稳打稳扎，可进可退。随着电子商务的不断成熟，会有越来越多的类似佐丹奴和百丽的传统品牌商加入电商战场，以抢占新市场，拓宽新渠道，优化产品与渠道资源。

第六种为轻型品牌店：PPG、VANCL、梦芭莎。PPG与VANCL的案例已传遍大街小巷了，尽管存在着诸多争议，但新事物总是在争议中产生的。中国已是一个生产大国，很多代工厂，成熟的行业链条足以满足生产需要，但中国商品的收益大多属于产品利润溢价，而非品牌利润溢价（比如中国的MP3，在赚十块钱的利润，而美国的APPLE赚的不止十美金的利润），在环境的催熟下，做一个品牌并非一定要有自己的工厂，日趋完善的物流配送以及其他各种服务，产业链条日趋细化与完善，使得品牌商可以专注做自己擅长的事情，而其他事情都外包，用最好的原材料提供商，找最好的生产厂商，寻找高效益的有效推广渠道，强强结合，品牌商可以更专注地提供个性化、能满足受众群体需求的产品，基于品牌定位，加强产品设计。

第七种为服务型网店：易美、亦得。易美是一家网上冲印公司，比如，小王结婚了，跟老婆去了欧洲度蜜月，拍了好多的相片，可是，还没回到家，亲戚朋友们都拿到了小王通过易美网上冲印好的相片。亦得代购，购遍全球。是的，它可以帮你到全世界各地去购买你想要的产品，并以收取适量的服务费赢利。服务型的网店越来越多，其都是为了满足人们不同的个性需求。

第八种为导购引擎型：爱比网。比友们可以在这里分享到比友的产品体验点评。作为B2C的上游商，给商家带去客户，是站在消费者的角度做服务的。爱比网力争成为电商有效的流量采购平台，以降低高品质B2C商家们的营销成本。

③C2C = Consumer to Consumer。C2C同B2B、B2C一样，都是电子商务的几种模式之一。不同的是C2C是用户对用户的模式，C2C商务平台就是通过为买卖双方提供一个在线交易平台，使卖方可以主动提供商品上网拍卖，而买方可以自行选择商品进行竞价。C2C的典型是百度C2C、淘宝网、拍拍网等。

④B2M = Business to Manager。B2M是相对于B2B、B2C、C2C的电子商务模式而言的，它是一种全新的电子商务模式。而这种电子商务相对于以上三种有着本质的不同，其根本区别在于目标客户群的性质不同，前三者的目标客户群都是作为一种消费者的身份出现，而B2M所针对的客户群是该企业或者该产品的销售者或者为其工作者，而不是最终消费者。B2M与传统电子商务相比有了巨大的改进，除了面对的用户群体有着本质的区别外，B2M还具有一个优势：电子商务的线下发展。以上三者传统电子商务的特点：商品或者服务的买家和卖家都只能是网民，而B2M模式能将网络上的商品和服务信息完全地走到线下，企业发布信息，经理人获得商业信息，并且将商品或者服务提供给所有的百姓，不论是线上还是线下。其实B2M本质上是一种代理模式。Business to Marketing，即面向市场营销的电子商务企业(电子商务公司或电子商务是其重要营销渠道的公司)。B2M电子商务公司以客户需求为核心而建立起的营销型站点，并通过线上和线下多种渠道对站点进行广泛的推广和规范化的导购管理，从而使得站点作为企业的重要营销渠道。

⑤M2C = Manager to Consumer。M2C是针对B2M的电子商务模式而出现的延伸概念。B2M环节中，企业通过网络平台发布该企业的产品或者服务，职业经理人通过网络获取该企业的产品或者服务信息，并且为该企业提供产品销售或者企业服务，企业通过经理人的服务达到销售产品或者获得服务的目的。而在M2C环节中，经理人将面对Consumer，即最终消费者。M2C是B2M的延伸，也是B2M这个新型电子商务模式中不可缺少的一个后续发展环节。经理人最终还是要将产品销售给最终消费者，而这里面也有很大一部分是要通过电子商务的形式，类似于C2C，但又不完全一样。C2C是传统的盈利模式，赚取的基本就是商品进出价的差价。而M2C的盈利模式则丰富、灵活得多，即可以是差价，也可以是佣金。而且M2C的物流管理模式也比C2C更富多样性，比如零库存；现金流方面也较传统的C2C更有优势。

⑥B2A = Business to Administration（也即B2G = Business to Government）。商业机构对行政机构的电子商务，指的是企业与政府机构之间进行的电子商务活动。例如，政府将采购的细节在国际互联网络上公布，通过网上竞价方式进行招标，企业也要通过电子的方式进行投标。目前这种方式仍处于初期的试验阶段，但可能会发展很快，因为政府可以通过这种方式树立政府形象，通过示范作用促进电子商务的发展。除此之外，政府还可以通过这类电子商务对企业的行政事务进行管理，如政府用电子商务方式发放进出口许可证、开展统计工作，企业可以通过网上办理交税和退税等。我国的金关工程就是通过商业机构对行政机构的电子商务，如发放进出口许可证、办理出口退税、电子报关等，建立我国以

外贸为龙头的电子商务框架，并促进我国各类电子商务活动的开展。

⑦C2A = Consumer to Administration（也即 C2G = Consumer to Government）。消费者对行政机构的电子商务，指的是政府对个人的电子商务活动。这类电子商务活动还没有真正形成。然而，在发达国家，如澳大利亚，政府的税务机构已经通过指定私营税务，或财务会计事务所用电子方式来为个人报税。这类活动虽然还没有达到真正的报税电子化，但是，它已经具备了消费者对行政机构电子商务的雏形。政府随着商业机构对消费者、商业机构对行政机构的电子商务的发展，将会对社会的个人实施更为全面的电子方式服务。政府各部门向社会纳税人提供的各种服务，如社会福利金的支付等，都会在网上进行。

【案例讨论】

分析 B2B、B2C、C2C、B2M、M2C、B2A、C2A 等电子商务模式的优势和劣势。

第二章　网络环境

电子商务存在的前提是几项关键技术，其中最重要的当然是网络技术。计算机网络是由若干个地理上分散的、具有独立功能的计算机系统利用各种通信系统互相连接起来而形成的计算机系统集合。其目的在于实现资源共享和信息交流。组成计算机网络的元素包括硬件和软件，其中硬件有主机、通信链路以及路由器；软件包括通信软件和操作系统。计算机网络的应用包括访问远程信息，自 1969 年 12 月世界上第一个数据包交换计算机网络 ARPANET 出现以来，ARPANET 网络已从最初的四个节点发展为横跨全世界一百多个国家和地区、挂接有几万个网络、几百万台计算机、几亿用户的 Internet。

第一节　计算机网络

电子商务主要是实现用户的需求和提供服务之间的电子匹配。用户的需求是通过电信网、因特网、移动通信网和广播电视网等网络环境送达电子商务平台，通过电子商务平台获得服务商所提供的服务。因此，网络和通信技术是电子商务的基石，是电子商务技术中处于最底层、最核心的技术之一。

自从 1968 年 Internet 的最初形态 ARPANET（美国国防部高级研究计划网）投入运行以来，计算机网络技术在全世界范围内迅速发展，各种网络纷纷涌现，不同国家的计算机网络相互连接，形成了跨国计算机网络，最终形成了 Internet。在电子商务的应用中，Internet 和各种专用网络组成了其基础设施。

信息的传递或通信必须按通信双方共同协定好的规则进行，这些规则我们称为协议。协议一般由语义、语法和同步关系三部分组成。语义规定双方通信的内容"是什么"，即确定协议元素的类型。语法规定通信双方"如何做"，即确定协议元素的格式，如数据和控制信息的格式。同步关系规定事件出现的顺序，即通信过程中通信状态的变化，如规定正确的应答关系。

计算机网络是一个极其复杂的系统，为了简化其设计，通常采用在协议中划分层次的方法，把功能划分为若干层次，较高层次建立在较低层次的基础上，又为更高层次提供必要的服务功能。这样，高层次只需调用低层次提供的功能接口，而无须了解低层的技术细节，只要接口不变，低层功能的具体实现办法的变更也不会影响较高层次的功能的执行。1979 年，国际电话电报咨询委员会（CCITT）和国际标准化组织（ISO）为了使不同的网络能够互联，开始对网络进行标准化分层的设计，提出了开放系统互联/参考模型（OSI/RM），其目标是建立一套普遍适用的规范集合，以使得全球范围的计算机平台可进行开放式通信。

OSI/RM 构成计算机网络系统通信规则的一个框架，它将整个计算机网络划分为七层，即物理层、数据链路层、网络层、传输层、会话层、表示层和应用层，较低层次通过层间接口向较高层提供服务。在层间接口中，定义了服务请求的方式以及完成服务后返回的确认事项和动作。

第一层：物理层。

物理层 OSI 是模型的最低层或第一层，该层包括物理连接媒介，如电缆连线连接器。物理层的协议产生并检测电压以便发送和接收携带数据的信号。尽管物理层不提供纠错服务，但它能够设定数据传输速率并监测数据出错率。

IEEE（电气和电子工程师协会）已制定了物理层协议的标准，IEEE820 特别规定了以太网（Ethernet）和令牌网（Token Ring）应如何处理数据。术语“第一层协议”和“物理层协议”均指描述电信号如何被放大及通过电线电子商务导论传输的标准。

第二层：数据链路层。

数据链路层控制网络层与物理层之间的通信。它的主要功能是将从网络层接收到的数据分割成特定的可被物理层传输的帧。帧是用来移动数据的结构包。它不仅包括原始（未加工）数据，或称“有效荷载”，还包括发送方和接收方的网络地址以及纠错和控制信息。其中的地址确定了帧将被发送到何处，而纠错和控制信息则可确保帧无差错到达。Ethernet 是应用数据链路层技术的一个实例。

第三层：网络层。

网络层的主要功能是将网络地址翻译成对应的物理地址，并决定如何将数据从发送方经路由到接收方，即寻址和选择路由、连接的建立、保持和终止等。由于网络处理路由，而路由器因为连接网络各段，并能智能指导数据传送，所以属于网络层。在网络中，“路由”基于编址方案、使用模式以及可达性来指引数据的发送。网络层协议还能补偿数据发送、传输以及接收设备能力的不平衡性。为完成任务，网络层对数据包进行分段和重组。分段即指当数据从一个能处理较大数据单元的网络段传送到仅能处理较小单元的网络段时，网络层减小数据单元大小的过程。重组过程即重构被分段的数据单元。

第四层：传输层。

传输层主要负责确保数据被可靠、顺序、无错地从一点传输到另一点（同一网段或非同一网段）。如果没有传输层，数据将不能被接收方验证或解释，所以传输层常被认为是 OSI 模型中最重要的一层。传输协议同时进行流量控制或是基于接收方可接收数据的快慢程序规定适当的发送速率。

除此之外，传输层按照网络能处理的最大尺寸进行强制分割。发送方把发送数据分割成小片并进行编号，以便数据到达接收方后能按序重组，此过程就是所谓的排序。

工作在传输层的一项服务是 TCP/IP 协议集中的 TCP（传输控制协议），另一项传输层服务是 IPX/SPX 协议集中的 SPX（序列包交换）。

第五层：会话层。

会话层负责在网络中的两节点之间建立和维持通信。术语“会话”指在两个实体之间建立数据交换的连接，常用于表示终端与主机之间的通信。所谓终端是指几乎不具有（如果有的话）自己的处理能力或硬盘容量，而只依靠主机提供应用程序和数据处理服务的一种设备。会话层的功能包括：建立通信链接，保持会话过程通信链接的畅通，同步两个节点之间的对话，决定通信是否被中断以及通信中断时决定从何处重新发送。有人把会话层称为网络通信的“交警”。当拨号给 ISP（网络服务提供商）请求连接时，ISP 服务器上的会话层负责同 PC 客户机上的会话层进行协商连接。

第六层：表示层。

表示层如同应用程序和网络之间的翻译，在表示层，数据按照网络能理解的方式进行格式化。表示层管理数据的加密与解密。表示层协议还可对图片与文件格式信息进行编码和解码。

第七层：应用层。

OSI 模型的顶端也即第 7 层是应用层。应用层负责对软件提供接口以使程序能使用网络服务。术语“应用层”并不是指运行在网络上的某个特别应用程序，如 Word。应用层提供的服务包括文件传输、文件管理以及电子邮件的信息处理。在本层，没有面向上层的服务定义。操作系统的 API 接口属于 OS 模型的应用层，编程者使用 API 在代码级与操作系统之间建立连接。网络环境中的一个 API 的例子是 MSMQ（消息队列）。

OSI 参考模型各层的功能如表 2-1 所示。以上 7 层功能又可按其特点分为两类，即低层功能和高层功能。低层功能包括 1～3 层的全部功能，其目的是保证系统之间可以跨过网络可靠地传送信息；高层功能指 4～7 层的功能，是一些面向应用的信息处理和通信功能。

表2-1　OSI 参考模型各层的功能

OSI 层	功能
应用层	在程序之间传递信息
表示层	处理文本格式化，显示代码转换
会话层	建立、维持、协调通信
传输层	确保数据被正确发送
网络层	决定传输路由，处理信息传递
数据链路层	编码、编址、传输信息
物理层	管理硬件连接

我们将计算机网络的各层及其协议的集合称为网络的体系结构。换种说法，计算机网络的体系结构就是对这个计算机网络及其部件所应完成的功能的精确定义。需要强调的是：这些功能究竟是用何种硬件或软件完成的，则是一个遵循这种体系结构来实现的问题。可见体系结构是抽象的，是存在于纸上的，而实现则是具体的，是真正在运行的计算机硬件和软件。

OSI 只是一个参考模型，做了一些原则性的说明，并不是一个具体的网络。在这里介绍这些概念，主要是为了让读者明确具体的网络产品和协议以及相应的功能和术语在整个网络体系结构中处于哪一层，起着什么样的作用。

第二节 Internet 技术

Internet 是一个国际性的通信网络集合体，它把现代通信技术和现代计算机技术融合于一体，是计算机之间进行国际信息交流和实现资源共享的有效手段。Internet 将各种各样的不同类型、不同模型、不同地理位置的物理网络连接起来，构成一个整体，因此，可以说 Internet 是一个网络中的网络。

一、TCP/IP 和 Internet

传输控制协议/网际协议（TCP/IP）起源于美国的 ARPANET。ARPANET 于 1977—1979 年间推出 TCP/IP 体系结构和协议规范。1983 年，UNIX BSD4.1 中集成了 TCP/IP。1986 年，UNIX BSD4.3 发展至今，TCP/IP 已成为 Internet 使用的标准通信协议。

TCP/IP 是一套网络通信协议组，它规范了网络上的所有通信设备，尤其是主机与主机之间的数据往来格式和传送方式，其中，最重要的两个协议是 TCP 协议和 IP 协议。

TCP/IP 通常分为四层，即 TCP/IP 结构由上至下分为应用层、传输层、网间层和网络访问层。它不包含物理层和数据链路层协议，只定义了物理网络 TCP/IP 之间的网络接口，包括多种广域网络和局域网络，如以太网、ATM 及 FDDI 等。

TCP/IP 是一个协议组，主要包括 TCP、UDP 和 IP，它制定的是传输层和网络层的标准，与网络介质和类型无关。它既可以运行在局域网上，又可以使用在诸如 ISDN、X.25 等广域网中。

网络访问层将 IP 报文封装成用于网络传输的帧，并将 IP 地址映射为网络使用的物理地址。而网间层协议包括 IP 协议、ARP 协议和 RARP 协议以及 ICMP 协议。

（一）IP 协议

IP 协议位于 TCP 协议的下一层，可提供基本的分组传输服务。在 IP 的上、下层中的所有协议都使用 IP 协议传输数据，所有的 TCP/IP 数据都流经 IP，但与它的最终目的地无关。IP 协议负责传送分组，并完成主机寻址和路由选择，但不保证传输的可靠性，是一种数据报服务。

（二）ARP 协议和 RARP 协议

ARP（地址解析协议）用于从 IP 地址到物理地址的转换。

RARP（逆向地址解析）用于从物理地址到 IP 地址的转换。

（三）ICMP 协议

ICMP 协议用于在网络中传送各种控制信息。

由此可见，网间层协议的功能有：定义数据报；定义网间寻址方案；在网络访问层和主机对主机传输层传输数据；为数据报选择至主机的路由；执行数据报的分解和重组等。

传输层中的两个主要协议是 TCP 协议和用户数据报协议（UDP）。

1. TCP 协议

TCP 协议的主要作用是保证命令或数据能够正确无误地到达其目的端。在网络术语中，用包（也称报文）来描述被传输的数据单位。TCP 是可靠的，因为它保持对所有发出的信息进行跟踪，并且负责对那些没有到达目的端或陷入无法识别状态的包进行重新传送。它可以提供连接型的通信服务形式，在与对方进行数据传送前，首先建立与对方 TCP 的逻辑通路（称为连接），然后用该连接传送数据，最后切断连接。

当需传送的信息超出了单个包所允许的大小时，TCP 把它分成若干个小包，并把它们发给目的端，最后，在目的端再把它们按原来的次序重新组合起来。

TCP 给每个包加上一个头部信息。其中包含源发送者和目的接收者的端口号，以及包顺序号码。许多支持 TCP/IP 协议的网络操作系统是多用户系统，所以在同一时刻很有可能有不止一个用户通过网络发送数据。为了处理这种情况，计算机就要使用端口号来区别不同的对话。驻留在目的端的 TCP 报告其本地端口号，这个号码就成为头部信息中所提供的目的端的端口号。这个头部信息在包中位于数据的前面。

2. UDP 协议

UDP 协议提供无连接的通信服务，它不对发出的报文进行跟踪，也就不能保证每个报文的正确传输，也不进行顺序控制。在通信前，客户和服务器之间不需要花时间来建立连接，就可以开始传送数据。HTTP 协议是一个典型的无连接数据传送形式。因此，基于 UDP 的应用程序必须自己解决可靠性问题。

应用层中包含了使用传输层协议传送数据的所有协议，一些主要的协议有 Telnet、FTP 及 SMTP 等。可见，TCP/IP 协议具有与操作系统无关，与物理网络无关，并且寻址较标准的特点。

接下来介绍 IP 地址、子网掩码和网关地址。

TCP/IP 在 Internet 中几乎可以无差错地传送数据，是因为 TCP/IP 协议能够唯一地确定 Internet 中任一台主机的位置。在应用 TCP/IP 协议的网络环境中，做到这一点，必须为 TCP/IP 协议指定三个参数，即 IP 地址、子网掩码和网关地址。

（1）IP 地址（IPv4）

TCP/IP 中使用 IP 地址来标识网络和网内主机。每个 IP 地址是一个 32 位的二进制整数。为表示方便，每隔八位用“.”分开。例如 202.114.32.1 就是一个 IP 地址的表示方法，被“.”分隔成四个八位组，每个组的取值范围为 0～255（即二进制的 11111111）。

IP 地址由两个域组成，即网络地址和主机地址。网络地址表示网络规模的大小，主机地址表示网络中主机的地址编号。按照网络规模的大小，IP 地址可以分为 A、B、C、D、E 五类，其中 A、B、C 类是三种主要的类型地址，D 类地址为多址广播地址，E 类地址为实验性地址。A、B、C 三类 IP 地址的有效范围如表 2-2 所示。在实际使用中，在 A 类地址中，第一个八位组的取值范围为 1～126，代表网络号，后三个八位组标识主机号。

对 A 类地址而言，只能有 126 个大的主要网络，其中之一就 ARPANET。A 类地址的分配非常严格，几乎没有商业网络使用 A 类 IP 地址。B 类地址是为大型商业或组织的网络系统设计的。在 B 类地址中，前两个八位组用于标识网络号，因此凡在 128.1 到 191.254 范围内的地址都是有效的 B 类地址。最后一个可用的地址类别是 C 类，它使用前三个八位组来标识网络号，地址范围从 192.1.1 到 223.254.254。我国的大部分企业使用的都是 C 类地址。224.1.1 以后的地址留作以后使用，但目前还没有明确定义。

表 2-2　A、B、C 三类 IP 地址有效范围表

类别	网络地址		主机地址	
A	1～126	0～255	0～255	1～254
B	128～191	0～255	0～255	1～254
C	192～223	0～255	0～255	1～254

需注意的是，在 IP 地址中，有以下几种特殊含义的地址。

广播地址：TCP/IP 协议规定，主机号部分各位全为 1 的 IP 地址用于广播。所谓广播地址是指同时向网上的所有主机发送报文，也就是说，不管物理网络特性如何，Internet 支持广播传输。如 136.78.255.255 就是 B 类地址中的一个广播地址，要将信息送到此地址，就是将信息送给网络号为 136.78 的所有主机。

有限广播地址：有时需要在本地网内广播，但又不知本地网的网络号时，TCP/IP 协议规定 32 位全为 1 的 IP 地址用于本网广播，即 255.255.255.255。

“0”地址：TCP/IP 协议规定，各位为 0 的网络号被解释成“本网络”。若主机试图在本网内通信，但又不知本网的网络号，则可利用“0”地址。

回送地址：A 类网络地址的第一段十进制数值 127 是一个保留地址，如 127.1.11.13 用于网络软件测试以及本地机进程间的通信。

为了快速确定 IP 地址的哪部分代表网络地址，哪部分代表主机地址，以及判断两个 IP 地址是否属于同一网络，就产生了子网掩码的概念。子网掩码给出了整个 IP 地址的位模式， 其中的 1 代表网络部分，0 代表 IP 主机部分，应用中也采用点分十进制表示，用它来帮助确定 IP 地址的网络地址在哪结束，主机地址在哪开始。A、B、C 三类网络的标准默认掩码如表 2-3 所示。

表 2-3　A、B、C 三类网络的标准默认掩码表

类别	子网掩码位模式	子网掩码
A	11111111.00000000.00000000.00000000	255.0.0.0
B	11111111.11111111.00000000.00000000	255.225.0.0
C	11111111.11111111.11111111.00000000	255.255.255.0

如果在 Internet 进行通信的两台主机的 IP 地址分别为 192.83.192.10 和 192.83.192.30， 那么子网掩码 255.255.255.0 分别对两个 IP 地址进行运算后，得出网络号和主机号，并且结果一致，就可以判断这两个 IP 地址属于同一个网络。

（2）子网掩码

为了在网络分段情况下有效地利用 IP 地址，可以攫取主机号的高位部分作为子网号，从通常的八位界限中扩展子网掩码，用来创建某类地址的更多子网，但创建更多的子网时，在每个子网上的可用主机地址数目会减少。要确定更多子网的子网掩码，首先应确定传输 IP 信息流的网段的数目，然后再确定能够容纳网段数的最低子网掩码数目，记住不要使用包含全 0 或全 1 的网络地址。

（3）网关地址

要使两个完全不同的网络（异构网）连接在一起，一般使用网关。在 Internet 中两个网络也要通过一台称为网关的计算机实现互联。这台计算机能根据用户通信目标计算机的 IP 地址，决定是否将用户发出的信息传给本地网络，同时，它还将外界发送给属于本地网络计算机的信息接收过来，它是一个网络与另一个网络相连的通道。为了使 TCP/IP 协议能够寻址，该通道被赋予一个 IP 地址，这个 IP 地址称为网关地址。

前面介绍的是 32 位 IP 地址（IPv4），其未来趋势是 128 位的 IPv6。IPv6 是 IPv4 的后继者，从 IPv4 到 IPv6 的主要改变表现在以下几个方面。

路由和寻址功能得到扩充。

标题格式得到简化。

引入“服务质量（QoS）”功能。

加入信息鉴别和保密功能。

可见，对 Internet 用户来说，并不需要了解网络协议的整个结构，仅需了解 IP 地址的格式，即可与世界各地的计算机进行网络通信。

二、域名管理与服务

IP 地址由数字构成，难以记忆，也难以理解。因此，在实际使用中通常采用域名来标识一个主机。TCP/IP 的名字管理机制称作域名系统（DNS），这是一个层次型的结构。例如，www.hust.edu.cn 这个名字可标识一台主机，其中“cn”表示中国，“edu”表示教育机构，“hust”表示华中科技大学，“www”表示这台主机是一台 WWW 服务器。由后向前，所表示的范围越来越小。

TCP/IP 的域名语法只是一种抽象的标准，只要原则上符合层次型名字空间的要求，保证同层的名字不冲突就可以了。任何组织均可根据域名语法构造本组织内部的域名。但这些域名的使用当然仅限于组织内部。例如，只要域名后缀为“hust.edu.cn”的名字空间就可以由华中科技大学管理，可以直接在前面加一个名字来表示主机，也可以再按照系所来划分层次，如用“cs.hust.edu.cn”表示华中科技大学计算机学院的 Web 服务器。

为了保证域名系统的通用性，因特网国际特别委员会把域名分为国际顶级域名与国家顶级域名两类。域名的构成有两类比较特殊的部分，一类由三个字母组成，它表明机构的类型（表 2-4）；另一类由两个字母组成，它表示国家或地区的名称代码（表 2-5）。一般来讲，域名的格式为：

商标名（或企业名）.企业性质代码.国家代码（中间用点隔开）。

例如，新浪公司的域名为 sina.com.cn，其中“sina”为公司名，“com”代表该企业是商业机构，“cn”则代表中国。

随着互联网在生活中的迅速渗透，网上淘金者们向“com”蜂拥而来，致使以“com”结尾的域名变得十分紧张，因此，因特网国际委员会扩充因特网域名体系（表 2-6），增加了七个新的顶级域名。

表 2-4 域名代表的机构类型

类型	代码含义	类型	代码含义
.com	商业机构	.int	军事机构
.edu	教育机构	.net	网络机构
.gov	政府机构	.org	非营利性组织

表 2-5 域名代表的国家或地区类型

域名	国家或地区	域名	国家或地区
.au	澳大利亚	.at	奥地利
.be	比利时	.ca	加拿大
.de	德国	.fr	法国
.ie	爱尔兰	.in	印度
.it	意大利	.il	以色列
.cn	中国	.uk	英国
.tw	中国台湾	.hk	中国香港
.jp	日本	.ru	俄罗斯

表 2-6 域名代表的企业类型域名代表的国家或地区类型

域名	企业类型	域名	企业类型
.frm	公司企业	.store	销售公司企业
.rec	以消遣、娱乐为主的企业	.info	提供信息服务的企业
.web	业务与 WWW 有关的企业	.arts	以文化、娱乐为主的企业

域名并不是唯一的，如一家名叫 ABC 的公司，其国际顶级域名可以有 14 个以上，如 www.abc.com、www.abc.rec、www.abc.net 等。同时，因为习惯，很多公司都喜欢用 www.×××.com，即“.com”类型作为公司的顶级域名，尽管“.com”是用于商业机构的，但国际因特网信息中心并没有严格的限制，所以很多不是商业机构的公司，甚至个人，都使用了“.com”的国际顶级域名。

域名还可以分为国际域名和国内域名。国际域名指在美国的域名注册机构（InterNIC）注册的域名；国内域名指在中国国际因特网信息中心（CNNIC）注册的域名。二者的主要区别在于：国际域名没有国别标识，而国内域名最后加了“cn”这个“中国”的国别标识。从动作机制上看，二者的作用是一样的。但从标识意义上讲，二者在国别标识方面显示出较大的区别。

域名解析，即域名和 IP 地址之间的映射，包括正向解析（从域名到地址）以及逆向解析（从地址到域名）。这种映射是由一组名字服务器完成的。名字服务器实际上是一个服务器软件，运行在指定的机器上，完成“名字—地址映射”。通常把运行名字服务软件的机器叫作域名服务（DNS）。相应的，请求域名解析服务的软件叫作名字解析器。在TCP/IP域名系统中，一个名字解析器可以利用一个或多个域名服务器进行名字映射。

与域名系统相同，域名服务器也是层次型的。一个域名服务器一般只包括技术网络内的名字和下一层的域名服务器，而其他网络的域名则交给上一层服务器处理。

DNS是一个分布式的数据库，它一般存在于DNS服务器上。它是为了定义Internet上的主机而提供的一个层次性的命名系统，利用DNS能进行域名的解析。一般来说域名的解析过程如下。

①DNS客户向本地DNS服务器发出查询请求。

②如果该DNS本身具有客户想要查询的数据，则直接返回给客户；如果没有，则该服务器和其他命名服务器联系，从其他服务器上获取信息，然后返回给用户。

最不妙的情况是，本地的DNS服务器查询了所有其他的命名服务器，未获得用户要查询的信息。

三、Internet、Intranet和Extranet

在实际中，根据企业的不同需求，利用Internet技术可以构建不同的应用。对于Internet在企业业务中的应用，可以按照对内和对外分成内联网（Intranet）和外联网（Extranet）。

（一）Intranet

Intranet指采用Internet技术建立的企业内部网络，它基于Internet的网络协议、Web技术和设备构成可提供Web信息服务以及数据库访问等其他服务的企业内部网络。用户使用浏览器进行操作，完成数据处理和企业管理的各项功能。

Intranet的功能与传统的MIS相同，都是一个封闭的系统，只面向本企业内部，使用计算机联系企业各个部门，完成企业的管理工作。与传统MIS的主要区别是：传统的MIS通常是基于客户/服务器结构的，维护起来比较困难。对于跨国企业，各分支机构之间的通信问题必须依靠架设专线来解决，这需要一大笔费用。而Intranet是浏览器/应用服务器/数据库服务器结构，使用Internet作为网络基础，各种费用大大减少。

与普通的Internet的应用相比，Intranet上流动的是与企业业务相关的关键数据。因此，安全性问题显得至关重要。Intranet网络安全技术包括防火墙技术、数据加密技术、身份认证和综合网络安全技术。

（二）Extranet

Extranet是Internet技术的另一种应用形式。Extranet是将Internet的构建应用于企业间系统，使企业与其客户和其他企业相连，完成其共同目标和交互合作而形成的网络。通过向一些主要贸易伙伴添加外部链接来扩充Intranet，这些贸易伙伴不限于组织的成员，可超出组织之外，特别是包括那些想与之建立联系的供应商和客户。Extranet可以通过Internet或公司内部网络更新公司数据库，从而保持公司相互间的关系。与EDI相比，

Extranet 由于使用的是公用网络，费用要便宜得多。另外，EDI 是通过标准的贸易单证完成企业计算机之间的交易的，而 Extranet 更多的是使用 Web 技术。一个企业的操作人员登录到另一个企业的主页上，通过填写网页上的单证完成交易，具有很好的开放性和互操作性。

作为 Internet 的一种应用，Extranet 除了要考虑安全性外，还必须涉及认证和法律问题。这里要强调的是，凡是涉及企业间关系的问题，都需要遵守第三方制定的标准并经过第三方机构的认证，以解决在交易中出现的矛盾。而企业内部的问题就好解决得多，只需制定一个规范，大家都遵守就可以了。

（三）Internet、Intranet 和 Extranet 之间的关系

Internet、Intranet 和 Extranet 三者的区别和联系在于：Internet 是基础，是网络基础和包括 Intranet 和 Extranet 在内的各种应用的集合；Intranet 强调企业内部部门的联系，业务范围仅限于企业内；Extranet 强调各企业间联系，业务范围包括贸易伙伴、合作对象、零售商、消费者和认证机构。三者之间的比较情况如表 2-7 所示。

Intranet 和 Extranet 的管理和建设方案本章不做介绍。这里需要明确的是，Intranet 和 Extranet 只是 Internet 上的两种应用，而不是 Internet 发展的一个阶段或一种新的技术。

表 2-7　Internet、Intranet 和 Extranet 的比较

网络类型	典型用户	信息访问	信息类型
Internet	任何联网的用户	公开、无约束	一般、公开和广告社论
Intranet	组织内部授权的用户	内部、有限制	特定的、企业的、私有的
Extranet	授权的合作伙伴	私有的和授权的外部访问	授权合作群体间的共享

第三节　WWW 技术及应用

在电子商务环境下，一般选择 Web 作为数据库应用的平台，即通过 Web 提供用户界面，将数据库与 Web 集成，这种方式能够使企业以更快的速度、更低的费用去创造和部署企业的应用系统。

一、WWW 的概念

WWW（World Wide Web，中文译为万维网，也可简称 Web）是目前 Internet 上最脍炙人口的信息服务类型，它的发展速度、影响力远远超出了专业技术人员的想象，WWW 几乎成了 Internet 的代名词。

（一）WWW 的基本概念

首先，为 WWW 下一个非正式的定义：WWW 是建立在客户/服务器模型之上，以 HTML 语言和 HTTP 协议为基础，能够提供面向各种 Internet 服务的、一致用户界面的信息检索系统。其中，WWW 服务器利用超文本链路来链接信息片段，这些信息片段既可以放置在同一主机上，也可以放置在不同的主机上。超文本链路由统一资源定位器维持。

WWW 客户端负责显示信息和向服务器发送请求。

WWW 最初是由欧洲粒子物理实验室（CERN）的蒂姆·伯纳斯·李（Tim Berners-Lee）于 1989 年负责开发的。实际上他设计的是 HTML 语言，其目的在于为分散在世界各地的物理学家提供信息服务，使组内成员可以方便地交换信息，或者交换看法。

WWW 的问世并未引起人们太多的重视，它的广泛应用始于 Mosaic 的最初版本。作为一种设计新颖、使用方便的 WWW 浏览器软件，Mosaic 立即引起世人的注意。自 Mosaic 之后，新的浏览器软件层出不穷，最著名的是网景公司开发的 Netscape 和微软公司的 Internet Explorer。

（二）WWW 服务的特点

WWW 服务的特点在于高度的集成性，它能把各种类型的信息（如文本、图像、声音、动画等）和服务（如 news、FTP、telnet、Gopher、E-mail）无缝连接，提供生动的 GUI 画面。WWW 为全世界的人们提供了检索和共享信息的手段，是人们进行交互的多媒体动态格式。WWW 是一种广域超媒体信息检索原始规约，目的是访问大量的文档。

WWW 的特点可归纳为以下几点。

以超文本和多媒体形式存在的网络信息空间。

用户可以在世界范围内任意查找、检索、浏览以及添加信息。提供直观、易于使用的图形界面。

由资源地址或“网点”组成。

网点可相互链接以提供信息查找和漫游的透明访问。可访问图像、声音、影像和文本数据。

（三）WWW 浏览器

WWW 浏览器是 WWW 服务的客户程序，其中以 Netscape、Internet Explorer 最为著名。WWW 浏览器负责与 WWW 服务器建立连接，发送客户访问请求，处理 HTML 超媒体，提供客户界面。

二、WWW 相关协议

WWW 是建立在客户/服务器模式之上的。客户和服务器是相互通信的一对程序。客户连接到服务器上请求为其服务，服务器的任务是等待客户的连接，听取客户请求并为这些请求服务。

WWW 软件主要由两部分组成，服务器和客户机。服务器端主要包括服务器软件、服务器的扩展应用软件、服务器端入口软件等。客户端包括浏览器、用户工具等。

在客户/服务器模式中，客户和服务器之间必须有统一的协议，才能相互传递信息。WWW 的基本协议是 HTTP 协议，即超文本协议。通过 TCP/IP 网络，WWW 浏览器利用 HTTP 协议首先与 WWW 服务器建立连接，浏览器发出客户请求，WWW 服务器做出相应的响应，回送应答数据，最后关闭连接。一次 HTTP 会话完成。

在 WWW 出现之前，Internet 上已经有了许多协议，如 FTP、Archie 及 Gopher 等。这

些协议对 WWW 起了很大作用。在 WWW 系统中，仍然使用这些协议，可以说 WWW 是建立在这些协议之上的。

（一）统一资源定位器 URL

URL 是一种标准化的命名方法，经各种不同的协议，对 Internet 上任何地方的信息都可以用 URL 定位或存取。URL 是 WWW 的基本工具之一，是 HTML 文件地址命名方法。URL 指出的可以是超文本链接目的地址或是完成客户机与服务器交互的 CGI 程序名，还可以指定 FTP 文件传输，寻找新闻信息，定义用户的 E-mail 等。

URL 的格式为：schemename：//username：password@host：port/path。其中，schemename 是特定协议的 URL 格式，一般对应于数据使用的协议；：// 表示 scheme 遵守 CISS（Common Internet Scheme System）；host 是服务器的 Internet 域名；username：password 是用户名和密码；port 是服务器端口号，不出现时为缺省值；path 是标识资源的路径。

（二）HTTP 协议

WWW 的基础协议是 HTTP，是 WWW 的核心所在，HTTP 协议是 TCP/IP 协议簇中的一个应用层协议。

1. HTTP 协议的特征

客户/服务器模式：HTTP 支持客户与服务器间通信，相互传送数据。一个服务器可为分布在世界各地的许多客户服务。

简单：HTTP 本身既十分简单又能有效地处理大量的请求。在一个客户与一个服务器连接时，客户必须发送的信息只有请求方法和路径信息。HTTP 规范说明定义了几种请求方法，但常用的方法只有两种：GET 和 POST。每种方法允许客户使用不同类型的消息与服务器联系。正是由于 HTTP 简单，使得 HTTP 服务器程序规模小而简单，用 HTTP 协议通信速度快且时间短。

灵活：HTTP 允许任意类型的对象。在 HTTP 的消息格式中采用与 MIME（多目的 Internet 消息扩充）相似的格式，在其请求/应答消息格式的 Content-Type 中可以设置多种媒体类型。如 HTML 文档的媒体类型是 text/html，图形文件的媒体类型是 image/gif、image/jpeg、image/tiff 等。

无连接：HTTP 是一个无连接的协议。“无连接”的含义是限制每次连接只处理一个请求。客户和服务器连接后提交一个请求，在客户接到应答后立即断开连接。这种无连接的协议在没有请求提出时，服务器不会空闲等待某一特定客户的请求。完成请求之后，服务器也不会抓住原来的请求不放。无连接的协议实现起来比较容易，网上资源也得到了充分利用。

无状态：HTTP 是无状态的协议。无状态既是它的优点也是它的缺点。一方面，由于没有状态，使得的 HTTP 少，系统运行速度高，服务器应答快。另一方面，由于没有状态，协议对事物处理没有记忆能力。若后续事物的处理需要有关前面的处理信息，那么这些信息必须在外面保存。缺少状态意味着每次连接要传送较多的信息。

元信息：HTTP1.0 对所有事物的处理都加了头，也就是在主要数据前加上一块信息，即元信息。它使服务器能够提供关于所传送的数据的信息，如所传送的对象是哪种数据类型，用哪种语言书写的等。提供元信息的方法有两种：一种是当服务器回答客户请求时，服务器把元信息作为回答的一部分；另一种是客户一方随请求把元信息送给服务器，帮助服务器满足客户端的请求。从功能上分，HTTP 支持四类元信息：一般信息头、请求头、应答头、实体头。

2. HTTP 协议的工作模式

HTTP 协议的实现基于请求/应答模式。

一个服务器可以在端口 80 处接收多个远程客户的连接。与其他协议的不同在于，在 HTTP 协议中，客户提出的请求应该包括全部必要的信息，客户机和服务器之间对不明白的问题不能进行磋商。客户提出请求时，若提供的信息不足，服务器无法响应请求，客户给出进一步的信息。

HTTP 既简单又有高度的灵活性，为了从服务器端把用户所需要的信息取回来，HTTP 定义了简单事物处理。简单事物处理由以下四步组成。

①客户连接。服务器在运行时一直在端口等待连接出现，一旦客户连接出现，即可与客户建立连接。

②客户请求。打开连接后，客户把请求数据送到服务器提出请求。HTTP1.0 版本的请求由多行组成。其中第一行请求包括方法、URL 和协议版本号。其余行依次是一般头、请求头、实体头。在请求头中指明了所要求的特定文件。

③服务器应答。如果请求被接纳，则服务器送回一个应答，应答中一般包括：协议的版本号、状态代码和状态说明的状态行和该文件的内容，客户端浏览器上显示所要的内容。

④断开连接。当完成一次请求后，客户或服务器之间的连接断开。

三、Web 上提供的服务

Internet 是继电报、电话发明以来通信方式的又一次革命。Internet 的飞速发展和广泛应用得益于它能提供的大量服务，这些服务为人们的信息交流带来了极大的便利，目前 Internet 提供的主要服务如下。

（一）WWW 服务

创建 WWW 是为了解决 Internet 上的信息传递问题。在 WWW 创建以前，几乎所有的信息发布都是通过 E-mail、FTP、Archie 和 Gopher 实现的。E-mail 的使用使不同的团体和个人之间的信息交换变得很广泛。FTP（文件传输协议）用来从一台计算机向另一台计算机传输文件。Archie 用来查找 Internet 上的各种文件，由于 Internet 上的信息散乱地分布在各处，因此，除非知道所需信息的位置，否则不能对信息进行搜索。这对于在 Internet 上搜索信息的人员无疑成为一个障碍。因为没有一个组织好的信息结构框架，Internet 就不能得到充分的发挥。

由于这样或那样的限制，所以必须开发出一种全新的独立于各种平台的语言，以便在Internet上传递信息。位于瑞士日内瓦的欧洲粒子物理实验室开发出超文本标记语言HTML。HTML是从称为标准化标记语言（SGML）的一种文档格式语言演化而来的。HTML是一种易于学习、使用和在Internet上传递信息的文档表示语言，HTML比SCML简单易学。为了在Internet上传递HTML文档，要使用基于TCP/IP的协议。这种协议后来被称为超文本传输协议（HTTP）。WWW是随HTTP一起出现的。Web通过使用强有力的媒介传递信息，克服了许多早期信息传递的限制，Web服务器利用HTTP传递HTML文件，Web浏览器使用HTTP检索HTML文件。一旦从Web服务器检索到信息，Web浏览器使用HTTP检索HTML文件，Web浏览器就会以静态和交互（如文本、图像）的方式显示各种对象。

随着文本、图像、影像、声音和交互式应用程序的统一，WWW已经成为信息交换的一种很有效的方式。正是由于WWW的出现，才可以用一种超层次结构组织和浏览各种信息来源，并且通过各种超链接能够很容易地从一种信息来源转到另一种信息来源。超链接是指向Web页面的统一资源定位器（URL）的对象。当用户单击一个超链接时，该用户会打开超链接所指向的Web页面。URL可以看作Web页面的地址。每个Web页面都有一个或多个URL与之相关。在特殊应用程序和浏览器的推动下，NCSA于1993年发布Mosaic后才得到普及。如今，WWW使用得非常普遍，以至于人们常常把它和Internet搞混，其实，Web只是Internet提供的众多服务中的一种，不过，它可能是最常见、最受欢迎的一种服务。

WWW之所以如此流行，是因为它克服了Web浏览器出现之前许多应用程序的缺点，这些应用程序在Internet上用来发布信息。在过去，Internet上的几乎所有信息都是字符文本格式，这样的信息不能按照多种格式表示，导致了浏览和搜索方面的困难。而WWW上的信息可以有多种，以易于浏览和理解。例如，在讨论复杂问题时，可以使用图表、影像剪辑甚至交互式应用程序而不仅仅是字符文本，这样会便于解释论题。WWW集成了所有的视觉辅助效果来表示信息，通过超文本方式将Internet上不同地址的信息有机地组织在一起，提供了一个友好的界面，大大方便了人们浏览信息，而且WWW方式仍然可以提供传统的Internet服务，如Telnet、FTP、Gopher及E-mail等。

由于WWW是基于C/S模式的，因此，它与平台无关。服务器对于浏览Web站点的用户是透明的。这是WWW之所以成功的另一个原因。CERN所定义的Web标准和协议不是私有标准，因此，任何人都有权实现与Internet标准和规范一致的自己的Web服务器和浏览器。这种自由和开放性使得一些机构能够扩充现有的Internet标准以满足WWW的更广泛的用户需要。正是这些先驱机构的努力，才使得WWW一直成为在Internet上发布信息的主要手段，并且给信息发布者提供更多的选项和控制权。

与其他信息发布工具相比，WWW所需的费用很低且覆盖面广，因而具有很大的吸引力。另外，使用各种搜索机制和Web站点分类目录数据库注册一个Web站点，可以使客户在需要时得到所需的信息。

（二）文件传输服务（FTP）

FTP 服务解决了两台异地计算机间的远程文件传输问题。FTP 实质上是一种实时的联机服务，在进行工作时，用户首先要登录到目的服务器上，之后用户可以在服务器目录中寻找所需文件。FTP 几乎可以传送任何类型的文件，如文本文件、二进制文件、图像文件、声音文件等。一般的 FTP 服务器都支持匿名登录，用户在登录到这些服务时无须事先注册用户名和密码，只要以 anonymous 用户名和自己的 E-mail 地址作为密码就可以访问该 FTP 服务器。

（三）电子邮件服务器（E-mail）

电子邮件是在 Internet 上使用最广泛和最受欢迎的服务，它是网络用户之间进行快速、简便、可靠且低成本联络的现代通信手段。电子邮件使网络用户能够发送和接收文字、图像和语音等形式的信息。

使用电子邮件的前提是拥有自己的电子邮箱，即 E-mail 地址，也就是在邮件服务器上建立一个用于存储邮件的磁盘空间。电子邮件地址的典型格式为：username@mailserver.com，其中 mailserver.com 代表邮件服务器的域名，username 代表用户名，符号@读作“at”，意为“在”。例如，某 E-mail 地址为：mqfang@sina.com.cn，其含义表示域名为 sina.com.cn 的主机用户名为 mqfang 的电子邮件地址。利用电子邮件可以获得其他各种服务。当用户想从这些信息中心查询资料时，只需要向其指定的电子信箱发一封含有一系列信息查询命令的电子邮件即可，该邮件服务器程序将自动读取、分析该邮件中的命令，若无错误则将检索结果通过邮件方式发给用户。

（四）远程登录服务（Telnet）

远程登录是 Internet 提供的最基本的信息服务之一，Internet 用户的远程登录是在网络通信 Telnet 的支持下使自己的计算机暂时成为远程计算机仿真终端的过程。要在远程计算机上登录，首先应给出远程计算机的域名或 IP 地址。另外，应该事先成为该远程计算机系统的合法用户并拥有相应的账号和密码。目前国内 Telnet 的最广泛应用就是 BBS（电子公告牌），通过 BBS，用户可以交流、讨论各种信息。

实际上 Internet 提供的服务远远不止这些，还有诸如 Archie 等，而且随着 Internet 的飞速发展，每天都诞生新的服务，像网络电话、网络会议、网络传呼机（ICQ）等都得到了极大的应用。虽然 Internet 提供的服务越来越多，但这些服务一般都是基于 TCP/IP 的。

第四节　Web 技术的演变

Web 即 WWW 的简称，是建立在 Internet 基础上的应用技术。Web 主要由 Web 服务器、Web 浏览器以及一系列协议和约定组成，使用超文本、多媒体技术，以便人们在网上漫游，进行信息浏览和信息发布，它不仅提供传统的收发电子邮件、阅读电子新闻、下载免费软件、访问 Gopher 和 WAIS（广域信息服务器）等功能，还能提供网上聊天、BBS、讨论组、网上购物等许多新的功能。回顾 Web 技术的发展历程，其大致可分为三个阶段。

第一阶段：静态 Web 技术。

第二阶段：动态 Web 技术。

第三阶段：事务 Web 技术。

一、静态 Web 技术

静态 Web 技术主要用于静态 Web 页面（由文字和静态图像组成）的浏览，它是利用基于 HTTP 协议的 Web 服务器与浏览器实现超媒体文本的发布和浏览，这些 Web 服务器又称为 HTTP 服务器。当接到来自某一客户机的请求时，服务器进行相应的查询，并将得到的页面送回客户机。

静态 Web 技术通常被人们称为第一代的 Web 应用。此阶段最引人注目的就是融入了 Java 技术。Java 多媒体技术是改变静态 Web 页面的关键技术，它给平淡的网页增加了动感。静态 Web 应用技术的不足之处在于，发布的信息是静态的、不变的。随着应用的不断发展，人们不再满足于浏览少量的静态信息，他们希望 Web 站点能够根据用户需要提供相应的信息，这就产生了第二代 Web 应用——动态 Web 技术。

二、动态 Web 技术

Internet 计算结构是在 C/S 计算结构的基础上发展而来的一种适用于分布式计算环境的新型网络计算平台，如何利用 Internet 技术建立企业内联网（Intranet）已成为人们关注的焦点。怎样将 Web 技术与 C/S 系统中的后台数据库连接起来，使用户能在浏览器这个统一界面下既能浏览网上信息又能访问数据库，就成为动态 Web 技术的主要内容，也成为从 C/S 结构过渡到 Browser/Server 结构时必须解决的一个热点问题。

三、事务 Web 技术

随着 Internet 的迅猛发展，由网络连接起来的用户希望在网上进行电子商务活动。同时 Web 技术、分布式对象技术、网络的安全技术等不断成熟，网上交易的法律和规则不断完善，为在网络上进行电子贸易提供了很好的技术环境和可能性。为了在 Web 上进行实时可伸缩的事务处理，实现电子商务，Web 技术必须解决以下问题：如何实现实时的事务处理，并具有可扩展性、可伸缩性、安全性及客户认证能力，以及可与现有的 Client/Server 系统集成。

事务 Web 技术允许数据库根据用户的查询要求产生动态的内容，即可动态地将变化的内容以 HTML 的形式提供给用户，如报社的新闻站点。动态 Web 技术和事务 Web 技术将成为商家通过 Internet/Intranet 进行电子商务的强大工具。

【案例分析】

如何申请一个免费的域名

第一，首先要知道，一些自助建站平台，比如凡科旗下的建站平台，就会提供免费的二级域名，而且网站的制作也是一并在这个平台中完成的，因此学会使用自助建站平台对我们来说十分有用，第一步就是注册一个建站账号，这个在凡科官网上就可以完成。见图2-1 所示。

图2-1　注册建站账号

第二，注册成功后，进入网站编辑界面，选择“极速建站”，会自动跳转到网站模板选择的引导页面，我们只需要按照引导进行操作，选择行业、再选择一个合适的网站模板进行使用，后面就可以进入免费域名注册页面了。见图 2-2 所示。

图2-2　进入网站编辑界面

第三，选择好网站模板之后，就会进入免费网站模板制作页面，不过现在先要注册域名，因此先把这个步骤放一放。接着返回“商务平台”，就可以看到凡科免费赠送的二级域名了，该域名就是我们所选择的网站的域名，名称是随机产生的，但是我们可以进行修改。见图 2-3 所示。

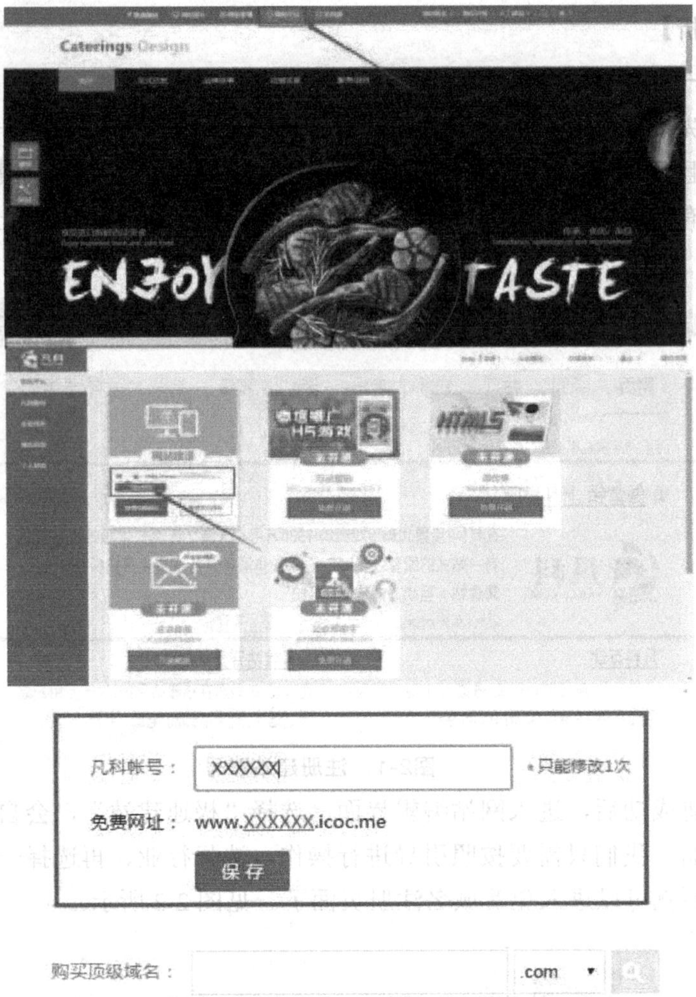

图2-3　注册域名

第四，完成域名注册之后，就可以重新进入“管理电脑网站”，着手进行网页制作了。

第五，设计网站，添加功能。

第六，上传产品图片、文章等内容。

第七，保存网站即可。这样，就完成了建站的工作。

【案例讨论】

一级域名、二级域名和三级域名有什么不同？

第三章　构建 Web 应用技术

Web 这个 Internet 上最热门的应用平台是由蒂姆·伯纳斯·李发明的。1990 年 11 月，第一个 Web 服务器 nxoc01.cern.ch 开始运行，蒂姆·伯纳斯·李在自己编写的图形化 Web 浏览器 World Wide Web 上看到了最早的 Web 页面。1991 年，CERN 正式发布了 Web 技术标准。蒂姆·伯纳斯·李曾经说：“Web 是一个抽象的（假想的）信息空间。”也就是说，作为 Internet 上的一种应用架构，Web 的首要任务就是向人们提供信息和信息服务。目前，与 Web 相关的各种技术标准都由著名的 W3C 组织（World Wide Web Consortium）管理和维护。

随着 Web 应用的不断推广和增多，Web 技术的不断发展，Web 应用构架也有了多种应用模型，以适合不同的应用需求。

第一节　Web 应用模型

在第二章中我们已经谈到过，客户/服务器（Client/Server）模型是典型的 Web 应用系统模型。“客户/服务器”一词在 20 世纪 80 年代首先被提出，指个人用户和计算机系统之间通过 Web 的信息交互传递模式。“客户”是指信息服务的索取方，“服务器”指服务的提供方。根据软件的不同设置，一台计算机可以是客户也可以是服务器。随着 Web 科技的发展，“客户/服务器”软件框架成为一种灵活的、分布式和模块化的 Web 应用系统结构。客户并非完全依靠服务器，因此计算机之间可以更动态地进行协作，这样扩大了计算机联网的范围，同时降低了 Web 流量。客户和服务器之间在企业内联网（Intranet）中主要通过远程过程调用 RPC 和 SQL 数据库检索语言进行通信，在 Internet 上则通过 HTTP、telnet、FTP 等协议进行通信。

架构定义为：功能+设计+构造手段。我们可以通俗地理解为，总体设计和总体结构。很难想象，一个好的 Web 应用没有一个适合的应用架构。Web 应用就像楼房一样，楼房的楼层越高，对其结构要求就越高。Web 应用也一样，应用越庞大，生命周期越长，结构的重要性就越明显。在为客户提供 Web 应用不同解决方案时，需要充分考虑系统架构，并根据系统的复杂情况，为客户设计合适的架构。“客户/服务器”模式在其应用和发展过程中衍生出了两层架构、三层架构和四层架构等多种体系架构。它们分别适用于不同的情况。

一、两层架构 Web 应用模型

两层架构 Web 应用模型中的表现层用于与用户进行交互，它的主要责任是处理用户请求，如鼠标单击、输入等。同时，它还可以处理少量的业务逻辑。第二层数据层用于处理商业逻辑，并进行数据操作。通常将客户端程序作为客户端显示的界面，将数据层置于服务器上。

两层架构的Web系统适用于少量用户对数据进行操作。当用户数量较大时，第二层的处理速度往往难以满足要求。另外，由于两层架构系统的商业逻辑程序和数据都位于第二层，当系统需要扩展时，系统的更新往往非常麻烦。总的来说，两层架构系统适用于简单的Web应用，系统的设计实施简单快速，开发成本低，但是可扩展性和可维护性较差。

二、三层架构Web应用模型

三层架构Web应用模型由表现层、业务层、数据库和后台应用三层组成。表现层为用户提供一个交互界面。业务层响应表现层的用户请求，执行任务并与数据库和后台应用通信，然后将反馈信息传送给表现层。这里的第三层，既可以是纯粹的数据库，如Oracle、Sybase、MSSQL Server等，也可以是企业内部应用系统。

三层架构将业务逻辑从数据管理和客户端中分离出来。一方面它使得客户端程序仅关注数据的可视表示和用户输入信息的收集，这减小了客户端程序的复杂度，降低了对客户端计算机硬件的要求。另一方面，业务逻辑集中在业务层，这更便于应用逻辑的管理、修改和调整等。

无论从开发角度还是从应用角度来看，三层架构比两层架构都有更大的优势。从开发角度来看，三层架构适合用作团体协作开发，不同的人可以有不同的分工。从应用角度来看，系统具有良好的可扩展性和可维护性，同时也增加了数据库和后台应用系统的安全性。而且，三层架构可以更好地支持分布式计算环境。当然，三层架构系统比两层架构系统复杂，程序开发人员需要掌握和考虑多种技术因素，如如何维护数据交换一致，如何保证安全等。

三、四层架构模型

四层架构模型的四层是指表现层、Web服务器层、应用服务器层和数据层。

表现层主要由Web浏览器等客户端设备支持。Web服务器层处理客户端的请求，调用位于应用服务器上的业务逻辑，完成对信息查询和修改等的操作，并生成结果页面返回给用户。应用服务器层的主要功能是完成系统业务逻辑。数据层的主要作用是存储数据。

四层架构是在三层架构的基础上形成的，具有三层架构的全部优点。它将三层架构中的业务层分解成了Web服务器层和应用服务器层，这样，系统就可以方便地部署多个应用服务器来进行业务逻辑处理，实现负载均衡和分布处理应用的特性。当有大量用户需要访问系统应用时，由于有多个应用服务器进行业务处理，它会比三层架构具有更好的响应速度。它遵循开放的标准，比三层架构具有更好的可扩展性和可维护性。它还能够有效地预防单点失败，具有更好的安全性。

第二节 客户端技术

在 Web 应用架构中，不论是两层架构、三层架构还是四层架构，每一次信息交换都要涉及客户端和服务器端两个层面。因此，Web 开发技术大体上也可以分为客户端技术和服务器端技术两大类。

接下来先介绍客户端技术的萌芽和演进过程。

Web 客户端的主要任务是展现信息内容，而 HTML 语言则是信息展现的最有效载体之一。1990 年，第一个图形化的 Web 浏览器 World Wide Web 使得用户可以使用为 Web 度身定制的语言——HTML 来展现超文本信息。最初的 HTML 语言只能在浏览器中展现静态的文本或图像信息，这满足不了人们对信息丰富性和多样性的强烈需求。这件事情最终的结果是，由静态技术向动态技术的转变成为 Web 客户端技术演进的永恒定律。

能存储、展现二维动画的 GIF 图像格式早在 1989 年就已发展成熟。Web 出现后，GIF 第一次为 HTML 页面引入了动感元素。但更大的变革来源于 1995 年 Java 语言的问世。Java 语言天生就具备的平台无关特点，让人们一下子找到了在浏览器中开发动态应用的捷径。1996 年，著名的 Netscape 浏览器在其 2.0 版中增加了对 JavaApplet 和 JavaScript 的支持。Microsoft 公司的 Internet Explorer3.0 也在这一年开始支持 Java 技术。现在，喜欢动画、交互操作、客户端应用的开发人员可以用 Java 或 JavaScript 语言随心所欲地丰富 HTML 页面的功能。同时，JavaScript 语言在所有客户端开发技术中占有非常独特的地位：它是一种以脚本方式运行的，简化了的 Java 语言，这也是脚本技术第一次在 Web 世界中崭露头角。为了用纯 Microsoft 公司的技术与 JavaScript 抗衡，Microsoft 公司还为 1996 年的 IE3.0 设计了另一种后来也声名显赫的脚本语言——VBScript 语言。

真正让 HTML 页面动感无限的是 CSS（阶层式样式表）和 DHTML（动态 HTML）技术。1996 年底，W3C 提出了 CSS 的建议标准，同年，IE3.0 引入了对 CSS 的支持。CSS 大大提高了开发者对信息展现格式的控制能力。1997 年的 Netscape4.0 不但支持 CSS，而且增加了许多 Netscape 公司自定义的动态 HTML 标记，这些标记在 CSS 的基础上，让 HTML 页面中的各种要素“活动”了起来。1997 年，Microsoft 公司发布了 IE4.0，并将动态 HTML 标记、CSS 和动态 HTM 对象模型发展成了一套完整、实用、高效的客户端开发技术体系，Microsoft 公司称其为 DHTML。同样是实现 HTML 页面的动态效果，DHTML 技术无须启动 Java 虚拟机或其他脚本环境，就可以在浏览器的支持下，获得更好的展现效果和更高的执行效率。今天，CSS 和 DHTML 技术已经大量应用于网页的设计开发中了。

为了在 HTML 页面中实现音频、视频等更为复杂的多媒体应用，1996 年 Netscape2.0 成功引入了对 QuickTime 插件的支持，插件这种开发方式也迅速风靡了浏览器的世界。在 Windows 平台上，Microsoft 公司将客户端应用集成的赌注押到了 1990 年代中期刚刚问世的 COM 和 ActiveX 身上。1996 年，IE3.0 正式支持在 HTML 页面中插入 ActiveX 控件的功能，这为其他厂商扩展 Web 客户端的信息展现方式开辟了一条自由之路。1999 年，RealPlayer 插件先后在 Netscape 和 IE 浏览器中取得成功，与此同时，Microsoft 公司自己的媒体播放插件 MediaPlayer 也被预装到了各种 Windows 版本之中。同样值得纪念的还有 Flash 插件的出现：20 世纪 90 年代初期，乔纳森・盖伊（Jonathan Gay）在 Future Wave 公司开发了一种名为 FutureSplash Animator 的二维矢量动画展示工具，1996 年，Macromedia 公司收购了 FutureWave，并将 JonathanGay 的发明改名为我们熟悉的 Flash。从此，Flash 动画成了 Web 开发者表现自我、展示个性的最佳方式。

除了编写 HTML 页面之外，客户端应用的开发者还可以利用一些成熟的技术将浏览器的功能添加到自己的应用程序中。从 1992 年开始，W3C 就免费向开发者提供 libwww 开发库。借助 libwww，用户可以自己编写 Web 浏览器和 Web 搜索工具，也可以分析、编辑或显示 HTML 页面。1999 年，Microsoft 公司在 IE5.0 中引入的 HTAs（HTML 应用）技术则允许直接将 HTML 页面转换为一个真正的应用程序。从 1997 年的 IE4.0 开始，Microsoft 公司为开发者提供了 WebBrowser 控件和其他相关的 COM 接口，允许程序员在自己的程序中直接嵌入浏览器窗口，或调用各种浏览器的功能，如分析或编辑 HTML 页面等。Windows98 及其后的 Windows 操作系统甚至还利用 WSH（Windows 脚本主机）技术将原本只在浏览器中运行的 JavaScript、VBScript 变成了可以在 Win32 环境下使用的通用脚本语言，这也可算作对 Web 客户端开发技术的一种巧妙利用。

本节主要介绍 HTML、脚本语言和 XML 三种常用的客户端技术。

一、HTML

说到 HTML，一定要先了解一下 SGML（标准通用标记语言）。SGML 最初是由 IBM 公司开发的一种用于排版的符号化语言。经过若干年的发展，1984 年国际标准化协会（ISO）开始对此提案进行讨论，于 1986 年正式承认 SGML 为国际标准规范（ISO8879）。

SGML 实际上是一种通用的文档结构描述符号化语言，主要用来定义文献模型的逻辑类和物理类结构。一个 SGML 语言文件由三部分组成，语法定义、文件类型定义（DTD）和文件实例。语法定义部分定义了文件类型定义和文件实例的语法结构；文件类型定义部分定义了文件实例的结构和组成结构的元素类型；文件实例是 SGML 语言程序的主体部分。

在 SGML 的实际使用中，每一个特定的 DTD 都定义了一类文件。因此，人们习惯上把具有某一特定 DTD 的 SGML 语言，称为某符号化语言。这样 SGML 就成为那些派生语言的元语言。

1989 年，CERN 的信息专家蒂姆・伯纳斯・李发明了超文本链接语言，使用此语言能轻松地将一个文件中的文字或图形连到其他的文件中去，这就是 HTML 的前身。1991 年，蒂姆・伯纳斯・李在 CERN 定义了 HTML 语言的第一个规范，之后成为 W3C 组织为专门在互联网上发布信息而设计的符号化语言规范。可以说，HTML 是 SGML 的一个实例，它的 DTD 作为标准被固定下来。因此，HTML 不能作为定义其他符号化语言的元语言。

作为 WWW（World Wide Web）的一个组成部分，HTML 语言发展很快，在短短的几年里，它已历经了 HTML1.0、HTML2.0、HTML3.0 及 HTML4.0 等多个版本，同时 DHTML（动态 HTML）、VHTML（虚拟 HTML）、SHTML（标准 HTML）等也飞速发展起来。HTML 以简单精练的语法、极易掌握的通用性与易学性，使 Web 网页可以亲近于每一个普通人，互联网因此得以普及发展。

（一）HTML 是什么

HTML 是 Hyper Text Markup Language（超文本标记语言）的缩写。它是构成 Web 页面的主要工具，是用来表示网上信息的符号标记语言，是 SGML 的一个简化实现。

在网上，如果要向全球范围内出版和发布信息，需要有一种能够被广泛理解的语言，即所有的计算机都能够理解的一种用于出版的“母语”。WWW 所使用的出版语言就是 HTML 语言。通过 HTML，将所需要表达的信息按某种规则写成 HTML 文件，通过专用的浏览器来识别，并将这些 HTML“翻译”成可以识别的信息，就是我们现在所见到的网页。

（二）HTML 文件的大致结构

HTML 文档结构一般包括标记、头部和主体三部分。

标记< html > </ html>：说明该文件是用超文本标记语言来描述的，它是文件的开头，而</ html>则表示该文件的结尾，它们是超文本标记语言文件的开始标记和结尾标记。

头部< head > </ head >：表示头部信息的开始和结尾。头部中包含的标记是页面的标题、序言、说明等内容，它本身不作为内容来显示，但影响网页显示的效果。

主体< body > </ body >：网页中显示的实际内容均包含在这两个正文标记符之间。正文标记符又称为实体标记。

（三）HTML 的特点和功能

HTML 语言作为一种标记性语言，是由一些特定的符号和语法组成的，所以对它的了解和掌握十分容易。可以说，HTML 语言在所有的计算机编程语言中是最简单易学的。

由于 HTML 语言是标记性的语言，在浏览器中是解释执行的，无须编译，因而 HTML 语言编写的文档适合在各种浏览器中进行浏览。这就决定了 HTML 适合于多种操作系统平台，它的文档都是独立于平台的，对多种平台兼容。只要用一个相应平台下的浏览器就可以实现任何平台网络文档的阅读。

组成 HTML 的文档都是 ASCII 文档，所以创建 HTML 文件十分简单，只需一个普通的字符编辑器即可，如 Windows 中的记事本、写字板都可以使用。也可以采用专用的 HTML 编辑工具，如 CoffeeHTML、Homesite 及 HTMLeditPro，它们的特点是能够自动检查 HTML 文档中的语法错误并协助改正。

许多图形化的 HTML 开发工具使网页的制作变得非常简单。如 Microsoft 公司推出的 Microsoft FrontPage，Macromedia 公司推出的 Dreamweaver 等编辑工具，都被称为“所见即所得”的网页制作工具。这些图形化的开发工具可以直接处理网页，而不用书写难以理解的标记。但是，受到图形编辑工具自身的约束，用户很难编辑出一些精确的效果。一个高级的网页编写者应该在掌握图形编辑工具的基础上进一步学会 HTML 语言，以便快速地编写出使自己满意的网页。

二、脚本技术

脚本语言正越来越流行。Infravio 公司是 Java 和 Web 服务的集成商，该公司的 CTO 穆昆德·巴拉苏布拉马尼安（Mukund Balasubramanian）说："通过某些脚本语言，你可以变得非常聪明并且能够完成常规 Java 无法完成的很多事情。如果知道如何利用一个好的脚本语言，就可以在开发中节省大量的时间和金钱。"

脚本（Script）是一系列的命令和指令，它能完成部分逻辑功能。与 HTML 标签不同，脚本命令指示 Web 服务器执行操作，而 HTML 标签只是简单地格式化文本或读取图形、视频及音频文件。

巴拉苏布拉马尼安认为，脚本语言具有以下优势。

开发快速。它们大大缩短了"开发、部署、测试、调试"的周期。

部署简便。大多提供即时部署能力，而无须在编译和打包周期上花费大量时间。

能方便地与已有技术集成。它们大都构建在已有的组件技术，如 Java 或者 COM 上，以便有效地重复利用现有代码。

易于学习和使用。技术门槛很低，可以轻松找到大量的使用者。

动态代码。脚本语言能够被即时生成和执行，这在某些应用程序中是非常必要和有用的高级特性（即 JavaScript 中的动态类型）。

使用脚本可以更加快速简便地完成某件事情。脚本语言通常是通用编程语言，具有对一个或多个脚本支持的能力。它们通常是可编辑运行的，并且作为可选项，它们提供编译工具，目的在于提高性能、安全性等。通过它们将应用程序和组件连接起来从而达到更加简便、快速和高效地完成任务的目的。

脚本语言被广泛应用于各种领域。例如，Unix shell 主要应用于操作系统级别，Python 可以轻松地实现扭曲、旋转等一系列游戏动作。接下来简单介绍在电子商务应用编程中被广泛使用的两种脚本语言：JavaScript 和 VBScript。

（一）JavaScript

1. JavaScript 简介

JavaScript 由 Netscape 公司开发，并随 Netscape Navigator 一起发布，是基于对象（object based）和事件驱动（event driver）的编程语言，它本身提供了非常丰富的内部对象，其前身是 Netscape 开发的脚本语言 LiveScript。JavaScript 是一种用来解释执行的编程语言，主要用于实现网页上的一些用户交互功能。嵌入在 HTML 文本中的 JavaScript 源代码在发往客户端之前不需经过编译，而是以文本格式字符代码的形式传送到客户端的 WWW 浏览器，并由浏览器逐行解释执行。

JavaScript 的出现使得信息和用户之间不再只是一种显示和浏览的关系，而是实现了一种实时的、动态的、交互式的表达。它使得原先静态的 HTML 页面，被可提供动态、实时信息的 Web 页面所代替，这些页面可以对客户的输入操作做出反应，并动态地在客户端完成页面内容的更新。

JavaScript 语言的出现和广泛使用使得 Web 页面的内容变得更加生动，更富有生机，可以说 JavaScript 是网络时代的产物。JavaScript 脚本语言以它简单、方便的特点，深受广大网络用户的喜爱和欢迎，是众多脚本语言中较为优秀的一种。

2. JavaScript 实例

下面是一段 JavaScript 程序代码。作用是在状态栏上显示：敬告“将分辨率设为 800×600 以上，获得最佳效果！”

```
<scriptLanguage="JavaScript">
varmsg="将分辨率设为 800×600 以上，获得最佳效果！";
varinterval=100 varspacelen=120；varspace10="";varseq=0；functionScroll（）{
len=msg.length；
window.status=msg.substring（0，seq+1）； seq++；
if（seq>=len）{
seq=0；
window.status="";
window.setTimeout（"Scroll（）；"，interval）；
}
else
window.setTimeout（"Scroll（）；"，interval）；
}
Scroll（）；
</script>
```

3. JavaScript 语言的特点

JavaScript 是一种基于对象和事件驱动，并具有安全性能的脚本语言。JavaScript 语言与 HTML 超文本标记语言及 Java 小程序（JavaApplet）一起实现 Web 页面中的多对象链接，并完成对 Web 客户交互操作的响应，从而实现客户端应用程序的开发。JavaScript 脚本程序多嵌入在标准的 HTML 页面当中，但也可以通过调入操作来执行。JavaScript 语言弥补了 HTML 语言自身的缺陷，是 Java 语言与 HTML 语言的一种折中选择，它的基本特点包括以下几个方面。

（1）解释性编程语言

JavaScript 是一种编写脚本程序的语言。像其他脚本语言一样，JavaScript 也是一种解释性编程语言，它的开发过程比较简单。JavaScript 语言的基本结构形式与 C、C++、Visual Basic、Delphi 十分类似。它们的不同在于，上述这些语言都是编译执行的，而

JavaScript 程序则是通过逐行解释来执行的。

（2）基于对象的语言

面向对象的程序设计语言，试图把程序作为一些完成不同功能的独立部分（对象）的集合来处理，而不是将其视为完成特定任务的一系列语句。面向对象语言的关键在于，它允许用户创建类，但自身却不含有内置的类。

而基于对象的语言则不同，它本身含有许多内置的对象供用户直接调用。当然和面向对象的语言一样，基于对象的语言同样将程序视为完成不同功能的对象的集合。

JavaScript 就是一种基于对象的语言，它本身内置了一些基本的对象，这样，利用 JavaScript 语言编制的程序就可以直接使用这些对象，而不需要再由自己来创建这些类。例如，在 JavaScript 语言中不需要创建“date”类，因为语言本身就包含了这个类。

JavaScript 是一种基于 Java 基本语句和控制流的简单而紧凑的设计，以便两者能更好地相互传递数据。它不需要严格的类型检查，也没有类似于 Java 的类创建和完全面向对象的特性。编程者不必过多考虑类的层次和继承，可以最有效地利用脚本语言。

（3）基于事件驱动的语言

JavaScript 是基于事件驱动的语言，当事件发生时，JavaScript 就会做出反应，具体的反应方式由用户编程决定。所谓“事件”，就是网页中执行的操作所产生的动作，例如，鼠标拖动、窗口移动、菜单选择等都是事件。JavaScript 可以直接在客户端对用户输入做出响应，而无须经过 Web 服务程序，这大大提高了响应速度。

（4）良好的安全性

JavaScript 是一种具有良好安全性的编程语言，但它只能通过浏览器来实现信息的浏览和动态交互，而不允许访问用户硬盘或将数据保存到服务器上，同样它也不能从其他文件获取信息。这就意味着，不可能通过编写 JavaScript 程序来浏览某台计算机中的目录，同样也不能获取或删除用户文件。

（5）跨平台性

JavaScript 程序与平台无关，它只依赖于浏览器本身。只要系统中运行的浏览器支持 JavaScript 语言，程序就可正确执行，这和一般常用的编程语言不同。但某些函数可能不是对所有的平台都可用的（如 random(　)方法）。

实际上，JavaScript 的最大特点在于，它可以通过很少的程序代码来实现许多网页交互功能，而且不需要性能很高的电脑，编程所需要的软件也可以仅仅是字处理软件，所以得到了越来越广泛的应用。

4. Java 和 JavaScript

JavaScript 脚本语言和 Java 语言两者之间有相当大的区别。这里对这两种语言做简单比较。

（1）基于对象和面向对象

Java 是一种真正的面向对象的程序设计语言，所有的程序都必须通过对象设计来实现。利用 Java 语言可以设计独立的应用程序或者被称为 Java 小程序的小型应用程序。

而 JavaScript 则是一种脚本语言，可以用来制作与网络无关的，与用户进行交互的复杂软件。作为一种基于对象和事件驱动的编程语言，它本身提供了非常丰富的内部对象供程序设计人员选择使用。

（2）解释和编译

Java 和 JavaScript 两种编程语言在浏览器中的执行方式也不一样。

Java 源程序在传递到客户端执行之前，必须经过编译，因此客户端上必须具有相应平台上的仿真器或编译器，这些仿真器或编译器使 Java 程序独立于操作系统平台。

而 JavaScript 是一种解释执行的编程语言，其程序代码不需要经过编译，而是以文本格式的字符代码的形式发送给客户端的浏览器，并由浏览器中内置的解释程序解释执行。

（3）弱变量和强变量

Java 和 JavaScript 两种语言所采取的变量检查方式也不同。

在 Java 语言中变量声明采用的是强类型变量检查方式，即程序中所采用的变量在编译之前都必须进行声明。例如：

```
Integer   x;
String    y;
x="6688";
y="8866";
```

其中变量 x 被定义为整型变量，而变量 y 则是字符串变量。

而 JavaScript 中的变量声明，采用的则是弱类型检查方式，即变量在使用前不需要做声明，而是由解释器在程序运行时检查其数据类型，例如：

```
x="6688";  y="8866";
```

前者说明 x 为数值型变量，而后者说明 y 为字符串型变量。

（4）代码格式

JavaScript 代码是文本字符的形式，它可以直接嵌入 HTML 文档中，并且可被动态装载。而 Java 语言与 HTML 无关，它必须通过与引用外部媒体类似的方式来装载，其程序代码以字节代码的形式保存在独立的文档中。

（5）嵌入方式

在 HTML 文档中，JavaScript 程序使用<Script>…</Script>标记来标识，而 Java Applet 程序则使用<applet>…</applet>标记来标识。

（6）动态链接和静态链接

JavaScript 采用动态链接的方式，即 JavaScript 的对象引用在程序运行时进行检查。而 Java 语言采用的是静态链接的方式，即 Java 程序中的对象引用必须在编译时进行，以使编译器能够实现强类型检查。

（二）VBScript

1. VBScript 简介

VBScript 是 Microsoft 公司创建的一种脚本语言。VBScript 的全称是 Visual Basic

Scripting Edition，它是 Microsoft 公司的 Visual Basic 家族中的一员，是 Microsoft 公司网络战略的一部分。它实际上是 Microsoft Visual Basic 的一个子集，是基于 Visual Basic 的脚本编写语言。与 JavaScript 一样，它也是一种脚本语言，其根本目的是增加页面的动态特性和交互能力。使用 VBScript，可以确认窗体数据、制作客户页，甚至可以编写网络游戏。有了 VBScript，就可以更好地控制页面上的窗体等对象，制作出更加完美的页面。

同 JavaScript 一样，编程人员可以在 HTML 页面中嵌入 VBScript 代码以完成客户端的处理。通过 VBScript，可以访问那些由 HTML 标记（如 INPUT）所创建的标准对象，并对这些对象所产生的事件（如用户输入）进行响应。因为 VBScript 使用了与 Visual Basic 一样的语法，所以熟悉 Visual Basic 编程的程序员都比较喜欢使用 VBScript，而 C++ 和 Java 的程序员则更喜欢使用 JavaScript。

2. VBScript 事件处理程序

VBScript 是一种标识语言，就像 HTML 一样，它不需要经过编译，只要在支持它的浏览器上就能运行。和 Visual Basic 一样，VBScript 也是建立在“对象”这一概念上的。简单地说，对象就是客观实体的逻辑抽象，是对属性和相关过程的软件封装。

对象有三个重要的内容：属性（Properties）、方法（Methods）和事件（Events）。属性是表征对象状态的变量，它的值的集合就是对象所处的某个确定的状态。方法是对象能够做的事情，其实是一些过程或函数。而事件则是对象可以对之产生响应的事情。

人们编写脚本的目的就是处理事件。在 VBScript 中，可以通过事件过程、内联事件处理以及置< script >标记的 FOR/EVENT 属性三种方式来处理事件。它们各自有自己不同的用法。

（1）VBScript 事件过程

编写事件过程是最常用的事件处理方法。在 VBScript 中，使用一种特殊的命名方式来命名事件过程，这种格式的一般形式是：对象名_事件。当该对象发生事件时，系统就去寻找相应的处理过程来处理它，也就是说，VBScript 通过将对象和事件合并起来为过程命名的方法来处理事件。

例如，要将一个按钮命名为 btnButton，把它的 onClick 事件处理过程命名为 btnButton_onClick。当该按钮对象发生单击事件时，系统就去寻找相应的处理过程来处理它。

下面是它的 HTML 文档。

```
<HTML>
<HEAD>
<TITLE>测试按钮事件</TITLE>
<SCRIPT LANGUAGE="VBScript"><！--
sub btnButton_onClick
Msgbox"按钮被单击！"
End Sub
```

```
--></SCRIPT>
</HEAD>
<BODY>
<FORM NAME="Form1" METHOD="POST" ACTION="--WebBOT-SELF--">
<P><INPUT TYPE="Button" VALUE="单击" NAME="btnButton"></P>
</FORM>
</BODY>
</HTML>
```

（2）内联事件处理

使用事件过程是一种比较正式的事件处理方式，而处理内联事件更加简捷。它不用专门书写事件过程，只要直接在对象的 HTML 文档位置书写即可。例如，上面的例子可以改写为：

```
<HTML>
<HEAD>
<TITLE>测试按钮事件</TITLE>
</HEAD>
<BODY>
<FORM NAME="Form1">
<INPUT TYPE="Button" NAME="Button1" VALUE="单击"
onClick=' MsgBox "按钮被单击！ " ' LANGUAGE="VBScript">
</FORM>
</BODY>
</HTML>
```

其结果与上面的例子是一样的。

（3）FOR/EVENT 属性方法

如果不想用事件过程和内联事件来处理事件，还可以使用<SCRIPT>标记的 FOR 和 EVENT 属性。此属性允许把脚本与 HTML 文档中的任何对象和该对象的事件联系起来，其基本的格式是：FOR"对象名"EVENT="事件"。上面的例子用这种方法可以改写为：

```
<HTML>
<HEAD>
<TITLE>测试按钮事件</TITLE>
</HEAD>
<BODY>
<FORMNAME="Form1">
<INPUT TYPE="Button" NAME="Button1" VALUE="单击">
<SCRIPT FOR="Button1" EVENT="onClick" LANGUAGE="VBScript">
MsgBox" 按钮被单击！ "
```

```
</SCRIPT>
</FORM>
</BODY>
</HTML>
```

三、XML

随着互联网的迅猛发展和普及，人们可以通过计算机与互联网连接，从世界各地实时接收和发送大量最新的信息，但在信息交换的过程中也存在着一个突出的问题，就是多种多样的数据格式给信息的有效使用带来了障碍。所以在信息时代，如何以最便捷、最可靠、最有效的方式获取所需的信息是人们面临的一个很大的困扰。人们期待着能够找到一种可以描述任何逻辑关系的数据格式来统一电子数据的存储，从而不再因为数据格式的不统一而苦恼和困惑。目前，能够担当此任的就是XML（可扩展标记语言）。

（一）XML的诞生和发展

1996年，W3C在SGML语言的基础上，提出了XML语言草案。1998年，W3C正式发布了XML1.0标准。之后，W3C又用XML设计出一个与HTML4.0功能等价的语言XHTML1.0（可扩展超文本标记语言）。

XML是SGML的一个简化子集。严格地讲，XML也是SGML。与HTML不同的是，XML有文档类型定义（DTD），因而也可以像SGML那样作为元语言来定义其他文件系统，或称其他符号化语言。如果把符号化语言分为元符号化语言和实例符号化语言，SGML和XML都是元符号化语言，而HTML和由XML派生的XHTML都是实例符号化语言。XML将SGML的丰富功能与HTML的易用性结合到Web的应用中，以一种开放的、自我描述方式定义了数据结构。在描述数据内容的同时能突出对结构的描述，从而体现出数据之间的关系。这样所组织的数据对于应用程序和用户都是友好的、可操作的，所以可以说，XML的出现使HTML存在的问题可以得到很好的解决。

XML语言对信息的格式和表达方法做了最大限度的规范，应用软件可以按照统一的方式处理所有XML信息。这样一来，信息在Web世界里的共享和交换就有了技术上的保障。HTML语言关心的是信息的表现形式，而XML语言关心的是信息本身的格式和数据内容。从这个意义上说，XML语言不但可以将客户端的信息展现技术提高到一个新的层次，而且可以显著提高服务端的信息获取、生成、发布和共享能力。为了将XML信息转换为HTML等不同的信息展现形式，1999年，W3C制定了XSLT标准。同一年，IE5.0增加了对XML和XSLT的支持。

现在，网站的开发者可以直接使用XML语言发布信息。针对不同的应用领域，人们还制定了许多专门的XML规范。例如，2001年W3C发布的SVG（可扩展矢量图形）1.0标准就是一种用XML语言表达的、全新的二维矢量图形格式。开发者可以用SVG格式描述大多数已有的Flash动画。

（二）XML 基本语法和实例

接下来通过一个 MSN 的联系人名单实例简要讲述 XML 的语法。

下面是一个 MSN 联系人名单的 XML 文件：

```
<? xml version="1.0" ? >
<! DOCTYPE messager SYSTEM "./messager.dtd">
<messenger>
<service name=".NET Messenger Service">
<contactlist>
<contact>Jack@sina.com</contact>
</contactlist>
</service>
</messenger>
```

使用 MSN 的实时聊天功能时，如果选择保存联系人就会得到一个.ctt 文件。其实这个文件就是一个 XML 文件。现在大致看一下这个文件的结构。

1. 文件头 PI 声明<? xmlversion="1.0"? >

这是 XML 文档最基础的一个声明部分，它是 PI（处理指令）。处理指令在文档中多用来进行说明和调用一定的功能，这里仅仅需要这一行。就好像调用函数需要参数一样，这条处理指令也可以设置版本号和语言编码属性。

Version（版本号）：一般没有太大的特殊意义，这里版本为 1.0。

Encoding（语言编码）：不写就默认 UTF-8 的编码，如果文档使用了中文标签，就需要设置准确的编码，比如中文使用 GB2312。

2. 数据模型

可以将 XML 文档当作一个非常简单的数据库，不过它并不是关系数据库，而是一个基于树状结构的数据库。用以下两种方法可以声明数据模型。

W3C：一般使用 DTDs。如果需要使用微软公司以外的公司所开发的工具，特别是 Java，则推荐使用该方法。

Schema：这是微软公司的自定义标准。如果需要结合微软的 SQL Server 数据库，则建议使用该方法。

这里使用的是 DTD 定义数据模型。该 DTD 定义如下：

```
<! ELEMENT messenger （service*）>
<! ELEMENT service （contactlist*）>
<! ATTLIST service name CDATA #REQUIRED>
<! ELEMENT contactlist （contact*）>
<! ELEMENT contact （#PCDATA）>
```

该 DTD 文件说明在对应的 XML 文件中的标记有 messenger、service、contactlist、

contact。而且，这四个标记在逻辑上是上一个包含下一个的关系。其中，元素 service、contactlist 及 contact 都可以不出现或者多次出现。元素 service 含有属性 name，该属性的值是 CDATA（简单字符数据）类型，该属性需要说明。元素 contact 的值是#PCDATA 类型，这表明 contact 的值只能由字符数据组成。

该 DTD 文件被保存为 messager.dtd，并在对应的 XML 文件中通过 DOCTYPE 被定义为该 XML 文件所遵循的文档数据模型。一个 XML 文件一定要使用一个数据模型。将数据模型定义作为外部文件独立出来，然后在 XML 文件中引用是一种常用的做法。这样多个 XML 文档可以方便地共享一个数据类型定义文件。

（三）XML 的主要相关技术

XML 是描述内容的数据格式，在使用 XML 数据时，还需要掌握 XML 数据的显示、打印、数据结构的变更等许多相关技术。接下来一一做简单的介绍。

1. XMLParser

处理 XML 数据时，一定要使用 XMLProcessor（也就是 XMLParser），它会对 XML 数据结构进行检查。然后，应用程序对 XMLProcessor 传递来的 XML 树进行逻辑处理，并进一步向用户提供服务。

XMLProcessor 有许多相关的软件产品，有很多是免费的。开发工程师只需将 XML 数据的检查工作交给 XMLProcessor 即可，集中精力开发应用程序部分，这样减少了开发工程师许多负担。

2. 定义 XML 数据结构的技术

在 XML 中用户可以自定义标记名以及与标记相关的元素层次和属性，这是 XML 的主要特征。但是，如果定义的都是只有自己才能理解的标记，就无法与其他人交换数据。为了在企业团体之间进行 XML 格式的数据交换，XML 数据结构、元素名称、元素数据类型以及元素亲子关系都需要仔细考虑，一定要设计成用户和系统都能够理解的语言。这样设计的 XML 数据结构在 XML 领域被称为 Schema，描述 Schema 的语言被称为 Schema 语言。

DTD 是远在 SGML 时期就一直使用的 Schema 语言，1998 年制定 XML 语法时，沿用了描述 Schema 的 DTD。DTD 描述的 Schema 应用非常广泛。但是，随着 XML 应用的发展，从 SGML 继承下来的 DTD 显然有许多不足的地方。为了解决这些问题，W3C 制定了 Schema 语言 XML Schema。

XML Schema 中有多种 DTD 不具备的特征，它与 DTD 相比，数据量增大了很多。但是，XML Schema 的表现力远比 DTD 强得多，不仅支持字符串、十进制数、浮动小数点、日期等，还支持出现 *m* 回以上和 *n* 回以下元素（*m*、*n* 为整数）的指定。例如，“邮编 ××××××”（× 是字符）是邮政编码元素的格式指定，都是 DTD 所不能表现的内容。XML Schema 于 2001 年 5 月成为 W3C 的推荐规范，对 XML 的利用产生了重要的影响。

3. 显示和打印 XML 数据的技术

XML 数据在定义打印、显示排版信息时主要有三种方法：用 CSS 定义打印和显示排版信息；用 XSLT 转换到 HTML 进行显示和打印；用 XSLT 转换成 XSL 的 FO（格式化对象）进行显示和打印。

指定文件排版信息的数据被称为样式表，描述 HTML 样式表的语言是 CSS。这里介绍的是使用 CSS 来浏览、打印 XML 数据的方法，具体地讲，CSS 是给 HTML 的每个标记元素指定排版信息，同样也可以用来给 XML 的标记元素定义显示排版方法。CSS 不能改变 XML 的结构，只能在简单地定义排版信息的时候使用。

还有一种是会改变 XML 数据结构的语言——XSLT（可扩展样式表语言转换）。使用 XSLT，可以改变 XML 元素名、属性名、元素层次结构等，根据 XSLT 的指定，可以将 XML 的元素转换为 HTML 元素。现在，这种用浏览器显示 XML 数据的方法是最常用的方法。

XSL 是用 XML 描述的文件。用 XSL 指定排版信息的方法由以下两步组成：将要打印、显示的原 XML 树进行结构变换，追加排版信息生成新的树结构（XSL-FO 树）；将这个新树传递给 XSL-FO 对应的打印和显示引擎进行相应的操作。

4. XML 数据结构转换技术

在 XML 的应用中，有的 XML 数据需要转换到其他结构的 XML 数据，为此 W3C 制定了描述标准化的 XML 数据结构转换规则的语言 XSLT。XSLT 是为显示和打印 XML，而从 XSL 规范独立出来的规范。原本是描述排版信息的语言，因此，用 XSLT 制作的程序称为样式表。但是，XSLT 也可以用于排版以外的其他用途。

例如，使用了不同 Schema（标记集合）的企业团体之间交换 XML 数据时，需要将使用了各公司独自数据格式的 XML 数据向双方系统共同采用的业界标准格式结构转换以后，才可能进行数据交换。在 XSLT 中不仅描述了转换规则，结构转换还可以交给 XSLT 样式表的执行引擎。为了跨过业界之间的障碍实现数据交换，其他文件格式的数据交换也会经常发生，尽管如此，转换结构时如果利用 XSLT，不更改程序只改变样式表就可以了。

（四）XML 的特点

XML 的优势之一是具有可扩展性。作为一种元语言，它允许各个组织、个人建立适合自己需要的标记集合。这一特征使得 XML 可以在电子商务、政府文档、司法、出版、CAD/CAM、保险机构、厂商和中介组织信息交换等领域中一展身手，针对不同的系统，厂商提供了各具特色的独立解决方案。

XML 的最大优点在于它的数据存储格式不受显示格式的制约。一般来说，一篇文档包括三个要素：数据、结构以及显示方式。对于 HTML 来说，显示方式内嵌在数据中，这样在创建文本时，要时时考虑输出格式，如果因为需求不同而需要对同样的内容进行不同风格的显示时，要从头创建一个全新的文档，这样重复的工作量很大。此外，HTML 缺乏对数据结构的描述，对应用程序理解文档内容、抽取语义信息都有诸多不便。而 XML 把文档的三要素独立开来，分别处理。首先把显示格式从数据内容中独立出来，保存在样式表文件中，这样如果需要改变文档的显示方式，只要修改样式单文件就行了。

利用 XML 用户可以自定义标记的元素层次和属性，这是一种自描述性。XML 的自描述性能够很好地表现许多复杂的数据关系，使得基于 XML 的应用程序可以在 XML 文件中准确高效地搜索相关的数据内容，忽略其他不相关部分。

XML 还有其他许多优点，比如它有利于不同系统之间的信息交流，可以充当网际语言，并有希望成为数据和文档交换的标准机制等。

开发 XML 的工具有很多，如 Microsoft XML Notepad、Visual InterDev、Microsoft XSL Debugger 等。目前，XML 语言已经广泛应用于信息发布、商务自动化处理以及智能化 Web 应用程序和数据集成等方面。可以说，XML 的出现给数据交换带来了一场革命，它是至今为止最聪明的一种符号化语言，它已成为下一代网络发展的基石。

第三节　服务器端技术

在本章第一节中我们已讲过，现有的 Web 应用构架都是从基本的客户/服务器模式发展出来的。不管是两层、三层还是 N 层系统构架，都含有客户端和服务器端，它们各自有自己的典型技术。前面介绍了典型的几种客户端技术，本节将主要介绍几种服务器端技术。

首先介绍服务器端技术的发展过程。

与客户端技术从静态向动态的演进过程类似，Web 服务器端的开发技术也是由静态向动态逐渐发展、完善起来的。最早的 Web 服务器简单地响应浏览器发来的 HTTP 请求，并将存储在服务器上的 HTML 文件返回给浏览器。一种名为 SSI（Server Side Includes，服务器端嵌入）的技术使 Web 服务器在返回 HTML 文件前，可以更新 HTML 文件的某些内容。但其功能非常有限。第一种真正使服务器能根据运行时的具体情况，动态生成 HTML 页面的技术是 CGI（Common Gateway Interface，通用网关接口）技术。1993 年，CGI1.0 的标准草案由 NCSA（美国国家超级计算应用）中心提出。1995 年，NCSA 开始制定 CGI1.1 标准，1997 年，CGI1.2 也被纳入了议事日程。CGI 技术允许服务器端的应用程序根据客户端的请求，动态生成 HTML 页面，这使客户端和服务端的动态信息交换成为可能。随着 CGI 技术的普及，聊天室、论坛、电子商务、信息查询、全文检索等各式各样的 Web 应用蓬勃兴起，人们开始享受信息检索、信息交换、信息处理等更为便捷的信息服务。

早期的 CGI 程序大多是编译后的可执行程序，其编程语言可以是 C、C++、Pascal 等任何通用的程序设计语言。为了简化 CGI 程序的修改、编译和发布过程，人们开始探寻用脚本语言实现 CGI 应用的可行方式。在此方面，所做贡献比较大的是拉里·沃尔（Larry Wall）于 1987 年发明的 Perl 语言。Perl 结合了 C 语言的高效以及 sh、awk 等脚本语言的便捷，似乎天生就适用于 CGI 程序的编写。1995 年，第一个用 Perl 写成的 CGI 程序问世。很快 Perl 在 CGI 编程领域的风头就超过了它的前辈——C 语言。随后，Python 等著名的脚本语言也陆续加入了 CGI 编程语言的行列。

1994 年，拉斯穆斯·勒多夫（Rasmus Lerdorf）发明了专用于 Web 服务器端编程的 PHP 语言。与以往的 CGI 程序不同，PHP 语言将 HTML 代码和 PHP 指令合成为完整的服务端动态页面，Web 应用的开发者可以用一种更加简便、快捷的方式实现动态 Web 功能。1996 年，Microsoft 公司借鉴 PHP 的思想，在其 Web 服务器 IIS 3.0 中引入了 ASP 技术。ASP 使用的脚本语言是我们熟悉的 VBScript 和 JavaScript。借助 Microsoft Visual Studio 等开发工具在市场上的成功，ASP 迅速成为 Windows 系统下 Web 服务器端的主流开发技术。当然，以 Sun 公司为首的 Java 阵营也不示弱。1997 年，Servlet 技术问世，1998 年，JSP 技术诞生。Servlet 和 JSP 的组合（还可以加上 Java Bean 技术）让 Java 开发者同时拥有了类似 CGI 程序的集中处理功能和类似 PHP 的 HTML 嵌入功能，此外，Java 的运行使编译技术也大大提高了 Servlet 和 JSP 的执行效率，这也正是 Servlet 和 JSP 被后来的 J2EE 平台吸纳为核心技术的原因之一。

一、CGI

（一）CGI 的概述

CGI 是一个 WWW 服务器主机对外服务的标准接口。通过提供这样一个标准接口，Web 服务器能够执行应用程序，并将应用程序的输出，如文字、图形、声音等传递给一个 Web 浏览器。一般来说，一个 CGI 接口的功能就是在超文本文件和服务器主机应用程序间传递信息的。如果没有 CGI，Web 服务器就只能提供静态文本。可以这样毫不夸张地说，有了 CGI，万维网才变得更为实用，界面才变得更为友好，信息服务才变得更为丰富多彩。

事实上，任何一种程序语言，只要能在服务器主机上利用 CGI 接口来编写应用程序，都可以被叫作 CGI 程序语言。目前最为流行的 CGI 程序语言有四种：C、Shell、Perl 和 Visual Basic。其他一些语言也有许多人在用，如 TCL、Fortran 及 Apple Script 等。

CGI 程序一般是可执行程序，编译好的 CGI 程序一般要集中放在一个目录下。具体存放的位置随操作系统的不同而不同。例如，在 UNIX 系统中是放在 cgi-bin 子目录下的，而在 Windows 操作系统中（注意，这里不包括 NT4.0）如果以 Webstar 或 Website 做 WWW 服务器，CGI 程序则都放在 cgi-win 下。

CGI 程序的执行一般有两种调用方式：一种是通过 URL 直接调用，如“http://gjy.sic.o.ml.org/cgi-win/cgi.exe”，在浏览器的 URL 栏里直接写入上述描述就可以调用该程序；另一种方式，也是主要的方式，是通过交互式主页里的 FORM 栏调用的，通常都是用户在填完一张表后单击“确认”按钮启动 CGI 程序。

CGI 工作的主要流程：通过 HTML 获取用户输入的信息；将用户输入的信息传给服务器主机应用程序（如数据库查询）；将服务器的处理结果通过 HTML 文件返回给用户。

（二）CGI 的工作原理

CGI 的主要功能是在服务器应用程序和客户之间传递信息。通过 CGI 程序能够动态处理浏览者的请求，如保存用户输入的信息，根据用户信息返回相关的资料等。客户端发送一个 CGI 请求给 Web 服务器后，Web 服务器将根据 CGI 程序的类型决定数据向 CGI 程序的传送方式，通常是通过标准输入/输出流和环境变量来在 CGI 程序间传递数据的。

输入/输出流的具体实现方式在不同的平台上稍有差异。在 UNIX 平台下的 CGI 通过读取输入流 Scanf 来获取用户输入，读取输出流 Printf 向用户输出结果。而 Windows 系统下，CGI 是通过文件系统来实现这一功能的。

Windows 平台下 CGI 的工作原理如下。浏览器通过 HTTP 与 Web 服务器通信。在浏览器端的当前文件使用 Get、Post 等方法调用 CGI 程序，并将要传送的信息送到服务器端。CGI 程序通过标准输入（STDIN）来获取用户输入的信息，对输入的信息经过逻辑处理后（如检查密码长度是否有效，连接数据库验证用户名和密码的正确性等），通过标准输出（STDOUT）向用户传递结果。其中，STDIN 和 STDOUT 是两个预先定义好的文件指针，可以利用文件读写函数来对其进行操作。

标准输入只能用来获取用户输入的信息，Web 服务器向 CGI 程序传送的数据除了用户输入的信息之外还有各种环境信息。在 Windows 平台下通过一个特定的输入文件来获取用户输入的信息以及环境信息。该输入文件是由 WWW 服务器生成的一个临时文件。其中，环境信息是通过环境变量来传递的，它们以 key=value 的形式给出，类似于 Windows 中的 INI 文件。环境变量中提供的是一些常用信息，并且通常不包括用户在 Web 页面中输入的信息。

通常，CGI 转来的用户信息还可能会进一步调用服务器应用程序来对其做进一步的处理，处理的结果交给 CGI 程序的 output（输出）文件，通过 CGI 将其转交给用户。典型的服务器应用程序以数据库查询为代表。

（三）CGI 的优缺点

CGI 定义的是一种编程规范，C、Shell、Perl 和 VisualBasic 等多种语言都可以用来实现。尽管它有实现方便、支持多种语言、易于程序员快速掌握等多种优点，但也存在不足之处。CGI 应用程序是作为一个独立的外部应用来运行的。当 HTTP 服务器收到对 CGI 程序的请求时，每一个请求都将启动一个新的进程。当有大量用户请求调用 CGI 应用程序时，多个 CGI 应用程序的执行将导致服务器的大量负载，严重影响服务器系统的性能。

二、API

在 Web 应用开发历史上，CGI 是最早使用的一种技术，通过为不同的平台、不同的 Web 服务器编写插件、编写应用接口，来满足通过 Web 方式编写应用的需求。CGI 的最大问题就是线程并发的问题。很多人觉得 CGI 访问速度慢，其实主要原因是应用程序所编写的 CGI 没有考虑多线程。使用 API 就可以解决这个问题。

API 是 Application Program Interface 的缩写。API 程序使用动态链接库，取消了启动

与释放进程的开销，因此执行速度快。最著名的API是Netscape公司的NSAPI和Microsoft公司的ISAPI。各种API均与其相应的Web服务器紧密联系在一起。

用NSAPI、ISAPI开发的程序，性能大大优于CGI程序，这些API应用程序是与Web服务器软件处于同一地址空间的DLL，因此所有的HTTP服务器进程能够直接利用各种资源，这显然比调用不在同一地址空间的CGI程序所占用的系统时间要短。程序员可以利用API分别开发Web服务器与数据库服务器的接口程序。

WebAPI的出现解决了CGI的低效问题，但API程序只能用C语言编写，书写规范复杂，与CGI程序相比开发时间长、难度大。开发API程序需多线程、进程同步、直接协议编程等知识。

为了解决复杂与高效之间的矛盾，Netscape公司与Microsoft公司均为各自的Web服务器提供了基于API的高级编程接口。Netscape公司提供的是LiveWire，Microsoft公司提供的是IDC（Internet数据库连接器）。

利用NSAPI所写的程序是直接从WebServer的执行空间内被呼叫的，所以速度最快，但是程序必须遵循Netscape Enterprise Server的撰写规则，而且一旦程序发生错误，WebServer也会受到影响。

相比于NSAPI，在Microsoft IIS平台上支持的是ISAPI。类似于NSAPI，利用ISAPI撰写网站应用程序，必须把应用程序编译成动态函式库，也就是DLL类型文件。它的执行速度也很快，但要遵循ISAPI的撰写规则和数据结构，程序发生错误时也会影响IISServer的正常运作。

综观以上两种以WebServerAPI为主的方案（其实Apache也有相对应的ServerAPI，只是用的人可能更少），它们的执行速度都很快。就产生动态网页而言，比CGI快好几倍。但是就程序开发者的角度来看，它们也存在一些缺点。

NSAPI及ISAPI对网站平台的依赖性太高。使用NSAPI或ISAPI后，应用程序就完全受限于所使用的网站服务器平台，不能变换所使用的网站服务器。它不像CGI完全不受网站平台的限制，可以在任何网站服务器（Netscape、MicrosoftIIS、Apache、NCSA）上执行。另外，像ISAPI就只能限制在Windows NT平台上使用。

NSAPI及ISAPI只提供C程序语言的界面，即开发者一定要使用C语言开发。而CGI支持多种语言，除C语言之外，常用的还有Perl、VisualBasic及TCL等。

Netscape Enterprise Server和Microsoft IIS都是以多线程的方式执行NSAPI程序及ISAPI程序的，所有执行线程共享同一块变量空间，因此在变量数据的处理上要特别小心，以确保每一个执行线程内的变量资料不会互相影响。NSAPI和ISAPI应用程序都是直接在服务器的执行进程内被呼叫的，如果程序出了问题，整个网站服务器都会受影响。而CGI程序死机时服务器会响应Internal Server Error的信息，服务器本身不受影响。NSAPI和ISAPI应用程序必须被服务器呼叫才会被执行，因此查错相当不容易。

三、Servlet

（一）Servlet的概述

通常情况下，人们所说的Servlet就是Java Servlet。

Servlet是对支持Java的服务器的一般扩充。它最常见的用途是扩展Web服务器，提供安全的、可移植的、易于使用的CGI替代品。它是一种动态加载的模块，为来自Web服务器的请求提供服务。它完全运行在Java虚拟机上。由于它在服务器端运行，因此并不依赖于浏览器的兼容性。

从原理上来说，Servlet首先是一个Java类，Servlet运行于由Servlet引擎所管理的Java虚拟机中，被来自Web客户机的请求所唤醒并用来处理请求。例如，一个Servlet可以从一个HTML订单表中获取数据，然后用一些商业上的算法来更新公司的相应订单数据库。可以看出，Servlet能够像CGI脚本一样扩展Web服务器功能，但是Servlet占用很少的密集资源。同时由于Servlet是用Java编写的，因此是跨平台的，它能够访问Java的全部高级特性：数据库连接、与网络有关的特性、面向对象的特性和多线程处理和内嵌支持等。

Servlet可以相当有效地替代CGI脚本，它可以方便地生成容易编写而且运行快的动态文本，可以很方便地调试寻找出程序问题。Servlet程序是用Java Servlet API开发的一个标准的Java扩展。

人们一般采用Sun公司的Java2软件开发工具箱（J2SDK）作为Servlet的开发工具，J2SDK也就是Java开发工具箱（JDK）的升级版本。J2SDK中包括了两个用于所有Servlet的基本软件包：Javax.servlet和Javax.servlet.http。

（二）Servlet的软件包

Servlet主要有两个软件包，分别是Javax.servlet包和Javax.servlet.http包。一般情况下，这两个软件包分别对应于Servlet.jar和Webserver.jar。

Javax.servlet包含7个接口，分别是RequestDispatcher接口、Servlet接口、ServletConfig接口、ServletContext接口、ServletRequest接口、ServletResponse接口和SingleThreadModel接口；5个类，分别是GenericServlet类、ServletInputStream类、ServletOutputStream类、ServletException类和UnavailableException类。

Javax.servlet.http包含5个接口，分别是HttpServletRequest接口、HttpServletResponse接口、HttpSession接口、HttpSessionContext接口和HttpSessionBindingListener接口；4个类，分别是Cookie类、HttpServlet类、HttpSessionBindingEvent类和HttpUtils类。

上面所列的这些对象都有其各自的方法，很难说清楚哪些方法更重要，在使用到它时，每个方法都很重要，要用好Servlet至少必须了解所有的方法。这里将着重介绍其中的几个常用方法，不过，这并不意味着没介绍的方法就不重要。

1. Servlet接口的init（）方法、service（）方法和destroy（）方法

Servlet接口定义了所有Servlet都必须执行的方法，所以这个接口也适用于

HttpServlet 类。

事实上，这三个方法也就概括了 Servlet 的生命周期。

（1）初始化时期

该时期调用了 init（）方法，当 Servlet 被 Servlet 引擎载入后，就会执行 init（）这个方法，因此可以重载这一方法以做一些初始化工作。init（）结束后，需要呼叫 super.init（）以完成系统的初始化。

在 Servlet 的生命期中，init（）方法仅在服务器载入 Servlet 时被执行一次，此后无论有多少客户机访问这个 Servlet，init（）都不会被重复执行。

当 init（）抛出异常或在规定的一个时间周期内没有返回值时，init（）会失败，Servlet 将无法被服务器载入。

重载 init（）方法的基本格式是：

public void init（ServletConfig config） throws ServletException {…}

（2）执行时期

在 Servlet 被载入后，主要通过 service（）方法对外响应，该方法可以被同时多次地呼叫。

由于 HttpServlet 类有它自己的 service（）方法，所以对于 HttpServlet 类而言，它所使用的是自己的 service（）方法，一般所指的 service（）方法也是指 HttpServlet 类中的 service（）方法，当它接收到一个 OPTIONS 请求时，它会调用 doOption（）方法，同样，当它接收到一个 TRACE 请求时，它会调用 doTrace（）方法。service（）方法一般不被重载。通过 doOption（）方法会决定相应地调用 doGet（）、doPost（）、doPut（）、doDelete（）这些方法的一种或几种。doOption（）方法和 doTrace（）方法通常也不被重载。

（3）结束时期

当服务器卸载一个 Servlet 时，它将调用 destroy（）方法。这个方法给 Servlet 一个时机清除控制的任何资源（比如内存、文件句柄、线程）。如果需要在结束时关闭一些资源，也可以重载这一方法，同样，destroy（）结束后，要呼叫 super.destroy（）。

destroy（）方法不抛出异常，重载 destroy（）的格式如下：public void destroy（）{…}

2.HttpServlet 类 doGet( ) 方法、doPost ( ) 方法、doPut ( ) 方法、doDelete ( ) 方法

（1）doGet（）方法

doGet（）方法用来处理 GET 请求，GET 请求和 POST 请求对应于表单提交的两种形式。对于 GET 请求，表单数据附加到 URL 的问号后面；对于 POST 请求，表单数据用一个单独的行发送。此方法在使用时必须重载，重载的格式是：

protected void doGet(HttpServletRequest req， HttpServletResponse resp) throws ServletException，Java.io.IOException {…}

该方法需要以下两个参数。

req：客户机的请求 HttpServletRequest 对象。

resp：服务器发出的响应 HttpServletResponse 对象。

抛出以下两个异常。

ServletException：请求不能被处理。Java.io.IOException：检测到输入、输出错误。

（2）doPost 方法

doPost（）方法用来处理 POST 请求，此方法在使用时必须重载，重载的格式是：

protected void doPost(HttpServletRequest req，HttpServletResponse resp) throws ServletException，Java.io.IOException {…}

该方法需要的参数和抛出的异常与 doGet（）方法相同。

（3）doPut（）方法

doPut（）方法用来处理 PUT 请求，操作客户机向服务器传送文件。该方法一般不做重载。

该方法需要的参数和抛出的异常与 doGet（）方法相同。

（4）doDelete（）方法

doDelete（）方法用来处理 Delete 请求，操作客户机从服务器里移动文件或网页。

该方法需要的参数和抛出的异常与 doGet（）方法相同。

（三）Servlet 的特点

Servlet 是 Java 技术对 CGI 编程的回答。Servlet 程序在服务器端运行，动态地生成 Web 页面。与传统的 CGI 和许多其他类似 CGI 的技术相比，Java Servlet 具有更高的效率，更容易使用，功能更强大，具有更好的可移植性，更节省投资等优点。

1. 高效

在传统的 CGI 中，每个请求都要启动一个新的进程，如果 CGI 程序本身的执行时间较短，启动进程所需要的开销很可能反而超过实际执行时间。而在 Servlet 中，每个请求由一个轻量级的 Java 线程处理（而不是重量级的操作系统进程）。

在传统 CGI 中，如果有 N 个并发的对同一 CGI 程序的请求，则该 CGI 程序的代码在内存中将被重复装载 N 次；而对于 Servlet，若处理请求的是 N 个线程，则只需要一份 Servlet 类代码。在性能优化方面，Servlet 也比 CGI 有着更多的选择，比如缓冲以前的计算结果，保持数据库连接的活动等。

2. 方便

Servlet 提供了大量的实用工具例程，例如，自动解析和解码 HTML 表单数据、读取和设置 HTTP 头、处理 Cookie、跟踪会话状态等。

3. 功能强大

在 Servlet 中，许多使用传统 CGI 程序很难完成的任务都可以轻松地完成。例如，Servlet 能够直接和 Web 服务器交互，而普通的 CGI 程序不能。Servlet 还能够在各个程序之间共享数据，使得数据库连接池之类的功能很容易实现。

4. 可移植性好

Servlet用Java编写，ServletAPI具有完善的标准。因此，为I-Planet Enterprise Server写的Servlet无须任何实质上的改动即可移植到Apache、MicrosoftIIS上面运行。

5. 节省投资

不仅有许多廉价甚至免费的Web服务器可供个人或小规模网站使用，而且对于现有的服务器，如果它不支持Servlet的话，要加上这部分功能也往往是免费的或只需要极少的投资。

四、JSP

Java Servlet可以使得用Java语言编写交互应用程序服务器端的代码变得容易，Java Servlet是基于Java技术的运行在服务器端的程序。开发人员能够编写出Servlet，以接收来自Web浏览器的HTTP请求，动态地生成响应（可能要通过查询数据库来完成这项请求），然后发送包含HTML或XML文档的响应到浏览器。

用这种方法，整个网页都必须在Java Servlet中制作。如果开发人员或者Web管理人员想要调整页面显示，就不得不编辑并重新编译该Java Servlet。很显然，这需要一种创建动态内容页面的解决方案。这一方案能够在任何Web或应用程序服务器上运行，将应用程序逻辑和页面显示分离，能够快速地开发和测试，并简化开发基于Web的交互式应用程序的过程。

JSP（Java Server Pages）技术就是被设计用来满足这样的要求的。JSP规范是Web服务器、应用服务器、交易系统及开发工具供应商间广泛合作的结果。太阳微系统公司（Sun Microsystems Inc.）开发出这个规范来整合和平衡已有的对Java编程环境（如Java Servlet和JavaBeans TM）进行支持的技术和工具。其结果是产生了一种新的、开发基于Web应用程序的方法，给予使用基于组件应用逻辑的页面设计者以强大的功能支持。

（一）JSP概述

JSP是由太阳微系统公司倡导许多公司参与建立的一种动态网页技术标准，其在动态网页的建设中有着强大而特别的功能，它主要用于创建可支持跨平台及跨Web服务器的动态网页。JSP可与微软的Active Server Pages（ASP）相媲美，但JSP使用的是类似于HTML的标记和Java代码片段而不是用VBScript。

JSP技术可以让Web开发人员和设计人员非常容易地创建和维护动态网页，特别是目前的商业系统。作为Java技术的一部分，JSP能够快速开发出基于Web、独立于平台的应用程序。JSP把用户界面从系统内容中分离开来，使得设计人员能够在不改变底层动态内容的前提下改变整个网页布局。

简单地说，一个JSP网页就是在HTML网页中包含了能够生成动态内容的可执行应用程序代码。此应用程序可能包含JavaBean、JDBC对象，Enterprise JavaBean（EJB）和Remote Method Invocation（RMI）对象，所有的部分都可以非常容易地从JSP网页上访问到。例如，一个 JSP 网页可以包含 HTML 代码所显示的静态文本和图像，也可以调用一个 JDBC 对象来访问数据库；当网页显示到用户界面上以后，将包含静态 HTML 内容，并从数据库中找到相应的动态信息。

在 JSP 网页中，要把用户界面和应用程序分开，可以考虑在网页设计人员和开发人员之间执行一个非常方便的授权任务。它也允许开发人员建立灵活的代码，从而非常易于进行更新和重复利用。由于 JSP 网页能够根据需要自动进行编译，Web 设计人员无须重新编译应用程序逻辑就可以改变表述代码。这也使得 JSP 与 Java Servlet 相比成为一种可以更灵活生成动态 Web 内容的方法。

（二）JSP 语法和实例

JSP 页面由 JSP 引擎执行，引擎安装在 Web 服务器或者使用 JSP 的应用服务器上。JSP 引擎接收客户端对 JSP 页面的请求，并且生成 JSP 页面给客户端的响应。JSP 页面通常被编译成为 Java Servlet。

当 JSP 页面第一次被调用时，会被编译成为一个 Java Servlet 类，并且存储在服务器的内存中。这使得之后对该页面的调用有非常快的响应。

JSP 页面可以被包含在多种不同的应用体系结构或者模型中。JSP 页面可以用于由不同协议、组件和格式所组成的联合体中。

接下来简要介绍 JSP 的基本语法。

1. JSP 指示

JSP 页面使用 JSP 指示将指令传递到 JSP 引擎，其中包括以下内容。

JSP 页面指示：传递页面相关的信息，如缓冲区和线程信息或者出错处理。

语言指示：指定脚本语言，以及所有的扩展。

包含指示：被用来在页面中包含一个外部的文档。例如，常常会在页面中包括著作权文档或者公司信息文档。使用这种方法使得如果相关信息需要被更新时无须一个一个文件地修改，只需要修改在各个 JSP 页面中包含的外部文档。当然，被包含的文件也可能是另一个 JSP 文件。

标识库指示：指出页面可以调用的一个客户标识库。

2. JSP 标识

绝大多数 JSP 处理将通过与 JSP 相关的基于 XML 的标识完成。JSP 中包含大量标准标识，核心标识包括以下内容。

jsp：useBean 这个标识声明对一个 JavaBeans 组件实例的使用。如果该组件的实例不存在，JavaBeans 组件将实例化和注册这个标识。

jsp：setProperty 这个标识在组件的实例中设置一个属性的值。

jsp：getProperty 这个标识获取一个组件的实例的属性值，将其转化为字符串，并且将它放入隐含对象“out”中。

3. 脚本元件

JSP 页面可以在页面中包含小的脚本，我们称之为小脚本（scriptlets）。小脚本是一个代码片段，在请求的处理过程中被执行。小脚本可以和页面中的静态元件组合起来创建动态生成的页面。

脚本在<%和%>标志中被描述，在这对标志中的所有元素都会被脚本描述语言引擎执行。

JSP 规范支持所有的常用脚本元件，包括表达式和声明。

下面是一个简单的 JSP 程序。

```
<HTML>
<%@ page language=="java" imports=="com.wombat.JSP.*" %>
<H1>Welcome</H1>

<P>Today is </P>
<jsp：useBean id=="clock" class=="calendar.jspCalendar"/>
<ul>
<li>Day： <%==clock.getDayOfMonth（） %>
<li>Year： <%==clock.getYear（） %>
</ul>

<% if （Calendar.getInstance（）.get（Calendar.AM_PM）====Calendar.AM）{%>
Good Morning
<% } else { %>
Good Afternoon
<% } %>
<%@ include file=="copyright.html" %>

</HTML>
```

这个页面包含下面这些组件。

JSP 语言指示。在该例子中，第二行指出从该页面即将访问的一些 Java 编程语言的扩展位置。指示被设置在<%@和%>标记中。

固定模板数据：所有 JSP 引擎不能识别的标识将随结果页面发送。通常，这些标识是 HTML 或者 XML 标识。在上面的例子中包括无序列表 UL 和 H1 标识。

JSP 动作或者标识：这些通常作为标准或定制标识被实现，并且具有 XML 标识的语法。在这个例子中，jsp：useBean 标识实例化服务器端的 Clock JavaBean。

表达式：JSP 引擎计算在<%==和%>标记间的所有东西。在上面的程序代码中，时钟组件（Clock）的 Day 和 Year 属性值作为字符串返回，并且作为输出插入 JSP 文件中。在该例子中，第一个列表项是日子，第二个是年份。

小脚本：程序中的小脚本确定现在是上午还是下午，并且据此来欢迎用户。

（三）JSP 技术特点

JSP 技术有以下特点。

1. 将内容的生成和显示进行分离

使用 JSP 技术，Web 页面开发人员可以使用 HTML 或者 XML 标识来设计和格式化最终页面，使用 JSP 标识或者小脚本来生成页面上的动态内容。生成内容的逻辑被封装在标识和 JavaBeans 组件中，并且捆绑在小脚本中，所有的脚本在服务器端运行。如果核心逻辑被封装在标识和 Beans 中，那么其他人（如 Web 管理人员和页面设计者）就能够编辑和使用 JSP 页面，而不影响内容的生成。

在服务器端，JSP 引擎解释 JSP 标识和小脚本，生成所请求的内容（例如，通过访问 JavaBeans 组件，使用 JDBC TM 技术访问数据库，或者包含文件），并且将结果以 HTML（或者 XML）页面的形式发送回浏览器。这有助于作者保护自己的代码，而又保证任何基于 HTML 的 Web 浏览器的完全可用性。

2. 强调可重用的组件

绝大多数 JSP 页面依赖于可重用的、跨平台的组件（ JavaBeans 或者 Enterprise JavaBeansTM 组件）来执行应用程序所要求的更为复杂的处理。开发人员能够共享和交换执行普通操作的组件，或者使得这些组件被更多的使用者或者客户团体使用。基于组件的方法加速了总体开发过程，并且使得各种组织在它们现有的技能和优化结果的开发努力中得到平衡。

3. 采用标识简化页面开发

Web 页面开发人员不会都是熟悉脚本语言的编程人员。JSP 技术封装了许多功能，这些功能是在易用的、与 JSP 相关的 XML 标识中进行动态内容生成所需要的。

标准的 JSP 标识能够访问和实例化 JavaBeans 组件，设置或者检索组件属性，下载 Applet，以及执行用其他方法更难于编码和耗时的功能。通过开发定制化标识库，JSP 技术是可以扩展的。今后，第三方开发人员和其他人员可以为常用功能创建自己的标识库。这使得 Web 页面开发人员能够使用熟悉的工具和如同标识一样的执行特定功能的构件来工作。

JSP 技术很容易整合到多种应用体系结构中，以利用现存的工具和技巧，并且扩展到能够支持企业级的分布式应用。作为采用 Java 技术家族的一部分，以及 Java2（企业版体系结构）的一个组成部分，JSP 技术能够支持高度复杂的基于 Web 的应用。

由于 JSP 页面的内置脚本语言是基于 Java 编程语言的，而且所有的 JSP 页面都被编译成为 JavaServlet，JSP 页面就具有 Java 技术的所有好处，包括健壮的存储管理和安全性。作为 Java 平台的一部分，JSP 拥有 Java 编程语言“一次编写，各处运行”的特点。随着越来越多的供应商将 JSP 支持添加到他们的产品中，他们可以使用自己所选择的服务器和工具，更改工具或服务器而不影响当前的应用。

第四节 Web 服务

当需要在不同的服务端、不同的客户端乃至不同的应用类型、不同的计算设备之间传递信息的时候，以往的分布式开发技术或者因为适应性不强，或者因为扩展能力不足，都难以满足现代 Web 开发的需要，而 WebService（服务）正好填补了这一空白。

Web 服务使用基于 XML 的消息处理作为基本的数据通信方式，消除使用不同组件模型、操作系统和编程语言的系统之间存在的差异，使异类系统能够作为单个计算网络协同运行。开发人员可以用像过去在创建分布式应用程序时使用组件一样的方式，创建将来自各种源的 Web 服务组合在一起的应用程序。

Web 服务所实现的最基本方案是向它的客户端提供某个基本功能以供其使用。也可以以复合方式使用 Web 服务来集成一组似乎完全不同的现有应用程序，还能创建构成端对端工作流解决方案的应用程序（如企业到企业交易中的解决方案）。

Web 服务建立在一些通用协议的基础上，如 HTTP、SOAP、XML、WSDL 及 UDDI 等。这些协议在涉及操作系统、对象模型和编程语言的选择时，没有任何倾向，因此将会有很强的生命力。但具体到 Web 服务编程时，.NET 和 J2EE 有一些区别。.NETWeb 服务可用 C#、VB 及 JScript 等语言编写，还能利用一些 Windows 资源；而 J2EEWeb 服务一般使用 Java 语言及 J2EE 资源，如 Bean、EJB 及 CORBA 等。它们在编程环境、语法结构、管理配置等方面各有自己的特色。iNETWeb 服务用 Java 语言实现了.NET 类库中提供的 Web 服务 APIs。它能把用户用.NET 开发的 Web 服务移植到与平台无关的 Java 环境中。因为是 Java， 所以也可利用 Java 的资源。

进行 Web 服务调用时发生的过程与进行常规方法调用时发生的过程类似。其主要的差别在于，Web 服务调用不是调用位于客户端应用程序中的方法，而是根据指定的传输（如 HTTP）生成请求消息。由于 Web 服务方法可能位于另一台计算机上，因此 Web 服务处理请求所需的信息必须通过网络传递给承载 Web 服务的服务器。Web 服务处理此信息，并通过网络将结果发送回客户端应用程序。这就是可编程的 Internet。

一、Web 服务体系架构

Web 服务是指由企业发布的完成其特别商务需求的在线应用服务，其他公司、合作伙伴的应用软件能够通过 Internet 来动态访问并使用这些在线服务。它为未来全球的电子商务发展提供了新的标准和架构。

Web 服务是独立的、模块化的应用，能够通过互联网来描述、发布、定位以及调用。Web 服务的体系架构包括三个角色：服务提供者、服务请求者、服务注册器。角色间主要有三个操作：发布、查找及绑定。

Web 服务中涉及两个部分：服务本身和对服务的描述。典型的应用过程是：服务提供者开发一个通过网络可以被访问的服务，然后将服务的描述注册到服务注册器或者发送给服务请求者；服务请求者通过查找动作在本地或服务注册器中检索服务描述，找到后，通过绑定就可以使用该项服务。

Web 服务涉及一些新的规范，如 UDDI（统一描述、发现和集成）、WSDL（Web 服务描述语言）、WSFL（Web 服务流语言）、SOAP（简单对象访问协议）等。通过这样一个层次分明的架构，Web 服务希望达到一个目标，即实现动态的应用集成，将电子商务推向智能和更加实用的阶段。

二、简单对象访问协议（SOAP）

SOAP（Simple Object Access Protocol）是一种基于 XML 的、不依赖传输协议的表示层协议，用来在应用程序之间方便地以对象的形式交换数据。在 SOAP 的下层，可以是 HTTP/HTTP，也可以是 SMTP/POP3，还可以是为一些应用而专门设计的特殊的通信协议。

SOAP 以 XML 形式提供了一个简单、轻量的用于在分散或分布环境中交换结构化和类型信息的机制。SOAP 本身并没有定义任何应用程序语义，如编程模型或特定语义的实现。实际上，它通过提供一个有标准组件的包模型和在模块中进行数据编码的机制，定义了一个简单的表示应用程序语义的机制，这使得 SOAP 能够用于从消息传递到 RPC 的各种系统。

SOAP 包括以下三个部分。

SOAP 封装结构：定义了一个整体框架，以表示消息中包含什么内容，谁来处理这些内容以及这些内容是可选的或是必需的。

SOAP 编码规则：定义了用以交换应用程序定义的数据类型的实例的一系列机制。

SOAPRPC 表示：定义了一个用来表示远程过程调用和应答的协定。

在 SOAP 封装、SOAP 编码规则和 SOAPRPC 协定之外，这个规范还定义了两个协议的绑定，描述了在有或没有 HTTP 扩展框架的情况下，SOAP 消息如何包含在 HTTP 消息中被传送。

三、统一描述、发现和集成协议（UDDI）

UDDI（Universal Description，Discovery and Integration）是一套基于 Web 的、分布式的、为 Web 服务提供的信息注册中心的实现标准规范，同时也包含一组使企业能将自身提供的 Web 服务注册，以使别的企业能够发现的访问协议的实现标准。

UDDI 的核心组件是 UDDI 商业注册，它使用一个 XML 文档描述企业及其提供的 Web 服务。从概念上来说，UDDI 商业注册所提供的信息包含以下三个部分。

白页（whitepage）：包括了地址、联系方法和已知的企业标识。

黄页（yellowpage）：包括了基于标准分类法的行业类别。

绿页（greenpage）：包括了关于该企业所提供的 Web 服务的技术信息，其形式可能是一些指向文件或 URL 的指针，而这些文件或 URL 是为服务发现机制服务的。

有的 UDDI 商业注册信息都存储在 UDDI 商业注册中心。通过使用 UDDI 的发现服务， 企业可以单独注册那些希望被别的企业发现的自身提供的 Web 服务。企业可以通过

UDDI 商业注册中心的 Web 界面，或使用实现 UDDI Programmer's API 标准所描述的编程接口的工具，将信息加入 UDDI 的商业注册中心。UDDI 商业注册中心在逻辑上是集中的，在物理上是分布式的，由多个根节点组成，相互之间按一定规则进行数据同步。当一个企业在 UDDI 商业注册中心的一个实例中实施注册后，其注册信息会被自动复制到其他 UDDI 根节点，于是就能被任何希望发现这些 Web 服务的人所发现。

四、Web 服务描述语言（WSDL）

随着通信协议和消息格式在 Web 中的标准化，以某种格式化的方法描述通信变得越来越重要，其实现的可能性也越来越大。用 WSDL 定义的一套 XML 语法描述的网络服务方式满足了这种需求。WSDL（Web Services Description Language）把网络服务定义成一个能交换消息的通信端点集。WSDL 服务为分布式系统提供了帮助文档，同时该服务也可作为自动实现应用间通信的解决方案。

WSDL 文档将服务定义为一个网络端点的集合，或者端口的集合。在 WSDL 里，端点及消息的抽象定义与它们具体的网络实现和数据格式绑定是分离的。这样就可以重用这些抽象定义：消息，需要交换的数据的抽象描述；端口类型，操作的抽象集合。针对一个特定端口类型的具体协议和数据格式规范构成一个可重用的绑定。一个端口定义成网络地址和可重用的绑定的连接，端口的集合定义为服务。因此，一个 WSDL 文档在定义网络服务时使用如下元素。

类型：使用某种类型系统（如 XSD）定义数据类型。

消息：通信数据抽象的有类型的定义。

操作：服务支持的动作的抽象描述。

端口类型：一个操作的抽象集合，该操作由一个或多个端点支持。

绑定：针对一个特定端口类型的具体的协议规范和数据格式规范。

端口：一个单一的端点，定义成一个绑定和一个网络地址的连接。

服务：相关端点的集合。

五、Web 服务的特点

Web 服务是下一代分布式系统的核心，它具有如下特点。

完好的封装性。Web 服务既然是一种部署在 Web 上的对象，自然具备对象的良好封装性，对于使用者而言，他仅能看到对该服务的描述。

松散耦合。这一特征也是源于对象/组件技术的，当一个 Web 服务的实现发生变更的时候，调用者是不会认识到这一点的，对于调用者来说，只要 Web 服务的调用接口不变，Web 服务实现任何变更对他们来说都是透明的，甚至当 Web 服务的实现平台从 J2EE 迁移到了.NET 或者是相反的迁移流程，用户都可以对此一无所知。对于松散耦合，尤其是在 Internet 环境下的 Web 服务而言，需要有一种适合 Internet 环境的消息交换协议。而 XML/SOAP 正是目前最为适合的消息交换协议。

使用协约的规范性。这一特征从对象而来，但与一般对象相比，其界面更加规范化和易于机器理解。首先，作为 Web 服务，对象界面所提供的功能应当使用标准的描述语言来描述（比如 WSDL）。其次，由标准描述语言描述的服务界面应当是能够被发现的，因此这一描述文档需要被存储在私有的或公共的注册库里面。同时，使用标准描述语言描述的使用协约将不仅仅是服务界面，它将被延伸到 Web 服务的聚合、跨 Web 服务的事务、工作流等，而这些又都需要服务质量（QoS）的保障。再次，我们知道安全机制对于松散耦合的对象环境的重要性，因此需要对诸如授权认证、数据完整性（比如签名机制）、消息源认证以及事务的不可否认性等运用规范的方法来描述、传输和交换。最后，对所有层次的处理都应当是可管理的，因此需要对管理协约运用同样的机制。

使用标准协议规范。作为 Web 服务，其所有公共的协约完全需要使用开放的标准协议进行描述、传输和交换。这些标准协议具有完全免费的规范，以便由任意方进行实现。一般而言，绝大多数规范将最终由 W3C 或 OASIS 作为最终版本的发布方和维护方。

高度可集成能力。由于 Web 服务采取简单的、易理解的标准 Web 协议作为组件界面描述和协同描述规范，完全屏蔽了不同软件平台的差异，无论是 CORBA、DCOM 还是 EJB 都可以通过这一种标准的协议进行互操作，实现了在当前环境下最高的可集成性。

开放性。Web 服务可以与其他 Web 服务进行交互。它具有语言和平台无关性。支持 CORBA、EJB、DCOM 等多种组件标准。支持各种通信媒体，如 HTTP、SMTP、MQ、FTP、RMI over IIOP 等。

可以预见。作为 Internet 下的一个革命性进步，Web 服务必将开创一个分布式应用程序开发的新时代。

第五节　J2EE

一、J2EE 简介

Web 服务端开发技术的完善使开发复杂的 Web 应用成为可能。在此起彼伏的电子商务大潮中，为了适应企业级应用开发的各种复杂需求，为了给最终用户提供更可靠、更完善的信息服务，两个最重要的企业级开发平台——J2EE 和.NET 在 2000 年前后分别诞生于 Java 和 Windows 阵营，它们随即就在企业级 Web 开发领域展开了斗争。从某种意义上说，正是这种针锋相对的竞争关系促使 Web 开发技术以前所未有的速度提高和跃进。

J2EE 是纯粹基于 Java 的解决方案。1998 年，Sun 公司发布了 EJB1.0 标准。EJB 为企业级应用中必不可少的数据封装、事务处理、交易控制等功能提供了良好的技术基础。至此，J2EE 平台的三大核心技术 Servlet、JSP 和 EJB 都已先后问世。1999 年，Sun 公司正式发布了 J2EE 的第一个版本。紧接着，遵循 J2EE 标准，为企业级应用提供支撑平台的各类应用服务软件争先恐后地涌现了出来。IBM 公司的 WebSphere、BEA 公司的 WebLogic 都是这一领域里最为成功的商业软件平台。随着开源运动的兴起，JBoss 等开源世界里的应用服务新秀也吸引了许多用户的注意力。到 2003 年时，Sun 公司的 J2EE 版本已经升级到了 1.4　版，其中三个关键组件的版本也演进到了 ServletV2.4、JSPV2.0 和

EJBV2.1。至此，J2EE 体系及相关的软件产品已经成为 Web 服务端开发强有力的支撑环境。

二、J2EE 的多层 Web 框架技术

J2EE 为多层 Web 应用系统提供了容器平台。在这里，容器概念实际是指应用服务器提供的特定功能的软件模块，用户所开发的程序构件要在容器内运行，构件和容器的关系有些像计算机插件和主板的关系；程序构件在部署时被安装在容器里，容器是能提供基本功能的底层平台，它们之间通过接口进行通信；一般 Web 程序开发者只要开发出满足其需要的程序构件并能安装在容器中就可以了。程序构件的安装过程包括设置各个构件在 J2EE 应用服务器中的参数以及设置 J2EE 应用服务器本身。这些设置决定了在底层由 J2EE 服务器提供的多种服务（譬如安全、交易管理、JNDI 查寻和远程调用等）。

J2EE 应用框架使同样的程序构件在一个 Web 程序之内能够根据其部署的方式实现不同的功能。例如，同样的 Enterprise JavaBean 可以采用不同等级的数据库数据存取安全设置；J2EE 容器还负责管理某些基本的服务，譬如构件的生命周期、数据库连接资源共享、数据持久性等。

J2EE1.4 应用平台由以下几种类型的程序容器组成。

（一）EJB 容器

EJB 容器用来容纳业务逻辑，并为业务逻辑截取请求。

Enterprise JavaBeans（EJB）容器负责所有 EJB 的运行，EJB 根据功能可以分为 session bean（会话 bean）、entity bean（实体 bean）、message-driven bean（消息驱动 bean）。这一层主要负责数据处理以及和数据库或其他 Java 程序的通信。

EJB 容器支持 EJB 访问 JMS、SAAJ、JTA、JavaMail、JAXR、JDBC 和连接器等资源。

（二）Web 容器

Web 容器截取通过 HTTP、FTP、SMTP 或其他协议发送的请求。Web 应用容器为 Servlet 和 JSP 页面提供的资源与 EJB 容器提供的资源相同。

Web 容器管理所有 JSP、JSTL 和 Servlet 等 Web 构件的运行，这些构件主要负责程序和 Web 的通信。

（三）应用客户端容器

应用客户端容器负责所有 Web 程序在客户端构件的运行。客户端应用是独立的 Java 应用，它们在远程的独立 JVM 上运行（与 Web 容器和 EJB 容器所运行的 JVM 不同）。应用客户端容器为这些应用截取请求。

运行在应用客户端容器上的程序非常类似于带有 main()方法的 Java 程序，不过程序不再由 JVM 控制，而是由一个容器（也就是应用客户端容器）控制。

在应用客户端容器内运行的程序能够访问远程应用服务器上的 JAXR、JDBC、JMS 和 SAAJ 等资源。

（四）Applet 容器

Applet 容器是一种特殊的应用客户端容器。它为在浏览器内运行的 Java 程序截取请求。Applet 容器不提供任何对其他资源（比如 JDBC 或 JMS）的访问。在 Applet 容器内运行的 Applet 必须自己直接向应用服务器请求资源（而不是把请求发送给容器，然后由容器发送请求给应用服务器）。

对于 Applet 如何与 EJB 容器进行通信，EJB 规范没有做出任何规定，但 J2EE 规范有这方面的规定。对于想要直接使用 EJB 的 Applet，J2EE 规范要求它们使用 HTTP 隧道。许多应用服务器提供某种形式的 HTTP 隧道，支持 Applet 直接使用 EJB。

每种容器内都会使用一些应用构件（如 Servlet、JSP 及 EJB），它们构成了应用的主体。

三、构件技术

“构件”是指在应用程序中能发挥特定功能的软件单位。简单地说，就是几种特定的 Java 程序，这些程序有固定的格式和编写方法，它们的功能和使用方式在一定程度上被标准化了；最基本的 Java 构件是在 Java 标准版（J2SE）中的 JavaBean，是按照特定格式编写的 Java 类文件。JavaBeans 通过实例变量和 get（）、set（）的方法来访问实例变量的数据。这种格式大大简化了程序设计。J2EE 的构件在 JavaBeans 基础上进行了拓展。由于 Web 编程比较复杂，J2EE 提供了更多应用构件，主要包括三类：客户端的 Applet 和程序客户；Web 容器内的 JSP、Servlet 及 JSTL 等构件；企业 JavaBeans 容器内的 EJB 构件和资源链接构件。

（一）J2EE 的客户

J2EEWeb 应用可以和多种客户端程序连接。这些客户端主要包括 Web 客户端、Applet、客户应用程序、JavaWebStart 客户以及无线客户。

Web 客户端包括动态生成的网页（包含各种各样的类型标注语，如 HTML 及 XML 等），以及在客户端运行的 Web 浏览器。

Applet 是基于 Java 的小型客户端构件。它一般在 Web 浏览器上运行，通过 HTTP 协议和服务器进行通信。

客户端应用程序是指在客户端运行的 J2EE 程序。它为用户提供了丰富的界面（如 JavaSwing 及 AWT）和复杂的操作。客户端应用程序直接访问在服务器 EJB 容器内的 EJB 程序。当然，J2EE 客户端应用程序也可像 Applet 客户端那样以 HTTP 连接和服务器的 Servlet 通信。与 Applet 不同的是，J2EE 客户端应用程序一般需要在客户端安装，而 Applet 是在 Web 上下载，无须专门安装。一般来说，客户端应用程序适合在企业内部网中使用，Applet 适合在 WWW 上使用。

Java Web Start 是基于 JFC/Swing API 的，适合 J2EE 程序使用的客户应用，它基于比较新的 Java Web Start 技术。这种技术主要提供了网上的快捷程序下载和安装方式。Java Web Start 兼有 Applet 和客户应用程序的优点，但设置起来有些复杂。

无线客户基于移动信息设备定型技术。Java 微型版（Java 2 Micro Edition）提供了 MIDP 的 API 和有限连接设备配置技术。这些技术可以使无线设备（如手机及 PDA）同 J2EE 程序进行通信。

（二）Web 构件

Web 构件是在 J2EE Web 容器上运行的软件程序。Web 容器主要支持多层结构的表示层。它的功能是在 HTTP 协议上对 Web 请求进行响应。这些所谓的响应其实就是动态生成的网页。用户每在浏览器上单击一个链接或图标，实际上都是通过 Web 向服务器发出请求。J2EE 平台的 Web 构件对这些请求进行处理后回复给客户相应的 HTML 或 XML 文件。

J2EE Web 构件包括 Servlet、Java Server Page（JSP）和 Java server pages standard tag library（JSTL，JSP 标准标签库）。

（三）企业 JavaBeans（EJB）构件

EJB 容器用于实现企业业务操作的程序，它在多层结构中处于业务层和数据访问层。这里我们引入“业务逻辑”这个概念。在 J2EE 编程中，业务逻辑指特殊企业领域对数据的处理需求，譬如银行业务、零售或财务等，简单说就是企业程序中的数据结构和算法。业务逻辑因企业的业务性质而异，它由 EJB 构件在 J2EE Web 程序中实现，EJB 构件能够从客户端或 Web 容器中收到数据，并将处理过的数据传送到企业信息系统来存储，EJB 还能够从数据库检索数据并送回到客户端；由于 EJB 依赖 J2EE 容器进行底层操作，因此使用 EJB 构件编写的程序具有良好的扩展性和安全性。

第六节　分布式对象系统

分布式对象技术是伴随网络而发展起来的一种面向对象的技术。以前的计算机系统多是单机系统，多个用户是通过联机终端来访问的，没有网络的概念。网络出现后，产生了 Client/Server 的计算服务模式，多个客户端可以共享数据库服务器和打印服务器等。随着网络的快速发展，许多软件需要在不同厂家的网络产品、硬件平台、网络协议异构环境下运行，应用的规模也从局域网发展到广域网。在这种情况下，Client/Server 模式的局限性也就暴露出来了，于是中间件应运而生。中间件是位于操作系统和应用软件之间的通用服务，它的主要作用是用来屏蔽网络硬件平台的差异性和操作系统与网络协议的异构性，使应用软件能够运行于不同平台上。同时中间件在负载平衡、连接管理和调度方面起了很大的作用，使企业级应用的性能得到大幅提升，满足了关键业务的需求。但是在这个阶段，客户端是请求服务的，服务器端是提供服务的，它们的关系是不对称的。随着面向对象技术的进一步发展，出现了分布式对象技术。可以这么说，分布式对象技术是随着网络和面向对象技术的发展而不断完善起来的。20 世纪 90 年代初 CORBA1.0 标准的颁布揭开了分布式对象计算的序幕。

分布式对象计算中，通常参与计算的计算体（分布对象）是对称的。分布对象往往又被称为组件，组件是一些独立的代码的封装体，在分布计算的环境下可以是一个简单的对象，但大多数情况下是一组相关的对象复合体，提供一定的服务。分布环境下，组件是一些灵敏的软件模块，它们可以位置透明、语言独立和平台独立地互相发送消息，实现请求服务。

进入20世纪90年代以来，分布式组件对象标准极大地推动了以异构环境下协同工作为目标的虚拟环境研究。分布式对象技术主要是在分布式异构环境下建立应用系统框架和对象构件，在应用系统框架的支撑下，开发者可以将软件功能包装为更易管理和使用的对象，这些对象可以跨越不同的软硬件平台进行互操作。国际上已有三大分布式组件对象标准：一个是OMG组织推出的CORBA，即公共对象请求代理结构；一个是微软公司推出的DCOM，即分布式组件对象模型；还有一个是Sun公司推出的用Java语言开发的分布式对象模型RMI，即远程方法激活。在这三种分布式组件标准中，CORBA标准在结构标准实现的灵活性、跨语言能力、跨平台实现及安全性等方面的综合对比中优于DCOM和RMI，所以它成为真正的开放式结构应用程序的首选标准。

CORBA技术是最早出现的，1991年OMG颁布了CORBA1.0标准，在当时来说做得非常漂亮；再有就是Microsoft的COM系列，从最初的COM发展成现在的DCOM，形成了Microsoft分布式对象的计算平台；而Sun公司的Java平台在其最早推出的时候，只提供了远程的方法调用，在当时并不能被称为分布式对象计算，只是属于网络计算中的一种，接着推出的JavaBean也还不足以和上述两大流派抗衡，后来的版本叫J2EE，推出了EJB，除了语言外还有组件的标准以及组件之间协同工作通信的框架。于是，也就形成了目前的三大流派。

应该说，这三者之中，CORBA标准是做得最漂亮的。CORBA标准主要分为三个层次：对象请求代理、公共对象服务和公共设施。最底层是对象请求代理（ORB），规定了分布对象的定义（接口）和语言映射，实现对象间的通信和互操作，是分布对象系统中的“软总线”；在ORB之上定义了很多公共对象服务，可以提供诸如并发服务、名字服务、事务（交易）服务、安全服务等各种各样的服务；最上层的公共设施则定义了组件框架，提供可直接为业务对象使用的服务，规定业务对象有效协作所需的协定规则。总之，CORBA的特点是大而全，互操作性和开放性非常好。CORBA的缺点是庞大而复杂，并且技术和标准的更新相对较慢，CORBA规范从1.0升级到2.0所花的时间非常短，而再往上的版本的发布就相对缓慢了。

相比之下，Java标准的制定就快得多，Java是Sun公司自己定的，演变的很快。Java的优势是纯语言的，跨平台性非常好。Java分布对象技术通常指远程方法调用（RMI）和企业级JavaBean（EJB）。RMI提供了一个Java对象远程调用另一Java对象的方法的能力，与传统RPC类似，只能支持初级的分布对象互操作。于是Sun公司基于RMI，提出了EJB。基于Java服务器端组件模型，EJB框架提供了像远程访问、安全、交易、持久和生命期管理等多种支持分布对象计算的服务。

COM技术是Microsoft独家做的，是在Windows3.1中最初为支持复合文档而使用OLE技术发展而来的，经历了OLE2/COM、ActiveX、DCOM和COM+等几个阶段，目前

COM+把消息通讯模块（MSMQ）和解决关键业务的交易模块（MTS）都加进去了，是分布对象计算的一个比较完整的平台。Microsoft的COM平台效率比较高，同时它有一系列相应的开发工具支持，应用开发相对简单。但它有一个致命的弱点，就是COM的跨平台性较差，如何实现与第三方厂商的互操作性始终是它的一大问题。

接下来介绍分布对象技术的特点。

无论是CORBA、RMI还是DCOM，作为分布式对象技术，它们都具有集成性、可用性和可扩展性这些共同的特性。

集成性。集成性主要反映在基础平台对应用程序互操作能力的支持上。它要求分布在不同机器平台和操作系统上、采用不同的语言或者开发工具生成的各类商业应用必须能集成在一起，构成一个统一的企业计算框架。这一集成框架必须建立在网络的基础之上，并且具备对遗留应用的集成能力。

可用性。其要求所采用的软件构件技术必须是成熟的技术，相应的产品也必须是成熟的产品，在至关重要的企业应用中能够稳定、安全、可靠地运行。另外，由于数据库在企业计算中扮演着重要角色，软件构件技术应能与数据库技术紧密集成。

可扩展性。集成框架必须是可扩展的，能够协调不同的设计模式和实现策略，可以根据企业计算的需求进行裁剪，并能迅速反映市场的变化和技术的发展趋势。通过保证当前应用的可重用性，最大限度地保护企业的投资。

第七节 Web应用系统安全与防护

一、Web应用系统面临的安全问题

目前，互联网已经成为各大机构发展的一个重要基础平台，由于Web应用的开放性，以及各种Web软硬件漏洞的不可避免性，加上网络攻击技术日趋成熟，黑客也将注意力从以往对网络服务器的攻击逐步转移到了对Web应用的攻击上。然而，目前大多数企业仍把网络和服务器的安全放在第一位，Web应用系统的安全并未得到足够的重视。Web应用系统在日常运行过程中，会遇到多种方式的攻击，主要有以下四个方面。

①操作系统、后台数据库的安全问题。

这里指操作系统和后台数据库的漏洞，配置不当，如弱口令等，导致黑客、病毒可以利用这些缺陷对网站进行攻击。

②Web发布系统的漏洞。

Web业务常用的发布系统(即Web服务器)，如IIS、Apache等，这些系统存在的安全漏洞，会给入侵者可乘之机。

③Web应用程序的漏洞。

这主要指Web应用程序的编写人员，在编程的过程中没有考虑到安全的因素，使得黑客能够利用这些漏洞发起对网站的攻击，比如SQL注入、跨站脚本攻击等。

④自身网络的安全状况。

网站服务器所处的网络安全状况也影响着网站的安全，比如网络中存在的DoS攻击

等，也会影响到网站的正常运营。

二、Web应用系统安全防护策略

（一）事前防范，提高安全意识

一是设置网站安全基线，制定防篡改、防挂马安全规范，提出监测、防护与处置机制和要求。二是辅助以自动检测工具、检查列表定期开展检查工作。三是不定期进行 Web 威胁扫描、源代码评估及渗透测试，查找系统应用漏洞、是否挂马，及时对系统进行更新升级。四是建立网站安全管理中心，在各安装网站部署探针，对收集的数据进行统计、分析，定期形成系统安全态势分析报告。五是安装防病毒、通讯监视等软件，防止流行病毒、木马的攻击。

（二）事中防御，安装安全产品

针对 Web 应用系统的安全，市场上的产品形形色色，但结合安全防护需要，一般可以安装以下几种产品。

网页防篡改产品。网页防篡改技术的基本原理是对 Web 服务器上的页面文件进行监控，发现有更新及时恢复，属于典型的被动防护技术。网页防篡改系统可以用于 Web 服务器，也可以用于中间件服务器，其目的是保障网页文件的完整性。

Web 防火墙产品。Web 防火墙能主动阻断入侵行为，对 Web 特有入侵方式加强防护，如 DDoS 防护、SQL 注入、XML 注入、XSS 等，重点是防止 SQL 注入。Web 防火墙产品部署在 Web 服务器前面，串行接入，不仅在硬件性能上要求高，而且不会影响 Web 服务。

Web 木马检查工具。Web 安全不仅维护服务器自身的安全，也要能够防护通过网站入侵用户电脑的木马。Web 木马检查工具，按照一定的规则重点查看网页是否被挂木马，或被 XSS 利用，一般作为安全服务检查使用，定期对网站进行检查，发现问题及时报警。

主机 Web 网关。主机 Web 网关采用软件形式，能够实现 Web 应用入侵防护、页面文件防篡改、Web 网页自动学习功能，Web 用户访问行为的自学功能，不需要关心 Web 服务的网络结构，避免了 Web 服务使用加密协议时网关安全设备对应用层攻击无能为力的弊端。

（三）事后响应，安全监控与恢复

对检测阶段的结果进行响应。在检测完成后，对结果进行分析总结，修订安全计划、政策、程序，修补系统漏洞，完善网页编码，清除网页木马和恶意代码，并进行训练以防止入侵。

对防御阶段的结果进行响应。有效恢复是 Web 应用系统安全保障的一个重要内容。Web 数据库审计系统是针对业务环境下的网络操作行为进行细粒度审计的合规性管理系统，其作用就是通过对被授权人员和系统的网络行为进行解析、分析、记录、汇报，帮助用户事前规划预防、事中实时监控、违规行为响应、事后合规报告、事故追踪溯源，加强内外部网络行为监管，使得运营状态具备可恢复性。

第八节　Web 开发技术的未来

所有人都在关心 Web 的发展前景，所有人都想知道以后的 Web 会是什么样子。要回答这些问题，没有谁比 W3C 更有权威了。W3C 明确地告诉我们，Web 的未来是语义化的 Web。今天的 Web 可以自如地生成、传递和展现各式各样的信息，但它还只是一个信息的“容器”，很难揭示出信息本身的内容和特性。与此相对的是，未来的语义化 Web 是一种懂得信息内容的 Web，是真正的“信息管理员”。

从技术角度看，XML 语言统一了信息的表达方式，但这离揭示信息内容的目标还相距甚远。1998 年，W3C 和一些研究机构开始对元数据进行研究。元数据是描述数据的数据，可以揭示信息的内容特性。1999 年，Netscape 提出的 RSS（丰富站点摘要）建议标准是用元数据技术描述新闻等信息内容的第一次尝试。1999 年， W3C 的研究小组提出了 RDF 标准草案。RDF 在 XML 语法的基础上，规定了元数据的存储结构和相关的技术标准。使用 RDF 语言，可以用统一的、可交换的格式揭示出信息本身的各种特性。2001 年，W3C 又开始着手制定 OWLWeb 本体语言标准。OWL 语言也是一种符合 XML 标准的语言，它比 RDF 又前进了一步，可以更加深入、细致地描述信息内容。在 RDF 和 OWL 语言的帮助下， 我们能让 Web 上的信息内容变得更容易理解、更便于交换和共享。2003 年，W3C 成立了语义化 WebService 研究兴趣小组，研究在 WebService 中加入语义技术的相关问题。2004 年 2 月，W3C 宣布 RDF 和 OWL 标准正式成为 W3C 的建议方案，这标志着 Web 语义化成为可能。

随着 Web 语义化的发展，Web 开发技术也必将经历更为重大的变革。自 2004 年之后，Web 有许多新的开发技术或开发平台出现。从静态技术到动态技术，从开发平台到应用模型，从传统 Web 到 Web 语义化。为了让更多的人获得更有价值的信息服务，Web 开发者也许还会经历一次又一次的技术浪潮，还会面临更为严峻的技术挑战。

【案例分析】

阿里云

一、阿里云简介

阿里云创立于 2009 年，是全球领先的云计算及人工智能科技公司，致力于以在线公共服务的方式，提供安全、可靠的计算和数据处理能力，让计算和人工智能成为普惠科技。阿里云服务着制造、金融、政务、交通、医疗、电信、能源等众多领域的领军企业，包括中国联通、12306、中石化、中石油、飞利浦、华大基因等大型企业客户，以及微博、知乎、锤子科技等明星互联网公司。在天猫“双 11”全球狂欢节、12306 春运购票等极富挑战的应用场景中，阿里云保持着良好的运行纪录。

阿里云在全球各地部署高效节能的绿色数据中心，利用清洁计算为万物互联的新世界提供源源不断的能源动力，目前开服的区域包括中国（华北、华东、华南、香港）、新加坡、美国（美东、美西）、欧洲、中东、澳大利亚、日本。

2014 年，阿里云曾帮助用户抵御全球互联网史上最大的 DDoS 攻击，峰值流量达到每秒 453.8Gb。在 Sort Benchmark 2016 排序竞赛 CloudSort 项目中，阿里云以 1.44$/TB 的排序花费打破了 AWS 保持的 4.51$/TB 纪录。在 Sort Benchmark 2015，阿里云利用自研的分布式计算平台 ODPS，377 秒完成 100TB 数据排序，刷新了 Apache Spark 1406 秒的世界纪录。

二、云计算价值

云计算，是用足够低的成本、商业化的模式来解决大计算的问题。以前人们只会想到超级计算机，它的运营成本高，而反应速度还是很慢，当这些大的互联网应用真正发展时，比如淘宝，数亿商家提出的购买需要，实时信息匹配的背后，就是大数据的计算。所以，云计算就是使用分布式的方法，针对海量数据大计算的一种解决方案。如果没有计算能力，我们谈不上大数据的时代，谈不上海量数据的高效应用。

阿里巴巴集团首席战略官曾鸣，曾系统性地概括了云计算对于企业的价值。

①移动+云计算=实现了 IT 服务的“在线化”，让技术的门槛大幅降低。

②云计算是公共服务，是可变成本，可按需使用，不再是固定资产投入，创业公司的成本压力由此大幅下降。

③云计算将数据变成生产资料和企业资产。

阿里云总裁胡晓明表示：接下来的 3～5 年，云计算、大数据不仅将在互联网内发生改变，同样会在工业制造、农业作业、城市交通，以及基因学、医疗影像、教育娱乐等领域产生赋能。“云计算、大数据会对各行各业的基础生态产生改变，阿里巴巴希望把已有的能力进行输出，给予更多的创新者、创业者以及政府机构和国内外的合作者。”

三、云端实践

（一）杭州城市大脑

2016 年 10 月 13 日，在杭州·云栖大会上，杭州市政府联合阿里云公布了一项“疯狂”的计划：为这座拥有 2200 多年历史的城市，安装一个人工智能中枢——杭州城市数据大脑。

城市大脑的内核采用阿里云 ET 人工智能技术，可以对整个城市进行全局实时分析，自动调配公共资源，修正城市运行中的 Bug，最终将进化成为能够治理城市的超级人工智能。

城市大脑项目的第一步，是将交通、能源、供水等基础设施全部数据化，连接散落在城市各个单元的数据资源，打通“神经网络”。以交通为例，数以百亿计的城市交通管理数据、公共服务数据、运营商数据、互联网数据被集中输入杭州城市大脑。这些数据成为城市大脑智慧的起源。

IEEE 院士、阿里云机器视觉科学家华先胜介绍，城市大脑是全球唯一能够对全城视频进行实时分析的人工智能系统。阿里云 ET 的视频识别算法，使城市大脑能够感知复杂道路下车辆的运行轨迹，准确率超过 99%。

2016 年 9 月，城市大脑交通模块在萧山区市心路投入使用。初步试验数据显示：通过智能调节红绿灯，道路车辆通行速度平均提升了 3% 至 5%，在部分路段有 11% 的提升，真正开始了用大规模数据改善交通的探索。

（二）12306 网站

阿里云 2014 年 1 月 16 日确认，确实向 12306 火车票网站提供了技术协助，负责承接 12306 网站 75% 的余票查询流量。

公开数据显示：2015 年春运火车票售卖的最高峰日出现在 2014 年 12 月 19 日。12306 网站访问量(PV 值)达到破纪录的 297 亿次，平均每秒 PV 超过 30 万次。当天共发售火车票 956.4 万张，其中互联网发售 563.9 万张，占比 59%，均创历年春运新高。

12306 春节高峰的流量是平时的数十倍。如果采用传统 IT 方案，为了每年一次的春运，需要按照流量峰值采购大量硬件设备，之后这些设备会处于空闲状态，造成巨大资源浪费。

此外，如果春运峰值流量超出预期，网站将面临瘫痪，因为大规模服务器的采购、上架、部署调试，至少需要耗费一两个月的时间，根本来不及临时加服务器。利用弹性扩展的云计算，则可以解决这一难题。

使用云计算本身就比自己买硬件的成本更低，另外所有资源都是“按量计费”，从十一黄金周到春运的过程里，12306 在云上做了两次大型扩容，每次扩容的资源交付都是在分钟级就完成。业务高峰结束后，可以释放掉不必要的资源，回收成本。

（三）芒果 TV

2016 年元旦，芒果 TV 联合阿里云深度合作，把 2016 跨年晚会最核心的直播和点播业务放到云端，构建混合视频云。跨年演唱会面对观众的海量访问，可以说是芒果台的“双 11”。芒果 TV 选择阿里云解决了 IT 资源弹性难题，也由此获得了和阿里“双 11”同款的技术能力。

在 2016 跨年晚会直播中，芒果 TV 表现出色，无卡顿、无延时，大受粉丝好评。观众不但能收看高清现场直播，还能打开视频弹幕在线互动，调控现场多个摄影机位看偶像，与超级天团、实力唱将、人气演员亲密互动。长达 6 个小时的跨年晚会视频直播能够顺利地通过网络传送到世界各地，不卡顿，且画质清晰，难度不容小觑——视频的上传、处理、播放、分发要在极短的时间内完成。这期间伴随的风险还有在线流量的突发性，这就需要用云计算的思路去重新搭建业务系统。

芒果 TV 早在 2015 年 11 月初就与阿里云团队商讨直播护航的个性化解决方案，使用的云产品涵盖服务器、数据库、存储、CDN、互联网中间件甚至大数据计算产品 MaxCompute（原 ODPS）。在 12 月 31 日当晚，阿里云还派出了专职护航工程师队伍，在长沙、杭州、北京三地专门为跨年晚会直播保驾护航，确保直播顺利进行。

阿里云 CDN 拥有 10000Gbps 的带宽吞吐能力，使用骨干网、SSD 磁盘的一等节点保证服务质量。阿里云研发的直播系统和其他厂家的 CDN 系统相比，还拥有智能调度、智能流预取、回源加速、移动加速、TCP 协议栈优化等“独门武器”，所以播放流畅，延时非常短。

除了播放流程无延时，芒果跨年晚会另一备受好评的创新就是互动环节，粉丝可以弹幕发言、调控摄像机位等，这一直播互动平台就是基于 7 年双 11“严刑拷打”的阿里云互联网中间件产品的快速构建。

数据显示，芒果跨年晚会阿里云承载了移动端大多数流量，创下历年之最。

（四）个人用户使用阿里云

第一，可以搭建个人网站。

第二，阿里云为学生群体推出了“云翼”计划，学生可以用来学习 Linux、Python 等各种语言。

第三，租用阿里云按量付费做科学计算。

【案例讨论】

如何使用阿里云建立个人网站？

第四章　网络交易行为

第一节　网络交易行为概述

在电子商务中，没有哪一部分比网络交易更引人注目了。网络交易是指在网上进行的买卖交易。这种交易不是简单地开辟一条新的网上销售渠道，而是采用先进的信息技术手段改善企业的销售模式，提高营销效率，增加企业的销售收入。

现代管理学从心理学、社会学、人类学和管理学等学科的角度，对人的行为进行综合研究，提出了“行为科学”的概念及一般理论。用行为科学的研究方法来分析网络交易行为是一个崭新的研究领域。在这个领域中，主要研究以下问题。

一、虚拟市场主体的行为

构成网络市场主体的是企业、政府和消费者。在构成虚拟市场的主体、支付能力和购买欲望三个要素中，主体是根本，支付能力是基础，购买欲望是动机，三者缺一不可。虚拟市场，说到底是由一群具有特定的需要并且愿意和能够以交换来满足欲望的潜在主体所组成的。对交易主体行为的研究，包括主体的购买动机、支付能力、购买习惯的研究，这些研究有助于企业网络营销战略和方法的制定。

二、网络交易购买类型的研究

网络交易的普及，使网络交易形式多样化。购买者因所处地位、教育水平、生活方式、价值观念、宗教信仰、风俗习惯等的不同，采用的网络购物形式也多种多样。熟悉这些购物形式，将会有力地推动网络营销的开展。

三、购买者心理因素的研究

现代人是“经济人”，更是“社会人”与“文化人”，其消费行为已突破狭窄的经济假设。今天的消费者面对空前丰富的产品，已无法真正根据理性的比较来选择所需的最佳产品。同一家工厂加工、同一种布料、出自同一个工人之手的西服，因贴上不同的品牌，人们却愿支付数倍的差价。现代科技迅速发展，企业要想在技术上、产品功效上远远超过自己的竞争对手是比较困难的，而传统的、纯经济操作的市场营销行为也不足以打动消费者的心。因而，运用丰富的文化内涵和独特的人性手法开展营销，满足人们更高、更复杂的需要，是现代企业营销的出路所在。

第二节 网络消费者的购买行为

一、网络消费者的购买动机

（一）网络消费者购买动机的概念

所谓动机，是指推动人进行活动的内部原动力和内在的驱动力，即激励人行动的缘由。人只要处于清醒的状态之中，就要从事这样或那样的活动。无论这些活动对主体具有多大的意义和影响，对主体需要的满足具有怎样的吸引力，也无论这些活动是长久的还是短暂的，它们都是由一定的动机所引起的。网络消费者的购买动机是指在网络购买活动中，驱使网络消费者产生购买行为的某些内在驱动力。

动机是一种内在的心理状态，不容易被直接观察到或被直接测量出来，但它可以根据人们的长期行为表现或自我陈述加以了解和归纳。对于企业促销部门来说，通过了解消费者的动机，就能有依据地说明和预测消费者的行为，进而采取相应的促销手段。而对于网络促销来说，动机研究更为重要。因为网络促销是一种不见面的销售，网络消费者复杂的、多层次的、交织的和多变的购买行为不能被直接观察到，企业促销部门只能够通过文字或语言的交流加以想象和体会。

（二）网络消费者的需求动机

人们在生存和生活的过程中产生了各种各样的需求。需求是人类从事一切活动的基本动力，是消费者产生购买想法和购买行为的直接原因。一个人的购买行为，总是直接或间接地、自觉或不自觉地为了满足某种需求，由需求产生购买动机，再由购买动机引发购买行为。因此，研究人们的网络购买行为，首先要研究人们的网络购买需求。

1. 传统需求层次理论在网络需求分析中的应用

在传统的营销过程中，需求层次理论被广泛应用。需求层次理论是研究人的需求结构的理论，它是由美国心理学家马斯洛在 1943 年出版的《人类动机的理论》一书中提出来的。这种理论的构成依据三个基本的假设。

①人们在生活中有着不同的需求，在一般情况下只有未满足的需求才能够影响人们的行为。

②人的需求按重要性可排成一定的层次，从基本的生理需求到复杂的自我实现的需求。

③当人的某一级需求得到最大限度的满足之后，才会追求更高一级的需求。

根据上述三个基本假设，马斯洛把人的需求划分为五个层次：生理的需求、安全的需求、社交的需求、尊重的需求和自我实现的需求。马斯洛的需求层次理论对网络消费的需求层次分析也有重要的指导作用。

第一层次：生理的需求。这是人类生活和生存的基本需求，如吃、穿、住、行等。这些需求必须得到起码的满足。传统商业消费模式下的消费者在购物时，首先将满足生理需要的物品放在首位，这是毫无例外的。而对于网络消费者来说，这种情况则有了较大的变化。能够上网购物的人多数已经解决了基本生活用品的购买问题，因此他们的注意力往往不在这一层次的需求中。

第二层次：安全的需求。人们在满足了生理需求之后，总是希望自己的人身安全、财产和生活条件能够得到一定程度的保障。网络消费者也不例外。网络营销如果不能满足人们对安全的需求，很难取得长足的发展。

第三层次：社交的需求。人在社会中生活，离不开必要的社交活动。希望自己能够成为群体的一员，希望能够从群体中获得友谊、温暖和爱情，人们自然就产生了社交的需求。由于互联网能够提供电子邮件、即时聊天软件、论坛等传递信息、发表言论的条件和场所，所以对有这种需求的消费者产生了巨大的吸引力。

第四层次：尊重的需求。这包括自我尊重和受别人尊重两个方面。前者包括自主、自由、自尊、自豪等，后者包括地位、荣誉和被尊重等。在这些方面，人们要求电子商务提供各种饰品、化妆品；提供个人主页或企业主页的宣传；提供婚礼服务、会议服务以及涉及旅游方面的综合服务等。

第五层次：自我实现的需求。人总是希望自己的才能和潜力能够最大限度地发挥出来，希望自己的工作称职，在事业上有所成就。随着大部分人基本需求的满足，随着人们文化教育水平的提高，这种需求变得越来越重要，人们对网络信息服务商也提出了更高的要求。网络虚拟市场不仅应当为商品的流转创造更便利的条件，而且应当为人们创造更广阔的就业空间，为企业创造充分发展的市场机遇。网络人才市场的蓬勃发展正是这一需求的真实反映。

在上述五个层次的需求中，第一、第二、第三层次的需求属于低级需求，而第四、第五层次的需求则属于高级需求。

应当指出的是，对多数人来说，实际生活中的需求不是单一层次的，而是多层次的，即在每一个需求层次上都有需求，但由于条件的限制，这些需求只能部分得到满足。比如，对于一个收入水平较低的人来说，他可能对生理的需求是85%，对安全的需求是70%，对社交的需求是50%，对尊重的需求是40%，对自我实现的需求是10%。而对于一个收入水平较高的人来说，这个比例则可能会倒过来。不同收入的阶层，对不同层次需求的渴望程度是不同的。这种需求的差别可以用图4-1、图4-2和图4-3表示。这种差别是每一个网络营销人员必须清楚了解的。

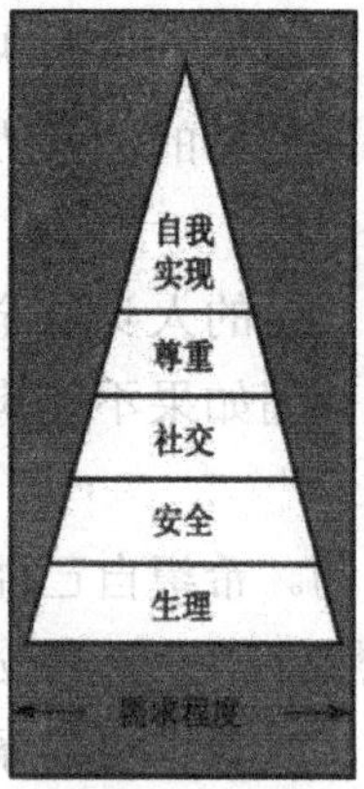

图 4-1 低收入消费者的需求强度

图 4-2 一般收入消费者的需求强度

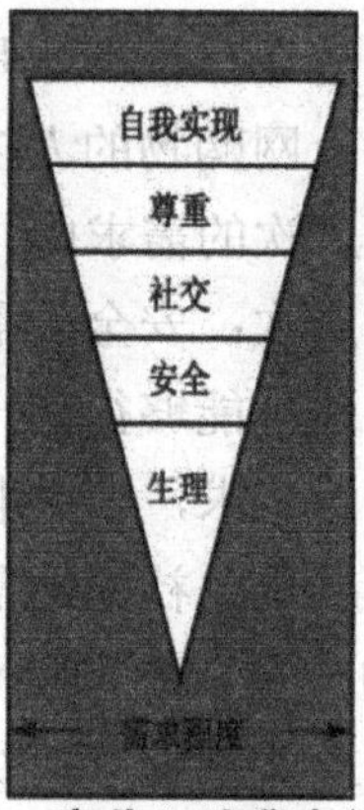

图 4-3 高收入消费者的需求强度

2. 现代虚拟社会中消费者的新需求

马斯洛的需求层次理论可以解释虚拟市场中消费者的许多购买行为，但是，虚拟社会与现实社会毕竟有很大的差别，马斯洛的需求层次理论也需要不断补充。

信息网络的发展构成了一个虚拟的社会。从表面上看，这个社会一直在聚集信息以及其他媒体的资源。而实质上，这个社会是在聚集人，因为它提供了一种吸引人的环境。这种环境的维系，靠的是人们的互相联系。从局部看，人与人之间的联系很多时候都只有一次，但从整体来看，单一的联系包含在一系列的广泛联系之中，并由此引导出一种相互信任和彼此了解的氛围。

进一步的问题是，这种联系的基础是什么？是基本的物质生活的追求吗？不是。是对安全环境的追求吗？也不是。这种追求是一种兴趣、一种幻想，是人们在虚拟社会中建立的信息关系和信息交易。因此，虚拟社会人们联系的基础实质上是人们希望虚拟环境能满足以下三种基本的需要：兴趣、聚集和交流。否则，这很难解释网民种种耐人寻味的行为：在网络上连续漫游几个小时；没有任何收入仍然愿意参加网络交流会；早上起来首先打开电子信箱，等等。

（1）兴趣

人们的行为都是由一定的动机引起的。动机是推动和维持一个人进行活动的动因和动力。动机的实质是需要，是在需要基础上产生的。但需要不等于动机，只有当需要指向具有某种特点的目标时，也就是当人的欲望与具体的对象建立了心理联系时，才变成了行动的动机，才具有实际的意义。

在现实社会中，我们可以发现许多人都有自己的兴趣。有的人热爱音乐，有的人热衷于体育，有的人则喜欢收藏。从心理学的角度讲，兴趣具有很大的动机成分。社会上的许多人就是为了兴趣的需要而进行某些活动的。如果同时有几种可供人们选择的目标，人们总是根据自己的兴趣来决定选择的对象。

（2）聚集

人类是聚集生存的动物。虽然我们也曾看到类似于鲁滨孙式的人物的报道，但对于绝大多数人来说，孤独是一种极为可怕的状态。在现代社会中，由于工作强度的提高和工作范围的扩大，人们常常没有整块的时间在一起聚集。特别是退休之后，远离了同事和专业，家里的孩子又都有工作，没有相互交流的机会，人们衰老的速度大大加快。

虚拟社会给具有相似经历的人们提供了聚集的机会，这种聚集不受时间和空间的限制，并形成富有意义的个人关系。例如，在网络上开辟“癌症论坛”，为癌症病人及其家属提供支持。参加者谈论他们如何对待这种疾病，并交换关于治疗方法、治疗效果、有关研究动向的信息。在过去，他们能够从图书馆中得到这方面的资料，但现在，这种信息的来源建立在能够使人们聚集在一起分享个人经历的基础上。类似的虚拟社会还有很多，如“经理沙龙、妇女天地”等。

在美国，发展最快的虚拟社会之一是老年人网络，它的成员超过2万人。老年人网络是一个非营利组织，谋求建立一个由使用计算机的老年人组成的虚拟社会。玛丽·弗朗博士于1986年在旧金山大学开始研究老年人网络，于1990年创办了老年人网络。弗朗在她的网站上叙述她创办老年人网络受到的启发时说：“我祖母的生活为老年人网络提供了模型。她是一位普通的妇女，她有每日与之交谈的朋友。当我看望她时，她经常走过街道到公园去，人们在那里，坐在公园的长凳上，了解彼此的姓名。正是这种社会感，促使我真正感到，在我们的现代世界里，缺少什么东西。”

（3）交流

聚集起来的网民，自然产生一种交流的需求。例如，对于一个由癌症病人组成的虚拟社会来说，开始时，参加者可能都是免费为别人提供信息的。在这里，信息处于一种沟通的过程中，而不是一种交易。当这个虚拟社会进一步扩大，加入了大量的药品制造商和销售商之后，原有的“信息共享”的局面就被打破。因为这些人带来的信息是附有价值的。此时，单纯的信息沟通变成了信息的有价交换。这种信息的交换对于癌症病人和药品制造商或销售商来说都是有益的。癌症病人依赖于这种交流，以求早日获得最新的或价格低廉的药品。药品制造商或销售商也依赖于这种交流，他们希望更多地销售自己的产品。信息的交流由沟通演变为交易，成为人们确确实实的需求。

随着这种信息交流频率的增加，交流的范围也在不断地扩大，从而产生示范效应，带动对某些种类的产品和服务有相同兴趣的成员聚集在一起，形成商品信息交易的网络，即网络商品交易市场。这也是一个虚拟社会，而且是高一级的虚拟社会。在这个虚拟社会中，参加者大都是有目的的，所谈论的问题集中为商品质量的好坏、价格的高低、库存量的多少、新产品的种类，等等。他们所交流的是买卖的信息和经验，以便最大限度地占领市场，降低生产成本，提高劳动生产率。人们对于这方面信息的需求是永远无止境的。这就是电子商务出现之后迅速得到发展的根本原因。

从事电子商务活动的网络营销人员要想成功地在互联网上行销，他所构思的网络营销计划除了需要考虑传统市场中顾客的各种需求外，还必须要照顾到网民对兴趣、聚集和交流的新需求。他所设计的网站要从调动顾客兴趣入手，利用和谐的气氛和丰富的信息资源聚集顾客群体，通过完善的检索手段和通信方式充分交流信息，最后达到扩大销售量的目的。

（三）网络消费的心理动机

网络消费者购买行为的心理动机主要体现在三个方面。

1. 理智动机

这类购买动机是建立在人们对在线商场推销商品的客观认识的基础上的。网络购买者大多较为成熟，具有较高的分析判断能力。他们的购买动机是在反复比较各个在线商场的商品之后才形成的，对所要购买的商品的特点、性能和使用方法早已心中有数。理智购买动机具有客观性、周密性和控制性的特点。在理智购买动机驱使下的网络消费购买行为，首先注意的是商品的先进性、科学性和质量，其次才注意商品的经济性。这种购买动机的形成基本上受控于理智，而较少受到外界气氛的影响。

2. 感情动机

感情动机是由人的情绪和感情所引起的购买动机。这种购买动机还可以分为两种形态。一种是低级形态的感情购买动机，它是由喜欢、满意、快乐、好奇而引起的。这种购买动机一般具有冲动性、不稳定性的特点。例如，在网络上突然发现一本好书、一个好的游戏软件、一件新产品，很容易产生冲动性的感情购买动机。还有一种是高级形态的感情购买动机，它是由人们的道德感、美感、群体感所引起的，具有稳定性、深刻性的特点。而且，在线商场提供异地买卖送货业务，因而大大促进了这类购买动机的形成。例如，通过在线商场为网上所交朋友购买馈赠礼品，为外地父母购买老人用品等，都属于这种情况。

3. 惠顾动机

这是基于理智经验和感情之上，对特定的网站、图标广告、商品产生特殊的信任与偏好而重复地、习惯性地访问并购买的一种动机。惠顾动机的形成，经历了人的意志过程。或者是由于搜索引擎的便利、图标广告的醒目、站点内容的吸引；或者是由于某一驰名商标具有相当的地位和权威性；或者是因为产品质量在网络消费者心目中树立了可靠的信誉。具有惠顾动机的网络消费者，往往是某一站点的忠实浏览者。他们不仅自己经常光顾这一站点，而且对其他网民也具有较大的宣传和影响能力，甚至在企业的商品或服务一时出现某种过失的时候，也能予以谅解。

（四）网络消费需求的特点

1. 网络消费仍然具有层次性

网络消费本身是一种高级消费形式，但就其消费内容来说，仍然可以分为由低级到高级的不同层次。需要注意的是，在传统的消费模式下，人们的需求一般是由低层次向高层次逐步延伸发展的，只有当低层次的需求基本满足之后，才会产生高一层次的需求。而在网络消费中，人们的需求是由高层次向低层次扩展的。在网络消费的开始阶段，消费者侧重于精神产品的消费，如通过网络书店购书。到了网络消费的成熟阶段，消费者在完全掌握网络消费的规律和操作，并且对网络购物有了一定的信任感后，才会从精神消费品的购买转向日用消费品的购买。

2. 网络消费者的需求具有明显的差异性

不同的网络消费者因所处的时代和环境不同而产生不同的需求，不同的网络消费者在同一需求层次上的需求也会有所不同。这是因为网络消费者来自世界各地，国别不同、民族不同、信仰不同、生活习惯也不同，所以有明显的需求差异性。这种差异性远远大于实体商务活动的差异。因此，从事网络营销的厂商如果要想取得成功，必须在整个生产过程中，从产品的构思、设计、制造，到产品的包装、运输、销售，认真思考这种差异性，并针对不同消费者的特点，采取有针对性的方法和措施。

3. 网络消费者的需求具有交叉性

在网络消费中，各个层次的消费不是相互排斥的，而是紧密联系的，需求之间广泛存在交叉。例如，在同一张购货单上，消费者可以同时购买最普通的生活用品和昂贵的饰品，以满足生理的需求和尊重的需求。这种情况的出现是因为网络虚拟商店可以囊括几乎所有商品，人们可以在较短的时间里浏览多种商品，由此产生交叉性的购买需求。

4. 网络消费需求的超前性和可诱导性

网络冲浪者大都是具有超前意识的年轻人，他们对新事物反应灵敏，接受速度很快。电子商务构建了一个世界性的虚拟大市场，在这个市场中，最先进的产品和最时髦的商品会以最快的速度与消费者见面。具有创新意识的网络消费者必然很快接受这些新的商品（包括国内的和国外的），从而带动周围消费层新的消费热潮。从事网络营销的厂商应当充分发挥自身的优势，采用多种促销方法，引导、激发网络消费者的新需求，唤起他们的购买欲望，从而下单购买。

二、影响消费者网上购物的外在因素

（一）商品价格

从消费者的角度来说，价格不是决定消费者购买的唯一因素，但却是消费者购买商品时肯定要考虑的因素，而且是一个非常重要的因素。对于一般商品，价格与需求量之间经常表现为反比关系，同样的商品，价格越低，销售量越大。网上购物之所以具有生命力，重要的原因之一是网上销售的商品价格普遍低廉。例如，世界上最大的网络虚拟书店亚马逊网站一般以 6 折左右的价格出售图书。携程旅行网、艺龙旅行网等都链接了国内外上千家星级酒店，会员可以享受 2～7 折的特惠房价。

在传统的营销渠道中，不论是想买，还是想卖，都回避不了以下问题：买入卖出的差价、大量的旅差费用、流通环节的费用、货物货款拖欠及利息的损失、仓储费用、异地运输费用、人员的工资管理费用，等等。网络营销渠道却能够帮助企业和顾客把这些费用都省下来。通过电子邮件，网络营销渠道可以安全迅速地沟通买卖双方的信息，缩短商品流通的周期。零售商与生产商联手，减少了许多中间环节，使得商品价格大大低于传统流通渠道中的商品价格，从而对消费者产生了越来越大的吸引力。

（二）购物时间

这里所说的购物时间包含两方面的内容：购物时间的限制和购物时间的节约。传统的商店，即使是夫妻小店，每天也只能营业10～14个小时，许多商店还有公休日。商店停业的日子里，顾客买不到需要的东西，商店也失去了购物的顾客。网上购物的情况就不一样了。网络虚拟商店一天24小时开业，随时准备接待客人，没有任何时间的限制，为人们上班前和下班后购物提供了极大的方便。

（三）商品的新颖性

追求商品的时尚和新颖是许多消费者，特别是青年消费者重要的购买动机。这类消费者特别重视商品新的款式、格调和社会流行趋势，而对商品的使用程度和价格高低不大计较。这类消费者一般经济条件比较好，青年人居多，他们是新式高档消费品、新式家具、时髦服装的主要消费者。电子商务总是跟踪最新的消费潮流，适时地提供给消费者最直接的购买渠道，加上最新产品全方位的文字、图片和视频介绍，能对这类消费者产生极大的刺激。

三、网络消费者购买过程的模式

与传统的消费者购买行为相类似，网络消费者的购买行为早在实际购买之前就已经开始，并且延长到实际购买后的一段时间，有时甚至是一个较长的时期。从酝酿购买开始到购买后的一段时间，网络消费者的购买过程可以粗略地分为五个阶段：唤起需求、收集信息、比较选择、购买决策和购后评价。五个阶段的相互关系可以用图4-4表示。

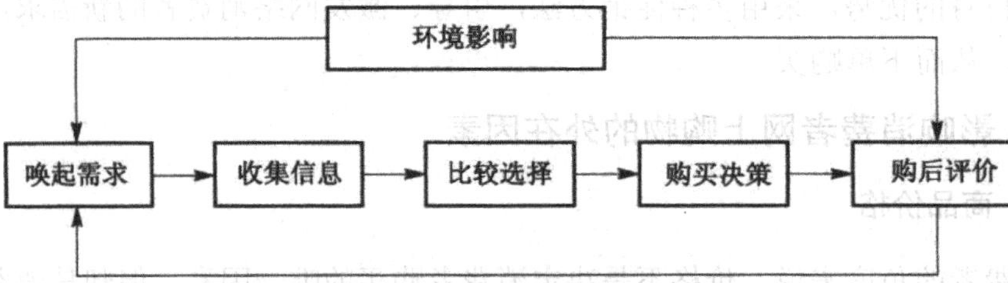

图4-4　网络消费者的购买过程

（一）唤起需求

网络购买过程的起点是唤起需求。消费者的需求是在内外因素的刺激下产生的。在消费者对市场中出现的某种商品或某种服务发生兴趣后，才可能产生购买的欲望，这是消费者做出消费决定的基本前提。如若不具备这一基本前提，消费者也就无从做出购买决定。

在传统的购物过程中，诱发需求的动因是多方面的。人体内部的刺激，如饥饿、口渴的刺激，可以引发对食物、饮料的需求。外部的刺激也可以成为“触发诱因”，如看到同事穿了一件新西服，感到非常得体、潇洒，手感也非常好，因而产生了购买的想法。但对于网络营销来说，诱发需求的动因只能局限于视觉和听觉。文字的表述、图片的设计、声音的配置是网络营销诱发消费者购买的直接动因。从这一方面讲，网络营销对消费者的吸引具有相当的难度。这就要求从事网络营销的企业或中间商注意了解与自己产品有关的实际需求和潜在需求，了解这些需求在不同时间的不同需求程度，了解这些需求是由哪些刺激因素诱发的，进而巧妙地设计促销手段去吸引更多的消费者浏览网页，引发他们的需求。

（二）收集信息

在需求被唤起之后，每一个消费者都希望需求得到满足。于是，收集信息、了解行情成为消费者购买过程的第二个环节。这个环节的作用就是汇集商品的有关资料，为下一步的比较选择奠定基础。

在购买过程中，收集信息的渠道主要有两个，即内部渠道和外部渠道。内部渠道是指消费者个人所储存、保留的市场信息，包括购买商品的实际经验、对市场的观察以及个人购买活动的记忆等。外部渠道则是指消费者可以从外界收集信息的通道，包括个人渠道、商业渠道和公共渠道。

个人渠道主要包括消费者的亲戚、朋友和同事的购买信息和体会。这种信息和体会在某种情况下对购买者的购买决策起着决定性的作用。网络营销者绝不可忽视这一渠道的作用。在没有实物作为信息载体的情况下，人们对于网上商品质量、服务的评价主要是通过语言和电子邮件传递的。这种传递的范围可能很小，如一个家庭、一个单位；也可能很大，如一个地区、一个国家或者是全世界。因此，一件好的商品，一次成功的销售可能带来若干新的顾客；一件劣质产品，一次失败的销售可能使销售商几个月甚至几年不得翻身。

商业渠道，如展览推销、上门推销、中介推销、各类广告宣传等，主要通过厂商的有意识的活动把商品信息传播给消费者。网络营销的信息传递主要通过网络广告和检索系统中的产品介绍进行，包括在信息服务商网页上所做的广告、中介商检索系统上的条目以及自己主页上的广告和产品介绍。

一般说来，在传统的购买过程中，消费者收集信息大都是被动进行的，往往是看到别人买了什么，自己再去注意；或者是看到了广告才注意到某种商品。而网络购买中，信息的收集带有较大的主动性。在网络购买过程中，商品信息的收集主要是通过互联网进行的。一方面，消费者可以根据已经了解的信息，通过互联网跟踪查询；另一方面，消费者不断地在网上浏览，寻找新的购买机会。

（三）比较选择

消费者需求的满足是有条件的，这个条件就是实际支付能力。没有实际支付能力的购买欲望只是一种幻想，不可能产生实际的购买。为了使消费需求与自己的购买能力相匹配，比较选择是购买过程中必不可少的环节。消费者对从各种渠道汇集而来的资料进行比较、分析、研究，了解各种商品的特点和性能，从中选择最为满意的一种。一般说来，消费者的综合评价主要考虑产品的功能、可靠性、性能、样式、价格和售后服务等。通常，一般消费品和低值易耗品较易选择，而耐用消费品的选择应慎重。

网络购物不直接接触实物。消费者对网上商品的比较依赖于厂商对商品的描述，包括文字的描述和图片的描述。网络营销商对自己的产品描述得不充分，就不能吸引众多的顾客。而如果对产品的描述过分夸张，甚至带有虚假的成分，则可能永久地失去顾客。对于这种度的把握是每个从事网络营销的厂商都必须认真考虑的。

对于消费者而言，存在一个测定网络广告可信度的问题。近年来，在传统媒体上出现的虚假广告现象也不可避免地出现在网络广告上。消费者应当从不同角度考察网络广告的可信度。

1.看发布渠道

一般来说，在著名站点上发布广告的厂商，其经济实力较强，可信度较高，反之，其可信度较低。

2.看广告用语

语言是广告对外传播信息的一种主要的表达形式，客观地、实事求是地反映商品的特点是网络广告的基本要求。

3.看主页内容更换的频率

网络营销成功的企业，其主页内容必定经常更换，不时推出新的信息和产品。而不重视网络营销的企业，对主页的内容漠不关心，经常以老面孔展现在网民面前。

4.尝试购买

对于一个不熟悉的网络推销站点，若要购买其商品，可以先做一次或几次尝试性购买，以了解厂商的产品质量和服务质量，然后再进行大规模购买。

（四）购买决策

网络消费者在完成了对商品的比较选择之后，便进入购买决策阶段。网络购买决策是指网络消费者在购买动机的支配下，从两件或两件以上的商品中选择一件满意商品的过程。购买决策是网络消费者购买活动中最主要的组成部分，它基本上反映了网络消费者的购买行为。

与传统的购买方式相比，网络购买者的购买决策有许多特点。首先，网络购买者理智动机所占比重较大，而感情动机所占比重较小。这是因为消费者在网上寻找商品的过程本身就是一个思考的过程。对任何一件新产品，消费者都有足够的时间仔细分析商品的性能、质量、价格和外观，从容地做出自己的选择。其次，网络购买受外界影响较小。购买者常常是独自坐在计算机前上网浏览、选择，与外界接触较少，因而决策范围有一定的局限性，大部分的购买决策是自己做出的或是与家人商量后做出的。正是因为这一点，网上购物的决策行为较之传统的购买决策要快得多。

要在没有实物的情况下把消费者口袋里的钱掏出来，这并非一件容易的事。网络消费者在决策购买某种商品时，必须具备三个条件：第一，对品牌有信任感；第二，对支付有安全感；第三，对产品有好感。因此，树立企业形象，改进货款支付方式和物流，全面提高产品质量，是每一个参与网络营销的厂商必须重点抓好的三项工作。只有这三项工作抓好了，才能促使消费者毫不犹豫地做出购买决策。

（五）购后评价

消费者购买商品后，往往通过使用，对自己的购买选择进行检验和反省，重新考虑这种购买行为是否正确，效用是否理想，以及服务是否周到等问题。这种购后评价往往决定了消费者今后的购买动向。

消费者在购买和试用某种产品后，感到满意就会重复购买，并且会跟别人分享。反之，消费者在购买或试用某种产品后感到不满意，以后就不会再去购买，而且会对此产品做出差评，也不会向他人推荐。商界流传着这样一句话："一个满意的顾客就是我们最好的广告。"在这里，"满意"的标准是产品的价格、质量和服务与消费者预期的结果。购后评价是消费者对商品满意程度的体现，同时也为厂商改进工作收集了第一手资料。

为了提高企业的竞争力，最大限度地占领市场，企业必须虚心倾听顾客反馈的意见和建议。互联网为网络营销者收集消费者购后评价提供了有利条件。方便、快捷、便宜的电子邮件紧紧连接着厂商和消费者。厂商可以在订购单的后边附上一张意见表。消费者购买商品的同时，就可以填写自己对厂商、对产品、对整个销售过程的评价。厂商从网络上收集到这些评价之后，通过计算机分析、归纳，可以迅速找出工作中的缺陷和不足，能够及时了解到消费者的意见和建议，及时改进自己的产品性能和售后服务。

第三节 企业购买行为

一、企业业务购买过程的参与者

首先来分析企业的业务购买过程有哪些参与者，是谁在从事企业生产所需要的原材料和服务的采购工作呢？在直接采购时，采购代理人起的作用较大，而采购新产品或选择供应商时，可能其他组织人员所起的作用较大。在做产品选择决策时，通常工程技术人员的影响较大，而采购代理人则控制着选择供应商的决策权。这说明在新任务采购时，营销者必须把产品信息传递给工程技术人员；而复购和新选择产品或供应商阶段则必须把信息传递给采购代理人。

二、影响采购人员的因素

在组织的采购中心里，采购人员是关键人物。采购人员在做出购买决定时受到许多因素的影响。有些营销人员认为，经济因素最为重要。另外一些营销人员认为，采购者对诸如偏好、注意力、避免风险等个人因素反应敏感。实际上，采购者既对经济因素有反应，同时对个人因素也有反应。而且在电子商务时代，网上丰富的内容以及在 B2B 网站上的商家和产品信息，已经成为影响采购者的越来越重要的因素。

（一）环境因素

采购者受当前经济环境或预期经济环境诸因素的影响较大，如基本需求水平、经济前景及成本等。在经济衰退时期，采购者就会减少对厂房或设备的投资，并设法减少存货。营销人员在这种环境下刺激采购是无能为力的，他们只能在增加或维持其需求份额上做艰苦的努力。

那些害怕主要原材料短缺的公司愿意购买和储存较多的库存。他们会与供应商签订长期供货合同，以保证其原材料能源源不断、稳定地供应。很多大公司把供应计划工作视为其采购主管人员的主要职责。

同样，采购者也受到技术因素、政治与法律因素以及经济环境中竞争发展因素的影响。他们必须密切关注所有这些变化，测定这些因素将如何影响采购者，并设法使问题转化为机会。例如，地方政府对组织购买决策增加了新规定：各种食品必须满足绿色食品的要求；超级市场因此拒绝超标食品的进货；有社会责任感的采购者同时向供应商施加压力，以增强其社会责任感。

（二）组织因素

每个采购组织都有其具体目标、政策、程序、组织结构及系统。营销人员必须了解这些因素。这些因素相互影响，并对购买核心成员在制定决策过程中的期望、目标、态度、设想和所使用的资料有直接影响。企业的购买行为是生产的前提。因此，企业要想进行及时、正常的生产销售，就必须有及时的生产资源的供应。主管者应该根据具体任务制定有效的购买政策和购买程序。组织结构和决策过程是采购组织能否进行正常高效购买行为的前提，是购买组织运作的基础性条件。采购者的购买行为必须在购买组织的工作制度的约束下进行，必须以组织所规定的目标、政策等为购买原则。

组织机构的工作制度可划分为以下五种：信息传递制度、管理职权制度、职务委派制度、报酬制度和工作流程制度。销售人员必须了解每种制度的职能对购买工作的影响。

对于这些基本功能，销售策略的制定者必须加以研究分析，并利用它来影响购买核心成员，因为他们在小组决策制定过程中起重要作用。管理职权制度规定购买核心各成员在购买程序中的职权，即根据他们的判断能力、指导能力或对其他成员行为的影响能力来规定他们的职权。职务委派制度确定和分派担任购买职务的人，并确定这一购买职务的相应特点和完成购买任务的相应的行为特点。报酬制度根据每个成员在决策过程的作用和业绩，规定每个人的报酬。

这里最重要的就是要把报酬制度与管理职权制度结合起来，规定负责评价和奖励购买核心成员的负责人的职责范围。销售者在拟定市场营销策略时，要了解购买机构是如何把报酬制度和管理职权制度结合起来并确定购买核心成员所应承担的决策风险和给予的奖惩的。实际情况往往是，购买核心成员因决策错误所受的惩罚比因决策正确所受的奖励重得多。最后，还必须了解与购买程序和决策制度程序有关的购买机构的工作流程制度。

（三）人际因素

采购中心通常包括一些不同利益、职权、地位的参与者。尽管营销人员发现的一切有关个性和人际因素的信息可能有用，但他仍然很难知道采购过程中会由何种群体产生购买行为。每个决策参与者所承担的职务，包括职务期望、职务行为和职务关系，都必须进行详细分析。因此，小组制定决策的结果不仅要解决购买问题，也应使与购买任务无关的人员感到满意，并且要有利于购买小组及其成员的成长。人际因素中特别重要的一条是，关于顾客与其他公司销售代表的关系。企业要想进行高效的购买任务，就必须处理好诸多人际因素。

（四）个人因素

购买决策过程中每一个参与者都带有个人动机、直觉与偏好，这些因素受决策参与者的年龄、收入、教育程度、专业、个性以及对风险的意识和文化的影响。有些是“简练”型购买者，有些是“外向”型购买者，有些是“周密”型购买者，有些是“事必躬亲”型购买者。例如“周密”型购买者，他们在选择供应商之前都要进行周密的竞争性方案分析。还有一些采购人员则保留了传统采购的习惯，他们善于同一个又一个的供应商进行谈判。一个地区和另一个地区的风俗习惯有很大差别，一个国家与另一个国家的文化现象也有很大差别，网络业务的成功要求网络营销人员了解和适应当地的风俗和文化。

（五）网络因素

原材料采购是整个企业供销活动中的一个重要环节。企业用在原材料上的费用，将直接影响到企业的效益和利润情况。能否极大地降低原材料成本，是企业能否获得高效益的重要因素。对于价格行情有较大差异的产品，大量购买的产品，或者企业首次购买并不了解行情的产品或设备，通过了解 B2B 网站供应方发布的信息，买方可以方便地了解多家供货商的基本状况，通过多方比较，可以发现既满足需要，价格又比较适合的产品。利用传统方法了解同样数量的供应商往往需要更长的时间和更多的费用。

通过电子商务，企业可以加强与主要供应商之间的协作，将原材料的采购和产品的制造过程有机结合起来，形成一体化的信息传递和处理系统。

目前，许多大公司通过实施电子商务增值战略方案，采用一体化的电子采购系统，从而降低了劳动力、打印和邮寄成本。采购人员也有更多的时间用在合同条款的谈判，并注重和供应商建立稳固的供销关系。

美国通用电气公司的照明部在由手工采购转向电子商务采购后，既改善了服务，又节省了劳动力与原材料成本。该公司以往的采购程序是：照明部每天向公司的采购资源部发送几百份低值零件询价申请，而且每一份申请必须附有设计图纸（而设计图纸是从技术资料档案中调出来复印后再装入信封的）。从发出询价申请到收到回复一般需要 7 天的时间。由于工作烦琐，该公司的采购资源部只能将招标文件邮寄给三家供货商。后来，公司采用了网上在线采购系统，采购资源部通过互联网向全球的供货商发出招标文件并通过网络接收询价申请，采购系统能够准确地自动检索出设计图纸，并附在电子询价单上。全球的供货商可以在收到报价的当天完成评估工作，并由通用电气公司确定最终的中标者。采购费用因此降低 30%。

【案例分析】

4050 网上创业的案例

网上创业成为电子商务发展的新亮点。某市组织了“4050 网上创业活动”，鼓励、帮助 45 岁左右的下岗职工进行再就业。下岗职工张阿姨和王阿姨积极参与了这一活动，并且都申请到政府提供的 20000 元创业基金资助。

张阿姨开设了一家经营时尚商品的网上商店，以受教育程度较高的年轻人为销售对象，网上商店为他们提供时尚化妆品、装饰品以及宝宝用品。张阿姨认为，在网上做生意，诚信最重要。她严格把握进货质量，客观地宣传经营的商品，一般采用货到付款的方式，及时将货物送达订货人。一年过去了，张阿姨的网店生存下来，并且有了盈利。张阿姨说：“下岗曾使我一度陷入痛苦的深渊，互联网使我重新看到了生活的希望。”

王阿姨也开设了一个网上商店。为了丰富商品内容，王阿姨选择了多类商品，按照用户年龄设计了多个不同的商品介绍页面，并请专业人员应用多媒体技术把网页设计得有声有色。王阿姨对定价并不十分重视，也没有刻意拉开商品的价格差距。她说：“价格差距的作用不大。只要喜欢，顾客就一定会买。”半年下来，该网店点击率在下岗职工同时创办的网店中已名列前茅，但销售额一直上不去。王阿姨最终得出的结论是：“开设网上商店的人都说在网上买商品很方便，但事实不是这样，因为网上商店所能提供的条件还不能完全满足客户的要求。比如，在网络商店买一件衣服就相当麻烦，因为不能直接接触到商品。再加上支付问题、安全问题、配送问题，顾客自然只浏览而不购买了。”现在，王阿姨已经完全退出了网络经营这个领域。

【案例讨论】

这是两个“4050”人员网上创业的实际例子。比较张阿姨和王阿姨的不同经历，请回答下列问题。

（1）张阿姨成功的主要原因在哪里？而王阿姨经营不顺利的主要原因又在哪里？

（2）作为个人创业，在开办网上商店时主要应考虑哪些问题？

（3）张阿姨和王阿姨都是在下岗后尝试利用互联网创业的，前者成功了，后者却遭受了挫折，但她们勇于创业的精神都给我们留下了深刻的印象。请结合上述两个案例，根据电子商务发展的趋势，阐述电子商务专业学生创业理念培养的重要性和培养的方法。

第五章　网络营销

第一节　网络营销概述

一、网络营销的概念

互联网发展到今天表现出巨大的潜力，它不仅是销售媒体，更主要的还是普及教育、信息交流、服务支持的媒介。伴随着互联网的出现，网络营销应运而生。

网络营销是企业整体营销战略的一个组成部分，是企业利用计算机通信系统、在线网络和数字交互式媒体来进行市场调查、产品促销和分销等一系列经营活动，以达到满足消费者需要和商家诉求目标的一种营销方式。

（一）广义的网络营销

网络营销概念的同义词包括：网上营销、互联网营销、在线营销、网络行销等。这些词汇说的都是同一个意思，笼统地说，网络营销就是以互联网为主要手段开展的营销活动。

网络营销具有很强的实践性特征，从实践中发现网络营销的一般方法和规律，比空洞的理论讨论更有实际意义。

（二）狭义的网络营销

狭义的网络营销是指组织或个人基于开放便捷的互联网络，对产品、服务所做的一系列经营活动，从而达到满足组织或个人需求的全过程。网络营销是一种新型的商业营销模式。

二、网络营销的特点

网络营销作为一种新的营销理念、营销方式和营销手段，在企业的市场活动中发挥了许多传统营销所不具有的特性。随着网络技术的发展，网民数量的增多，网络市场的成熟，网络营销的特性会越来越受到企业的重视，对它的应用也会更加广泛和深入。市场营销中最重要也是最本质的是组织和个人之间进行信息传播和交换，如果没有信息交换，交易也就无从进行。网络营销的特点包括以下几个方面。

（一）跨时空

营销的最终目的是占有市场份额。互联网具有的超越时间约束和空间限制进行信息交换的特点，使得脱离时空限制达成交易成为可能，企业能有更多的时间和更多的空间进行营销，可每周 7 天，每天 24 小时随时随地提供全球的营销服务。

（二）多媒体

互联网络被设计成可以传输多种媒体的信息，如文字、声音、图像等，使得为达成交易而进行的信息交换可以多种形式进行，从而能够充分发挥营销人员的创造性和能动性。

（三）交互式

互联网络可以展示商品目录，联结资料库，提供有关商品信息的查询，可以和顾客做互动双向沟通，可以收集市场情报，可以进行产品测试与消费者满意调查等，是产品设计、商品信息提供以及服务的最佳工具。

（四）拟人化

互联网络上的促销是一对一的、理性的、消费者主导的、非强迫性的和循序渐进式的，而且是一种低成本的人性化促销方式，避免推销员强行推销的干扰，并通过信息提供与交互式交谈，与消费者建立长期良好的关系。

（五）成长性

互联网使用者的数量快速增长并遍及全球，使用者多半是年轻人，并且具有较高的文化水平。由于这部分群体购买力强而且具有很强的市场影响力，因此互联网是一个极具开发潜力的市场。

（六）整合性

互联网络上的营销可由商品信息至收款、售后服务一气呵成，因此也是一种全程的营销渠道。另外，企业可以借助互联网络将不同的营销活动进行统一规划和协调实施，以统一的传播资讯向消费者传达信息，避免不同的传播渠道中的不一致性产生的消极影响。

（七）超前性

互联网络是一种功能强大的营销工具，它同时兼渠道、促销、电子交易、互动顾客服务以及市场信息分析与提供等多种功能。它所具备的一对一营销能力，恰好符合定制营销与直接营销的未来趋势。

（八）高效性

电脑可存储大量的信息供消费者查询，可传送的信息数量及精确度远远超过其他媒体，并能顺应市场需要，及时更新产品或调整价格，因此能及时有效地了解并满足顾客的需求。

（九）经济性

通过互联网络进行信息交换，代替以前的实物交换，一方面可以减少印刷与邮递的成本，可以无店销售，免交租金，节约水电与人工成本，另一方面可以减少由多次交换带来的损耗。

（十）技术性

网络营销是建立在以高技术作为支撑的互联网络的基础上的，企业实施网络营销必须有一定的技术投入和技术支持，改变传统的组织形态，提升信息管理部分的功能，引进懂营销与计算机技术的复合型人才，能在未来具备市场竞争优势。

三、网络营销理论

（一）直复营销理论

直复营销特别强调营销者与顾客之间的“双向信息交流”，以克服传统营销中的“单向信息交流”方式所造成的营销人员与顾客之间无法沟通的弊端。直复营销活动强调在任何时间、地点都可以实现企业与顾客的“信息双向交流”。直复营销活动最重要的特性是直复营销的效果是可以测定的。

（二）关系营销理论

关系营销以系统论为基本思想，将企业置身于社会经济大环境中考察企业的市场营销活动，该理论认为企业营销是一个与消费者、竞争者、供应商、分销商及政府管理机构发生互动作用的过程，正确处理与他们的关系是企业营销的核心。

（三）“软营销”理论

“软营销”理论是针对工业化时代的“强势营销”提出的新理论。它强调企业进行市场营销活动的同时必须尊重消费者的感受和体验，让消费者能舒服地主动接受企业的营销活动。

（四）整合营销理论

整合营销表示营销不再是单一的企业营销部门的活动，而是综合了与企业经营活动存在关联的各个内部企业单位与外部主体，如供应商、顾客等的全局性活动。它要求企业整合各种可以利用的内部资源和外部资源，从而最大限度地获得竞争优势。整合营销理论包括以下几个方面的内容。

①把顾客整合到整个营销决策中来。

②把原料供应商、产品分销商、仓储及配送部门整合在一起，实行供应链管理，缩短产品的生产与供货周期，提高营销效率，降低产品成本。

③将传统营销手段与网络营销手段整合到一起。

四、网络营销的优势

（一）网络营销具有极强的互动性，可以帮助企业实现全程营销的目标

不论是传统营销管理强调的4P组合，还是现代营销管理所追求的4C，都需要遵循一个前提，即企业必须实行全程营销，即应该从产品的设计阶段就开始充分考虑消费者的需求和意愿。但是，企业和消费者之间缺乏合适的沟通渠道或沟通成本过高，使得这一理想无法很好地实现。消费者一般只能针对现有产品提出建议或批评，对策划、构思、设计中

的产品则难以涉足。此外，大多数中小企业也缺乏足够的资本用于了解消费者的各种潜在需求，它们只能靠自身能力或参照市场领导者的策略，甚至根据遇到的偶然机会进行产品开发。

网络环境下，这种状况将会有较大的改观。不管是大型企业，还是中小企业，均可以通过电子布告栏、论坛和电子邮件等方式，以极低的成本在营销的全过程中对消费者进行即时的信息搜集，而这在非网络环境下是中小企业所不敢想象的。同时，这也为消费者有机会对产品的设计、包装、定价、服务等问题发表意见提供了方便。这种双向互动的沟通方式，确实提高了消费者的参与性和积极性。反过来，则提高了企业营销策略的针对性，十分有助于实现企业的全程营销目标。

（二）网络营销有利于企业降低成本费用

对企业来说，网络营销最具诱惑力的优点之一即可以降低企业的交易成本。这可以从两个方面进行考察。

1.运用网络营销可以降低企业的采购成本

企业采购原材料往往是一项程序烦琐的过程。通过电脑网络的商务活动，企业可以加强与主要供应商之间的协作关系，将原材料的采购与产品的制造过程有机地配合起来，形成一体化的信息传递和信息处理体系。

2. 运用网络手段，可以降低促销成本

尽管建立和维护公司的网站需要一定的投资，但是与其他销售渠道相比，使用互联网的成本已经大大降低了。首先是降低材料等费用。产品特征、公司简介等信息都存储在网络里，可供顾客随时查询；所有的营销材料都可直接在线上更新，无须反复，从而可以大大节省打印、包装、存储、交通等费用。其次，可以节省广告宣传费用。与传统的广告宣传相比，无论是在宣传范围的广度和内容的深度方面，网络广告均具有无与伦比的优点。

（三）网络营销能够帮助企业增加销售、提高市场占有率

首先，在网络上可提供全天候的广告及服务。除了专业设计的电脑软件在不间断地全自动处理往来信息、统计、存档之外，还有电脑工程师在全天候监控系统的运作，处理突发情况。这种 24 小时不间断的新的服务有利于增加企业与顾客的接触机会，更好地发挥潜在的销售能力。

其次，能把广告与订购连为一体，促成购买意愿。传统的广告与订购是分开的，虽然广告媒体可能抓住了顾客的注意力，使顾客产生了购买意愿，但需要顾客以另外的方式主动去购买，这就有可能因顾客不便而减少营业额。而在网页上，顾客可在选择商品后，填妥订购单直接在线上送回，这便为顾客提供了更快速、更直接的购买渠道。

最后，通过互联网络，可以即时连通国际市场，减少市场壁垒。互联网络创造了一个即时全球社区，它消除了不同国家的企业与客户之间交易的时间、地域障碍。

（四）通过互联网络可以有效地服务于顾客，满足顾客的需要

当今世界，买方市场已经形成，商业竞争日趋激烈。任何一家企业，要想获得竞争优势，就必须充分考虑顾客的需要，正可谓“得顾客心者方能得天下”。网络营销正是实现这一目标的极佳方式。

网络营销比起市场营销的任何一个阶段或一种方式，更能体现顾客的“中心”地位。顾客将拥有更大的选择自由。他们可根据自己的个性特点和需求，在全球范围内不受限制地寻找满意的商品。如一家销售户外活动商品的商家，在网络上开展了定制旅行袋的业务，允许顾客利用自己的计算机和网络，自行设计或修改旅行袋的式样、颜色、材料、尺寸、装饰品和附件等，还可绣上自己的姓名或其他标志。接下来，只需等着商家把带有自己设计风格的商品寄来。

五、网络营销的劣势

网络营销也存在一些劣势，例如，不是所有的商品和服务都适合进行网络营销，网络营销缺乏商场内的真实环境与气氛，物流配送相对落后制约了网络营销的发展，商品质量、售后服务得不到有效保障是顾客最担心的问题，安全性得不到有效保障，顾客对网站的信誉缺乏足够的信任感，以及商业信用问题等。

第二节　网络市场调研

市场调研对一个企业来说是至关重要的，它能促使企业生产适销对路的产品，及时地调整营销策略。

一、网络市场调研的原则

利用互联网进行市场调查是一种非常有效的方式，如许多企业在网站上设置在线调查表，用以收集用户反馈信息。在线调查常用于产品调查、消费者行为调查、顾客意见、品牌形象调查等方面，是获得第一手调研资料的有效工具。但如何提高在线调查结果的质量，是开展网络市场调研的关键。因此，我们在进行网络市场调研时应遵循以下原则。

（一）认真设计在线调查表

在线调查表应该主题明确、简洁明了、问题便于被调查者正确理解和回答，且便于调查结果的处理，这是所有问卷设计的基本原则。

（二）吸引尽可能多的人参与调查

参与者的数量对调查结果的可信度至关重要，问卷设计内容中应体现出“你的意见对我们很重要”，让被调查者感觉到，填写调查表就好像在帮助自己或所关心的人，这样往往有助于提高问卷回收率。当然，它也离不开有力的宣传推广，网上调查与适当的激励措施相结合会有明显的作用，必要时还应该和访问量大的网站合作以增加参与者数量。

（三）尽量减少无效问卷

提醒调查者对遗漏的项目或者明显超出正常范围的内容进行完善和修改。

（四）公布保护个人信息声明

无论哪个国家，对个人信息都有不同程度的自我保护意识，让用户了解调研目的并确信个人信息不会被公开或者用于其他任何场合。

（五）避免滥用市场调查功能

市场调研信息也向用户透露出企业的某些动向，使得市场调查具有一定的营销功能，但应该将市场调查与营销严格区别开来，如果以市场调查为名义收集用户个人信息开展所谓的数据库营销或者个性化营销，不仅将严重损害企业在消费者（至少是被调查者）之间的声誉，同时也将损害合法的市场调查。

（六）尽量降低样本分布不均衡的影响

样本分布不均衡表现在用户的年龄、职业、受教育程度、地理分布以及不同网站的特定用户群体等方面，因此，在进行市场调研时要对网站用户结构有一定的了解，尤其是在样本数量不是很大的情况下。

（七）奖项设置合理

作为补偿或者刺激参与者的积极性，问卷调查机构一般都会提供一定的奖励措施，这样同一个用户多次填写调查表的现象常有发生，即使在技术上给予一定的限制条件，但也很难完全杜绝。所以，合理设置奖项有助于减少不真实的问卷。

（八）多种网上调研手段相结合

在网站上设置在线调查问卷是最基本的调研方式，但并不限于这种方式，常用的网上调研手段除了在线调查表之外，还有电子邮件调查、对访问者的随机抽样调查、固定样本调查，等等。根据调查目的和预算采取多种网上调查手段相结合的方法，以最小的投入获得尽可能多的有价值的信息。

二、网络市场调研的主要内容

（一）市场需求研究

研究和分析市场需求情况的主要目的在于掌握市场需求量、市场规模、市场占有率，以及如何运用有效的经营策略和手段。其具体内容包括以下几点。

①现有市场对某种产品的需求量和销售量。

②市场潜在需求量有多大，也就是某种产品在市场上可能达到的最大需求量有多少。

③不同的市场对某种产品的需求情况，以及各个市场的饱和点及潜力。

④本企业的产品在整个市场的占有率，以及不同市场的占有率，哪些市场对企业最有利。

⑤分析研究市场的进入策略和时间策略，从中选择和掌握最有利的市场机会。

⑥分析研究国内外市场的变化动态及未来的发展趋势，便于企业制定长期规划等。

（二）用户及消费者购买行为的研究

用户及消费者购买行为研究的方向和内容主要包括以下十点。

①用户的家庭、地区、经济状况。

②社会的政治、经济、文化教育等发展情况，对用户的需要将会产生什么影响和变化。

③不同地区和不同民族的用户，他们的生活习惯和生活方式有何不同，有哪些不同需要。

④了解消费者的购买动机，包括理智动机、感情动机和偏爱动机。特别是研究理智动机时产品设计、广告宣传及市场销售活动的影响及产生这些动机的原因。

⑤研究用户对特定的商标或特定的商店产生偏爱心理的原因。

⑥具体分析谁是购买商品的决定者、使用者和具体执行者，以及他们之间的相互关系。

⑦了解消费者喜欢在何时、何地购买，他们购买的习惯和方式，以及他们的反应和要求。

⑧了解用户对某种产品的使用次数，每次购买的单位数量及对该产品的态度。

⑨调查某新产品进入市场时，哪些用户最先购买，分析其原因。

⑩对潜在用户的调查和发现等。

（三）营销因素研究

营销因素研究的内容包括以下几个方面。

1. 产品研究

研究企业现有产品处在产品生命周期的哪个阶段，应采取的产品策略；研究产品的设计和包装；产品应采用的原料和制造技巧，以及产品的保养和售后服务等。

2. 价格研究

价格对产品的销售量和企业盈利的多少都有着重要的影响。价格研究的内容包括：哪些因素会影响产品价格；企业产品的价格策略是否合理；产品的价格是否为广大消费者所接受，价格弹性系数如何等。

3. 分销渠道的研究

分销渠道的研究内容包括企业现有的销售力量是否适应需要，如何进一步增强销售力量；现有的销售渠道是否合理，如何正确地选择和扩大销售渠道，减少中间环节，以利于扩大销售，提高经济效益等。

4. 广告策略的研究

广告策略的研究内容包括如何运用广告宣传作为推销商品的重要手段，以及正确地选择各种广告媒介；如何制定广告预算，怎样才能以较少的广告费用获得较好的广告效果，了解广告的接收率及广告推销效果，以评估广告效果；确定今后的广告策略等。

5. 促销策略的研究

促销策略的研究内容包括如何正确地运用促销手段，来刺激消费、创造需求、吸引用户购买；对企业促销的目标市场进行选择研究；企业促销策略是否合理，效果如何，是否被广大用户接受等。

（四）宏观环境研究

宏观环境包括人口、经济、自然地理、科学技术、政治法律和社会文化等因素。一切营销组织都处于这些宏观环境之中，不可避免地要受其影响和制约。

1. 政治法律环境

政治法律环境是指在一定时期内，政府的经济方针、政策，有关税收、财政、外贸等方面的政策会对市场营销产生影响以及政府的有关法令和规章制度也会对企业发展产生影响等。

2. 经济环境

经济环境是指国民生产、国民收入、社会购买力及其投向的变化，在它的影响下，市场供应和需求总量及结构的变化趋势；一定时期内个人收入水平、平均工资水平和物价水平的变化；消费水平和消费结构将会对市场产生的影响等。

3. 社会文化环境

社会文化环境是指一定时期、一定范围内人口的数量及其文化、教育、职业、性别、年龄等结构的变化，以及对各类消费者需求的影响；各地的风俗习惯、民族特点对消费需求产生的影响等。

4. 科学技术环境

科学技术环境是指在一段时期内本行业的科技发展新动态；新工艺、新技术的研发状况以及对本企业产生的影响等。

5. 自然地理环境

自然地理环境是指产品（或劳务）供应地区的地理位置、交通运输状况、气候条件和气象变化规律等。

（五）竞争对手研究

商品经济社会是一个竞争激烈的社会，企业要在竞争中取胜，必须“知己知彼”，每个企业都应充分地掌握并分析同行业竞争者的各种情况，认真地分析自身的优点和缺点。竞争对手研究的主要内容有以下五点。

①市场上的主要竞争对手及其市场占有率情况。

②竞争对手在经营、产品技术等方面的特点。

③竞争对手的产品、新产品的发展情况。

④竞争者的分销渠道、产品价格策略、广告策略以及销售推广策略等情况。

⑤竞争者的服务水平等。

三、网络市场调研的主要方法

（一）E-mail 问卷

调研问卷就是一份简单的 E-mail，并按照已知的 E-mail 地址发出。被访者回答完毕将问卷回复给调研机构，一般会有专门的程序进行问卷准备、列制 E-mail 地址和收集数据。

E-mail 问卷制作方便，分发迅速。由于出现在被访者的私人信箱中，因此能够得到关注。

使用 E-mail 问卷进行市场调研，应注意以下几点。

①尽量使电子邮件简单明了，易于浏览和阅读。

②首先传递最重要的信息。主要的信息和重点内容应安排在第一屏可以看到的范围内。

③把文件标题作为邮件主题。主题是收件人首先可以看到的，如果主题富有吸引力，而且新颖、能够激发兴趣，才能促使收件人打开电子邮件。这一点非常重要，应倍加关注。

④邮件越短越好。在使用传统营销手段时，有的推销文章越长越有说服力，电子邮件则不同。这是因为电子邮件信息的处理方法不同于印刷资料，尤其是当你有一大堆邮件需要整理时。所以，尽量节约收件人的时间。

（二）在线调查表的设计

网上调查是一个蓬勃发展的行业，在线调查是一个了解顾客的很好的渠道，但前提是必须设计一个好的调查表。只有设计正确的调查表，才能得到正确的反馈信息。在线调查表的制作步骤如表 5-1 所示。

表 5-1　在线调查表的制作步骤

事前准备	调查目的的确认与明确化	调查目的的确认
		原有资料、信息的分析，设定假说
		汇总、分析方法的确定
调查问卷的设计	决定调查项目和提问项目	决定调查项目
		决定提问项目
	设定问题项目的制作	提问形式、回答形式的推敲
		设定问题方案内容的推敲
		措辞用字的检查
		决定回答项目
	提问顺序的推敲	
	进行预备测试（模拟试验）	
事后的检查	调查问卷的完成	根据预备测试进行修正、印刷、校对，调查问卷完成

在线调查表设计中应注意以下几个问题。

①网络市场调查中邮发给调查对象的调查表，一般由问候语、问题项目单、回答栏、编码栏四个部分构成。问候语包括向调查对象讲明调查的宗旨、目的和使用方法等内容，并请求当事人予以协助。

②问题设计应力求简明扼要，可有可无的问题或者没有太多实际价值的资料无须出现在调查表中。一般所提问题不应超过 10 项。

③所提问题不应带有偏见或误导，避免使用晦涩、纯商业以及幽默等容易引起人们误解或有歧义的语言，同时，不要把两种及两种以上的问题放在一个问句中，例如，“你认为这个网站是否易于浏览且有吸引力？”这样的问题将使回答者在不完全肯定时无法做出准确回答。

④不要诱导被访者回答。不要采用让被访者按照提问者一开始就定下的思路（方向）回答问题的方法。比如，当听到“这种酱油很润口吧”的提问时，被访者往往会带着润口的先入观念而去品尝，并回答说“是”。在此场合，不如问“这种酱油是润口还是很辛辣”为好。

⑤问题应是能在被访者记忆范围内回答的。当看到“你一年前购买的蛋黄酱（用蛋黄、橄榄油和柠檬汁等制成）是哪一家生产商的产品”的提问时，恐怕大多数人都不会记得。所以，提问者应尽量设计不超过被访者记忆范围的问题。

⑥要明确问题中涉及的时间范围。当看到“最近你从这家电器商店购买了什么家电产品”的提问时，首先使回答者感到不明确的是“最近”是指什么时间段。在此场合，应明确时间段，如“三个月之内”等。

⑦以过滤性的提问方法来展开提问。不要一开始就把问题搞得很细，而是层层细分、展开提问。比如，在有两个以上答案时，提问者总是向选择第一个答案的被访者一步步追问，层层细分。过滤性提问可以限定地向有兴趣的被访者提问，同时也可以排除对此不关

心的被访者，并可以分析各项答案之间的相关联系。

⑧避免提问引起被访者反感或很偏的问题。只有被访者冷静认真地回答问题，提问者才能得到有效的调查结果。

四、网络市场调研的样本类型

（一）随机样本

随机样本是指按照随机原则组织抽样，从互联网网址中任意抽取样本。

（二）过滤性样本

过滤性样本是指通过对期望样本特征的配额，来限制一些自我挑选的不具代表性的样本。通常是以分支或跳问形式安排问卷，以确定被访者是否适宜回答全部问题。有些互联网调研能够根据过滤性问题立即进行市场分类，确定被访者所属类别，然后根据被访者的不同类型提供适当的问卷。另外一种方式是一些调研者创建了样本收藏室，将填写过分类问卷的被访者进行分类重置。最初问卷的信息是用来将被访者进行归类分析，被访者按照专门的要求进行分类后，只有那些符合统计要求的被访者，才能填写适合该类特殊群体的问卷。

（三）选择样本

选择样本用于互联网中需要对样本进行更多限制的目标群体。被访者均通过电话、邮寄、E-mail或个人方式进行补充完善，当认定符合标准后，才向他们发送E-mail问卷或直接访问与问卷连接的站点。在站点中，通常使用密码账号来确认已经被认定的样本，因为样本组是已知的，因此可以对问卷的完成情况进行监视，或督促未完成问卷以提高回答率。另外，选择样本对于已建立抽样数据库的情形最为适用，例如，以顾客数据库作为抽样框选择参与顾客满意度调查的样本。

五、网络调研要注意的问题

（一）互联网的安全性问题

使用互联网进行调研活动，被访者的个人信息安全最重要，因此，互联网的安全性问题急需解决。

（二）互联网无限制样本问题

因为网上的任何人都能填写问卷，所以很可能受到骚扰。如果同一个人重复填写问卷的话，问题就变得复杂了。例如，InfoWorld（某杂志社）决定在网上进行读者意向调查。由于重复投票，调研结果极其离谱，以至于整个调研无法进行，编辑部不得不向读者请求不要再这样做。一个简单的防止重复回答的方法便是在用户回答后锁住其所处的站点。

第三节　网络营销市场细分概述

一、网络市场与传统市场的差异

相对于传统市场，网络市场是一个信息完全公开的市场，它的比较功能远远大于传统市场。传统市场中，顾客是通过视觉、触觉、嗅觉等感官系统对商品形成直接印象的，通过综合各种因素，如生产厂家的信誉度、商品的质量、商品的价格等决定是否购买，是购买这种牌子的产品还是购买那种牌子的产品。在网络市场中，顾客看到的不是实物，而是商家或网站对该商品的描述，如电脑产品的技术参数、书籍的内容简介、实物的照片、解说词等。顾客通过判断商家的描述来确定该产品的可买度，通过对产品对照比较选择满意的产品（见图 5-1）。

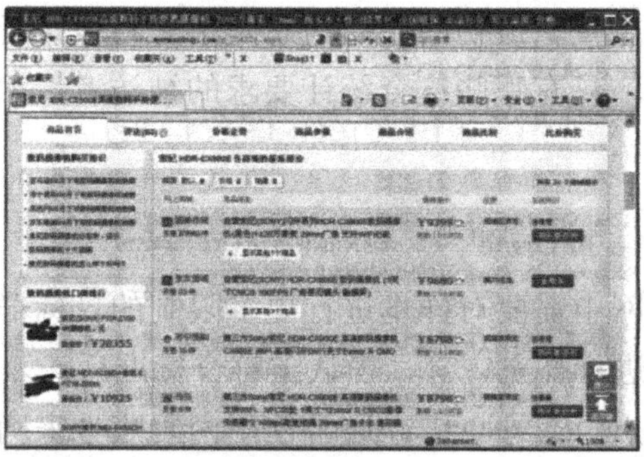

图 5-1　网上提供的摄像机的比较资料

相对于传统市场，网络市场是一个全球性的、产品非常丰富的市场。网络市场不仅为企业开创了面对全球的行销橱窗，也为顾客展示了多种产品。进入互联网，企业面对的是一个全球性的市场，市场的地理区位阻隔变得模糊甚至消失。在全球范围内，只要有网络存在的地方，企业就可以直接与客户进行各种商务活动，从而增加了营销机会。这一特点，为中小型企业跻身国际贸易创造了良好的条件，同时也增加了营销的难度。

二、网络营销市场细分的依据和条件

（一）网络营销市场细分的基本依据

研究网络营销市场细分的目的是找到客户并对由此形成的目标市场加以描述，确定针对目标市场的最佳营销策略。

电子商务的分类本身就是若干细分的市场。例如，B2B 实际上是产业市场上的交易活动，而 B2C 是消费者市场上的交易活动。

产业市场可以根据两个基础进行划分。首先是宏观细分，即通过总体特征进行市场细分。例如，按照行业将产业市场划分为纺织、钢铁、汽车、信息市场等；或按照地理位置将国内市场划分为东部、中部、西部市场。其次是微观细分，关注不同规模的企业市场或不同原材料市场。

消费者市场细分的基础一般有五类：一是地理细分，以地理位置、市场容量、市场密度和气候特征为基础；二是人口细分，包括年龄、性别、收入水平、种族和家庭生命周期等特征；三是心理细分，包括个性、动机和生活方式；四是利益细分，根据消费者从产品中寻求的利益识别消费者；五是使用率细分，通过购买量或消费量来划分市场。

（二）网络营销市场细分的条件

首先，要明确什么时候进行市场细分。一般认为，如果面临以下问题，则需要进行市场细分。

①产品定位已经非常明晰，但不了解采用何种促销组合能最大限度地吸引目标顾客。

②不同的消费者对产品有不同的偏好，厂商希望知道哪些偏好是其能够满足的。

③销售额没有变化，但厂商已经感觉到顾客群的构成正在发生变化，并希望获得变化的详情。

④厂商准备打入竞争者牢固占领的市场，希望先获得一小块根据地。

⑤厂商自己的产品在市场上占据主导地位，但有竞争者开始蚕食这一领地。

⑥尽管厂商有好的产品，但市场数据显示营销计划执行不力。

⑦作为新的市场决策者，需要重新审定公司的营销计划。

其次，应具有明确的市场细分标准。以生活消费品为例，一般可选择地理、人文、心理和消费行为四个因素作为细分标准。具体细分时可应用发散思维，得出相应的细分市场。如自行车市场可分为国内市场和国际市场，其中，国内市场还可进一步细分为华中市场、西南市场、东北市场等；也可根据消费行为细分为普通自行车市场、山地自行车市场、比赛用自行车市场等。如对生产资料市场进行细分，则可选择最终用户、用户规模和生产能力、用户地点等因素作为细分标准。

最后，应注意把握好市场细分的三个原则。

①可衡量性原则。对细分市场上消费者对商品需求的差异性要能明确反映和说明，能清楚界定；细分后的市场范围、容量、潜力等也要能定量加以说明。

②可占据性原则。应使各个细分市场的规模、发展潜力、购买力等都足够大，以保证企业进入这个市场后有一定的销售额。

③相对稳定性。占领后的目标市场要能保证企业在相当长的一个时期稳定经营，避免目标市场变动过快给企业带来风险和损失。

三、网络营销目标市场定位策略

（一）网络营销目标市场定位的基本条件

网络营销所定位的目标市场，应具备以下两个条件。

①目标市场内所有的人必须具备一至两个基本相同的条件，比如收入、受教育的程度、职业、消费习惯等，这样才能明确地划分出目标市场的范围。

②目标市场必须具备一定的规模。因为，太小的目标市场购买力相应也小，如果投资过大，就会得不偿失。

（二）网络营销目标市场定位策略

在实践中，网络营销商应注意初次定位与重新定位、对峙性定位与回避性定位、心理定位等战略。

1.初次定位与重新定位

初次定位也称潜在定位。它是指新成立的企业初入虚拟市场、产品进入虚拟市场，或企业新产品投入虚拟市场时，企业必须从零开始，运用所有的市场营销组合，使产品特色符合所选择的目标市场。但是，企业进入目标市场时，竞争者的产品已在市场露面或形成了一定的市场格局。这时，企业就应认真研究目标市场上竞争对手产品所处的位置，从而确定本企业产品的位置。

重新定位也称二次定位或再定位。它是指企业改变产品特色，改变目标顾客对其原有的印象，使目标顾客对其产品新形象重新认识的过程。市场重新定位对于企业适应市场环境、调整市场营销战略而言是必不可少的。一般来说，企业产品在市场上的初次定位即使很恰当，也应在出现下列情况时考虑重新定位：一是出现了与本企业产品定位相似的强大的竞争者，挤占了本企业的部分市场，导致本企业产品市场萎缩和产品品牌的目标市场占有率下降；二是消费者偏好发生变化，从喜爱本企业品牌转移到喜爱竞争者的品牌。

但是，企业在重新定位前必须要慎重考虑两个问题：一是企业将自己的品牌定位从一个目标子市场转移到另一个目标子市场时所付出的全部成本有多大；二是企业重新定位后的营业额究竟有多大。这取决于该子市场的购买者和竞争状况，以及在该子市场上的销售价格等。经过慎重论证，重新定位可以进行的基本条件是：至少能确保企业有一定量的总利润。

2.对峙性定位与回避性定位

对峙性定位又称竞争性定位，或称针对式定位。它指企业选择靠近于现有竞争者或与其重合的市场位置，争夺同样的顾客，彼此在产品、价格、分销及促销方式各个方面的区别不大。

回避性定位又称创新式定位。它是指企业回避与目标市场竞争者直接对抗，将其位置定在市场上某处空白领地或“空隙”，开发并销售目前市场上还不具有某种特色的产品，以开拓新的市场。

3.心理定位

心理定位是指企业从顾客需求心理出发，积极创造自己产品的特色，以自身最突出的优点来定位，从而在顾客心目中留下特殊印象，达到树立市场形象的目的。心理定位应贯穿于产品定位的始终，无论是初次定位还是重新定位，无论是对峙性定位还是回避性定位，都要考虑顾客的需求心理，赋予产品更新的特点和突出的优点。

四、网络营销对象定位

（一）中青年消费者市场

中青年消费者，特别是青年消费者在网络消费人群中占有绝对的比重。所以，网络营销必须瞄准中青年消费者。青年人喜欢的摇滚歌星唱片、游戏软件、体育用品等都是网络上的畅销产品。这类市场是网络市场最拥挤的地方，也是商家最为看好的一个市场。

（二）具有较高文化水准的职业层市场

互联网漫游对上网者的文化水平要求较高。一方面，需要上网者熟练操作计算机并具有一定的网络知识。另一方面，在国外网站漫游，还需要具有一定的英文水平。例如，教师、学生和科技人员在上网者中所占的比例较高，因此，网上书店的生意十分红火。美国著名的亚马逊网上书店的成功就是这方面的典型实例。（见图 5-2 所示）

（三）中等收入阶层市场

上网用户大都属于中等收入阶层。瞄准这一市场，就需要推出中高档的产品或服务。其中，旅游产品和服务在这类市场中大受欢迎。人们喜欢在舒适的家中就能够方便地读到有关旅行目的地的信息，了解预订客房的情况，以及有关日程安排、机票的情况。很多旅行社针对这些需求建立网站主页，提供免费旅游资料和相关图片，连锁旅店还可以在线提供房间和服务设施的详细资料及图片。

图 5-2　美国亚马逊的主页

（四）不愿意面对售货员的顾客市场

一些顾客不喜欢面对面地从售货员那里买东西，他们厌恶售货员的过分“热情”。互联网对于这些顾客来说是一个绝好的去处。他们可以在网上反复比较，选择合适的商品，在毫无干扰的情况下最后做出购买决定。

也有一些人，出于隐私的考虑，不愿意到商店购买私密的商品，如避孕套等（见图 5-3 所示）。网上商店如果能够较好地满足这些顾客隐私权的要求，便可以获得丰厚的回报。

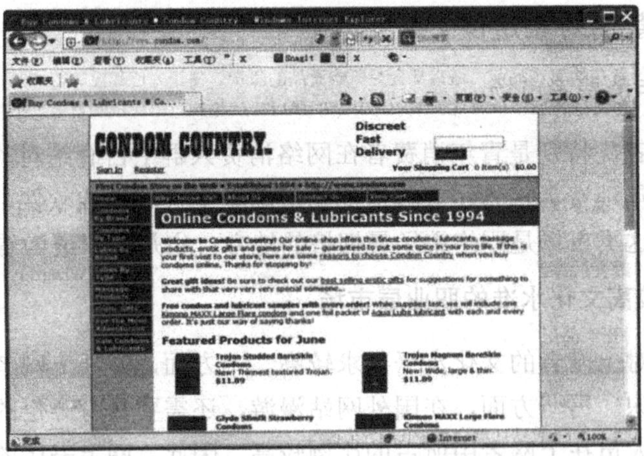

图 5-3　美国Condom Country 公司的网站主页

第四节　网络市场营销策略

一、网络营销产品策略

（一）网络营销产品的整体概念

现在上市的产品中，不是每一种都可以用网络营销的方式来销售的。企业想通过网络营销把产品推向市场，就必须了解网上销售产品的整体概念。

在网络营销中，产品的整体概念可分为五个层次。

1. 核心利益层次

核心利益层次是指产品能够提供给消费者的基本效用和益处，是消费者真正需要的基本效用或益处。例如，消费者购买软件是为了学习、工作或玩游戏等。

2. 基本产品层次

基本产品层次是产品在市场上出现时的具体物质形态，主要表现在品质、特征、式样、商标和包装上，是核心利益的物质载体。对于软件产品来说，当它储存在磁盘中时，它的基本产品就是磁盘；而当它储存在 CD-ROM 里时，它的基本产品就是光盘；如果储存在网络中，则它的基本产品就是不可触摸的比特形式的数据。

3. 期望产品层次

消费者在购买产品前，通常都会对所购商品的质量、使用方便程度、特点等方面有相应的期望值，这种期望值被称为期望产品。同样以软件为例，用户可能希望这个软件采用窗口式界面，可用本国语言操作，易于使用、功能强大等。

4. 附加产品层次

附加产品层次是指由产品的生产者或经营者提供的，购买者有需求但又超出其期望之外的效用。例如，有些软件能够提供给用户以个性化的界面，用户可以根据自己的爱好随心所欲地改变软件的界面，给用户以惊喜。也有些软件提供操作向导或人性化的帮助菜单。

5. 潜在产品层次

消费者购买产品，不但取得了产品的所有权及其附加的当期收益，还可能会有各种远期收益。比如，现在大多数软件商都许诺用户可以享受免费的软件升级服务，可以优惠价格购买同一公司的其他软件或产品。

（二）网络营销产品的特性

1. 产品类型

网络产品一般可以通过网络看得到、听得到或想象得到。

2. 产品质量

由于网络购买者在购买前无法体验或只能通过网络来体验产品，因而为了增加消费者的信心，网络上的产品必须保证质量。

3. 产品式样

通过互联网对全世界各个国家和地区进行营销的产品，需要符合该国家或地区的风俗习惯、宗教信仰等。

4. 产品品牌

在网络营销中，要在浩如烟海的信息中获得浏览者的关注，企业必须拥有足够响亮的品牌。品牌就是质量的保证。当网络上的商品质量不一致时，品牌的作用就显得非常重要了。

5. 产品包装

作为通过互联网经营的实体产品，其包装必须适合邮寄或快递。

（三）网络营销产品的分类

适合于网络营销的产品，按其形态的不同可以分为三大类：实体产品、软体产品和在线服务产品。它们的营销方式和销售品种有很大的差别，表 5-2 列举了这三类产品及其基本特征。

表 5-2　网络营销商品分类

产品形态	营销方式	销售品种
实体产品	在线浏览、购物选择、送货上门	民用品、工业品、农产品
软体产品	资讯提供	资料库检索、电子新闻、电子图书、电子报刊
	软件销售	电子游戏、套装软件
在线服务产品	情报服务	法律咨询，医药咨询，股市行情分析，银行、金融咨询服务
	互动式服务	网络交友、电脑游戏、远程医疗、法律救助
	网络预约服务	航空、火车订票、电影票、音乐会、球赛入场券预订、旅馆预订、饭店预约，旅游预约服务、医院预约挂号

1. 实体产品的选择

在网络上销售实体产品的过程与传统的购物方式有所不同。在这里，没有面对面的买卖方式，网络上的对话成为买卖双方交流的主要方式。消费者或客户通过卖方的主页考察其商品，通过填写表格表达自己对品种、质量、价格、数量的选择；而卖方则将面对面的交货方式改为邮寄商品或送货上门。

2. 软体产品的选择

软体产品指的是信息和软件类商品，它们在网上占有极为重要的地位。数字化的信息与媒体商品，像电子报纸、电子杂志、音乐、电影、电视剧等，都非常适合通过互联网行销。从国内外许多报社与杂志社纷纷提供网络版的内容的趋势来看，数字化信息将会成为未来出版的主流。

软件出版商是电子商务的真正赢家。计算机软件通过传统渠道销售，首先需要存到磁盘中或刻到光盘上，然后加以包装，通过批发商、零售商到达顾客手中。这个过程使得软件的成本大大增加。直接使用网络下载软件，可以省去一切物理材料，而且快速、方便。

3. 在线服务产品的选择

可以通过互联网提供的在线服务种类很多，其大致可分为三类：第一类是情报服务，如股市行情分析，银行、金融信息咨询，医药咨询，法律咨询等；第二类是互动式服务，如网络交友、电脑游戏、远程医疗、法律救助等；第三类是网络预约服务，如预订机票、车票，代购球赛、音乐会入场券，旅游预约服务，医院预约挂号，房屋中介服务等。

二、网络营销的品牌策略

（一）网络品牌的开发

品牌营销是市场经济高度竞争的产物，经过多年实践，其已经发展得相当成熟，形成一个以“品牌经理制”为代表的完整管理体系。互联网所具有的交互、快捷、全球性、媒体特性等优势，有助于提高企业知名度、树立企业品牌形象以及更好地为用户服务，网络本身固有的特性对于每一个企业都是公平的。因此，企业应该根据自身的产品与服务特点，利用网络资源创建自己的网络品牌。

①按照品牌经营的原则，网络品牌的开发不能无的放矢，而必须建立在调查市场、了解消费者确有这方面需求的基础上。也就是说，新品牌的推出是有明确的需求指向的，不应该出现品牌开发出来却因缺少需求支持而“胎死腹中”的情况，这样就从根本上降低了网络品牌开发的风险和成本。

②一个品牌必须而且只能有一个独立、明确的品牌形象。这个形象要与产品的本质属性相一致，并且始终保持不变。网络品牌既不能和原有品牌形象“撞车”，又要与已有一定影响的品牌相互配合呼应。好的网络品牌不仅便于明确品牌形象，还有提升品牌地位、扩大其市场空间的作用。

③网络品牌应当使原有品牌的内涵得到扩充。品牌的内涵已经延伸到售后服务、产品分销、与产品相关的信息与服务等多个方面。如加拿大亨氏公司以往为了建设亨氏产品的品牌，设立了800免费客户服务热线，支持赞助“宝贝俱乐部”等活动。该公司通过在站点中给用户提供丰富的婴幼儿营养学知识、营养配餐、父母须知等信息，开展网络营养知识的传播与营销活动。这样的沟通方式，使用户在学习为人父母、照顾婴幼儿常识的同时，建立了对亨氏品牌的忠诚度。这样，人们对亨氏品牌的理解就不仅局限于婴儿的营养产品，而且包含了丰富的营养学知识。

④网站的交互能力是维系品牌忠诚度的基础。与客户及时进行有效的沟通是提高品牌知名度，维系品牌忠诚度的重要环节。网站的交互特性为市场营销中的交流和沟通提供了便利。一方面，客户可以通过在线方式直接将意见、建议反馈给经营者；另一方面，经营者可以通过对客户意见的及时答复获得客户的好感和信任，从而增强客户对品牌的忠诚度。

⑤借鉴传统手段宣传网络品牌。新兴的电子商务网站，在利用网络广告进行品牌宣传时，也需要注意利用电视、杂志、报纸、户外等传统广告形式树立品牌形象，以使那些还没有接入互联网的用户在上网前就接受他们宣传的品牌，同时也增强那些上网的用户在离线状态下对品牌的认知度。

⑥传统企业进入网络经济环境后，为了在网络中取得竞争优势，其必须制定一些特殊的品牌策略，以使用户认识到在一个新的网站，他们同样能得到一个具有影响力的公司的产品与服务。新的网络品牌将具有更加广泛的包容性，并且还可与其他知名的企业共同建设新的网络品牌，形成一个新的网络品牌联盟。

（二）网络品牌的经营管理

品牌是有个性的，品牌需要有实力支撑，需要企业文化承载。网络公司一般成立时间短，人员流动快，高层团队变动频繁，公司创始人缺乏管理经验，因此很难形成自己的一套企业文化。而没有企业文化支撑的品牌是脆弱的。注意力经济是要有实效支撑的，有了实效支撑，塑造的品牌才不会流于表面，成为泡沫。

树立品牌需要长期投资，谁也不可能在短时间内用钱“砸”出一个实效品牌来。品牌对网民有着重大意义，品牌代表着一个网民的喜好和品位。透过品牌，网民去认知网站，区分网站，享受网站所带来的服务，甚至和网站产生情感。品牌是经验，是网民登录的保证。

（三）网络品牌的保护

市场竞争犹如一场没有硝烟的战争，企业不仅应该时刻防备竞争者的挑战，还需防范有损自己产品形象的不法行为，尤其是在网络环境下，随着越来越多的公司在互联网上建立网站，网络品牌的争议也变得相当普遍。

首先，一个公司可能在一个国家拥有某项商标权，另一个公司则可能在另一个国家拥有该商标权。但互联网是全球性的，只允许在世界范围内存在一个独立的域名。范围的不同导致了问题的产生。例如，一个国内互联网用户，想以其在美国注册的商标作为域名，就可能因该域名已被一个使用同样商标的外国公司抢注而无法实现。

其次，由于互联网的全球性，那些原本在不同行业使用同样商标而能合法共存的公司，也不能使用相同的名称作为域名。例如，美国广播公司不能使用“abc.com.”作为它的域名，因为该域名已被芝加哥 ABC 设计公司注册。而在商标法中就不会产生这样的问题，因为虽然易于引起消费者混淆的相似商标不能共存，但这两个 ABC 公司属不同行业，不会引起消费者对商品或服务来源的混淆，所以可以使用相同的名称。但在网络中，只能有一个公司使用“abc.com.”这个域名。

最后，域名对商标权的侵犯在网络上是相当严重的。侵权者不仅盗用了他人的商标，而且还限制了商标权人在网络上用其商标作为域名的权利，而这一点对商标权人非常重要，对商标与企业名称一致的商标权人则更是如此。

面对虚拟市场环境，国内企业更应珍惜自己历经几年甚至几十年做起来的品牌。虽然这些品牌有的还不能与国际著名品牌比肩，但终究是我国商品文化的精粹，是民族工业的瑰宝，企业应从战略的角度来认识和保护它。

三、网络营销的定价策略

（一）选择定价目标

在传统的营销体系中，商家遵循的是一对一的价格体系，即一个产品通常在进入同一市场时也采取单一的价格，而且价格由商家制定；而在网络营销中，用户鼠标一点，所有的产品及其价格都会出现在同一个页面上，用户拥有绝对的主动权，因此，商家必须将价格定在用户愿意支付的水平，也就是说，用户掌握了定价的主动权。

1. 生存

如果企业生产能力过剩，或面临激烈竞争，或试图改变消费者需求，则需要把维持生存作为主要目标。为了保证工厂继续开工和使存货出手，企业必须制定较低的价格，并希望市场是价格敏感型的。利润与生存相比是次要的。许多企业通过大规模的价格折扣来保持企业活力，只要价格能弥补可变成本和一些固定成本，企业的生存便可得以维持，网络营销的目的就可实现。

2. 当期利润最大化

有些企业希望制定一个能使当期利润最大化的价格。他们估计需求和成本，并据此选择一种价格，使之能产生最大的当期利润、现金流量或投资回报率。假定企业对其产品的需求函数和成本函数有充分的了解，则借助需求函数和成本函数便可制定确保当期利润最大化的价格。

3. 市场占有率最大化

有些企业想通过定价来取得控制市场的地位，即使市场占有率最大化。因为企业确信赢得最高的市场占有率之后将享有最低的成本和最高的长期利润，所以企业会通过制定尽可能低的价格来追求市场占有率领先地位。在某些时候，企业也可能追求某一特定的市场占有率。为实现这些目标，企业就要制订相应的市场营销计划和价格决策。当具备下述条件之一时，企业就可以考虑通过低价来实现市场占有率的提高。

①市场对价格高度敏感，因此低价能刺激需求的迅速增长。

②生产与分销的单位成本会随着生产经验的积累而下降。

③低价能吓退现有的和潜在的竞争者。

4. 产品质量最优化

企业也可以考虑在产品质量市场上领先的目标，并在生产和市场营销过程中始终贯彻产品质量最优化的指导思想。这就要求用高价格来弥补高质量和研究开发的高成本。产品优质优价的同时，还应辅以相应的优质服务。在网上宣传的时候，我们就要着眼于这一点，用好的质量来吸引回头客。如果企业的产品本身在没有上网销售的时候就非常有卖点，在顾客中享有极高的信誉，那么企业就可以充分利用这一点，在产品质量上狠下功夫。

（二）网络营销定价策略

1. 低于进价销售

这种定价方式听起来有些不可思议。其实，只要对网络的特点有透彻了解，我们就不难理解了。由于采取此种定价方式能吸引很多消费者，供货商乐于在商场做广告以图多销商品。这如同传统的大型超级市场收供货商的“上架费”一样。由于网上经营的高度自动化和网上商场的虚拟性，网上销售的经营成本极低，因而只要销售达到一定规模，靠广告收入就足以抵消开支，甚至有所盈余。这种定价方式主要适用于价格弹性较大的日用品。

2. 差别定价策略

这是指对不同的人采用不同的价格。传统上，如果我们为一台计算机定价 7000 元可能会有 10 个人买，定价 6000 元可能会有 100 个人买，定价 5000 元可能会有 1000 个人买。如果我们希望销售 1000 台计算机的话，我们只能按统一的价格 5000 元出售，虽然有人愿意出更高的价钱，但这部分利润我们是挣不到的。而在网上，对不同的人定不同的价格，把每一分可能挣的钱都挣到却可能成为现实。通过营销策略或大数据，厂家与每一顾客的交易价格可以是不一样的。这样，就可以实现差别定价了。

3. 高价策略

由于网上商品价格的透明度比传统市场要高，普遍来讲，网上商品的价格会比传统营销方式的价格低。不过，有时也有部分商品的价格高于传统营销方式的价格，这主要指一些独特的商品或对价格不敏感的商品。在网上电子商务尚不发达的阶段也会出现这种情况。比如，艺术品，在传统营销方式中，由于顾客群相对很小，因而价格上不去；而在网上，却可能面向全球的买主销售，卖个好价。再比如，鲜花，这属于情感消费，顾客在一定范围内对价格并不敏感，他们愿意为方便而支付较高的费用。另外，如果一种商品的地区差价较大，少数先上网销售的供货商也有可能卖个好价。比如，1998 年，山东农民在网上向日本出口大蒜，每公斤卖到 16 元人民币，比山东本地的价格要高得多。

4. 竞价策略

网络使日用品也普遍能采用拍卖的方式销售，厂家可以只规定一个底价，然后让消费者竞价。采用竞价策略，厂家所花费用极低，甚至免费；除销售单件商品外，也可以销售多件商品。目前，我国已有多家网上拍卖站点提供此类服务。

5. 集体砍价

随着每一个新的购买者（竞标者）加入，原定价格就会下跌一些，竞买的人越多，价格越低，呈滑梯曲线。简单地说，就是参加竞买的人越多，商品的价格就会越低。这种由于购买人数的增加，价格不断下降的趋势，正是典型的网络需求趋势。

四、网络营销的渠道策略

（一）传统营销渠道与网络营销渠道的区别

1. 作用分析

传统的营销渠道是指某种货物或劳务从生产者向消费者转移时所需经过的流通途径。在传统的营销渠道中，除了生产者和消费者外，很多情况下还有大量的独立中间商和代理中间商存在。商品或服务通过营销渠道，完成了商品所有权的转移，也完成了商品实体或服务的转移。

传统营销渠道的作用是单一的，它仅仅是商品从生产者向消费者转移的一个通道。从广告或其他媒体获得商品信息的消费者通过直接或间接的分销渠道购得自己所需的商品，除此之外，他们没有从渠道中获得任何其他的东西。这种营销渠道的畅通，一方面依赖于产品自身的品质，另一方面，则主要依赖于广告宣传和资金流转的情况。

网络营销渠道的作用则是多方面的。第一，网络营销渠道是信息发布的渠道。企业概况，产品的种类、质量和价格等，都可以通过这一渠道告诉用户。第二，网络营销渠道是销售产品、提供服务的快捷途径。用户可以从网上直接挑选和购买自己需要的商品，并通过网络方便地支付款项。第三，网络营销渠道是企业间洽谈业务、开展商务活动的场所，也是进行客户技术培训和售后服务的理想园地。因此，企业是否开展电子商务，绝不仅仅标志着一个企业的信息化水平和现代化程度，更重要的是它可以给企业带来实实在在的好处。

2. 结构分析

根据有无中间商，传统营销渠道可以分为直接分销渠道和间接分销渠道。由生产者直接将商品卖给消费者的营销渠道叫作直接分销渠道；而包括至少一个以上的中间商的营销渠道则叫作间接分销渠道。根据中间商数目的多少，可以将营销渠道分为若干级别。直接分销渠道没有中间商，因而叫作零级分销渠道；间接分销渠道则包括一级、二级、三级乃至级数更多的渠道。传统营销渠道的分类见图 5-4。

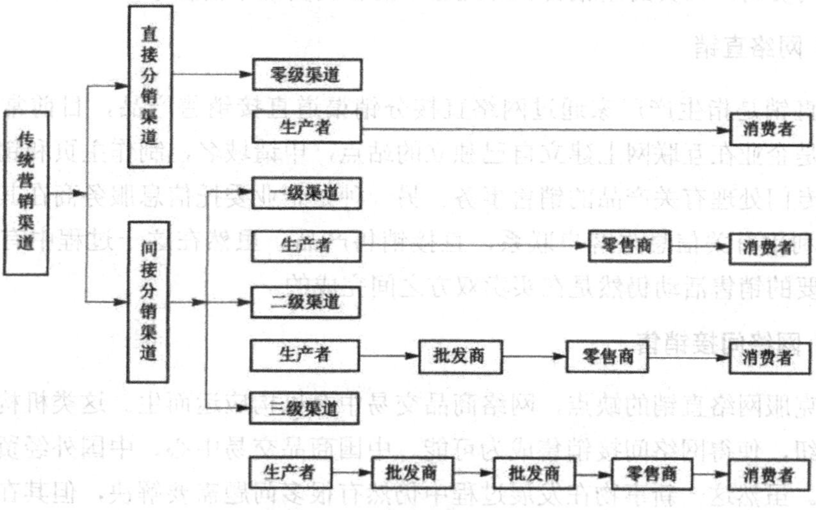

图 5-4　传统营销渠道的分类

相对于传统的营销渠道，网络营销渠道也可分为直接分销渠道和间接分销渠道，但其结构要简单得多（见图 5-5）。网络的直接分销渠道和传统的直接分销渠道一样，都是零级分销渠道，这一点没有大的差别。重要的是对于间接分销渠道，电子商务的网络营销中仅有一级分销渠道，即只存在一个信息中介商沟通买卖双方的信息，而不存在多个批发商和零售商，因而也就不存在多级分销渠道。

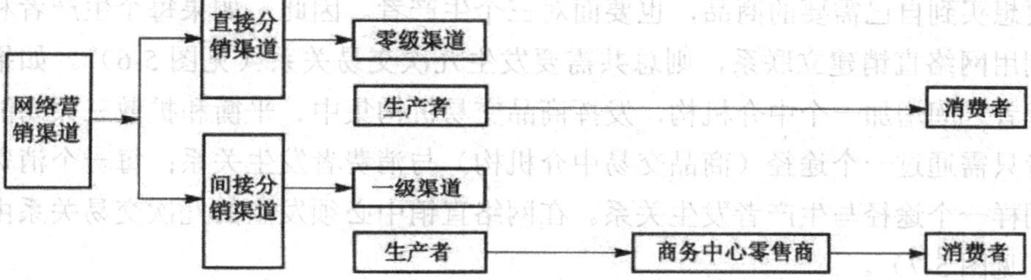

图 5-5　网络营销渠道的分类

3. 费用分析

无论是直接分销渠道还是间接分销渠道，网络营销的渠道结构较之传统营销的渠道结构都大大减少了流通环节，有效地降低了交易成本。

通过传统的直接分销渠道销售产品，企业通常采用两种实施方法。

第一种方法是直接出售，没有仓库。例如，工厂在某地派出一个推销员，但在当地不设仓库。这个推销员在当地售出货物后，把订单邮寄给工厂，工厂把货物直接寄给购买货物的人。在这种方法中，工厂需要支付推销员的工资和日常推销开支。

第二种方法是直接出售，设有仓库。在这种方法中，工厂一方面要支付推销员的工资和费用，另一方面还需要支付仓库的租赁费。

通过网络的直接分销渠道销售产品，网络管理员可以从互联网上直接受理世界各地传来的订货单，然后直接将货物寄给购物者，其所需的费用仅仅是网络管理员的工资和极为便宜的上网费用，人员的差旅费和外地仓库的租赁费都不需要了。

（二）网络直销

网络直销是指生产厂家通过网络直接分销渠道直接销售产品，目前常见的做法有两种。一种是企业在互联网上建立自己独立的站点，申请域名，制作主页和销售网页，由网络管理员专门处理有关产品的销售事务。另一种是企业委托信息服务商在其网点上发布信息，企业利用有关信息与客户联系，直接销售产品。虽然在这一过程中有信息服务商参加，但主要的销售活动仍然是在买卖双方之间完成的。

（三）网络间接销售

为了克服网络直销的缺点，网络商品交易中介机构应运而生。这类机构成为连接买卖双方的枢纽，使得网络间接销售成为可能。中国商品交易中心、中国外经贸网等都是这类中介机构。虽然这一新事物在发展过程中仍然有很多问题需要解决，但其在未来虚拟市场中的作用却是其他机构所不能代替的。

从经济学的角度分析，有四个基本原因导致网络商品交易中介机构的存在成为必然。

1. 网络商品中介交易简化了市场交易过程

设想一种最简单的情况，市场上仅仅存在三个生产者和三个消费者。在没有网络商品中介机构的情况下，一个生产企业要想销售自己的产品，需要面对三个消费者；而一个消费者要想买到自己需要的商品，也要面对三个生产者。因此，如果每个生产者和每个消费者都利用网络直销建立联系，则总共需要发生九次交易关系（见图 5-6）。如果在生产者和消费者之间增加一个中介机构，发挥商品交易机构集中、平衡和扩散三大功能，则每个生产者只需通过一个途径（商品交易中介机构）与消费者发生关系；每一个消费者也只需通过同样一个途径与生产者发生关系。在网络直销中必须发生的九次交易关系由此减少到六次（见图 5-7）。

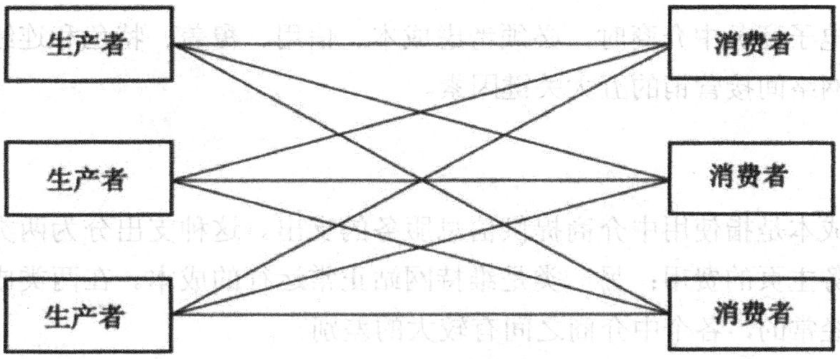

图 5-6　买卖双方信息的直接传递

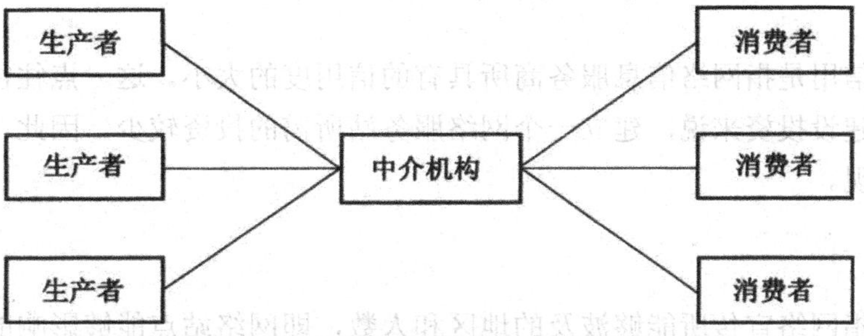

图 5-7　商品交易中介机构存在下买卖双方的信息传递

2. 网络商品交易中介机构的撮合功能有利于平均订货量的规模化

对生产企业而言，大工业的规模化生产性质决定了它们必须追求平均订货规模的扩大。而我国现有的商品分销渠道很难适应生产企业的这种要求。这就使得参与流通的商品的流通成本增加，有些情况下还造成了工业生产能力的极大浪费，严重影响了我国工业企业的竞争能力，特别是其在国际市场上的竞争能力。为避免这种情况继续发展，工业企业不遗余力地寻找自己的商业合作伙伴，从而导致主体商业在国民经济中的旁落。

3. 网络商品中介交易便利了买卖双方的信息收集过程

传统交易活动中，影响交易的因素不可胜数。价格、数量、运输方式、交货时间和地点、支付方式等，每一个条件、每一个环节都可能使交易失败。如果这些变量能够在一定条件下常规化，交易成本就会显著降低，从而有效提高交易的成功率。

网络商品交易中介机构在这方面做了许多有益的尝试。由于是虚拟市场，这种机构可以一天 24 小时、一年 365 天不停地运转，避免了时间上、时差上的限制；买卖双方的意愿通过固定的交易表格统一、规范地表达，避免了相互扯皮；中介机构所属的配送中心分散在全国各地，可以最大限度地减少运输费用；网络交易严密的支付程序，使得买卖双方彼此增加了信任感。很明显，网络商品交易中介机构的规范化运作，减少了交易过程中大量的不确定因素，降低了交易成本，提高了交易成功率。

（四）双道法——企业网络营销的最佳选择

在西方众多企业的网络营销活动中，双道法是最常见的方法。所谓双道法，是指企业同时使用网络直接分销渠道和网络间接分销渠道，以达到销售量最大的目的。在买方市场的现实情况下，通过两条渠道推销产品比通过单一渠道更容易实现“市场渗透”。

在筛选电子商务中介商时，必须考虑成本、信用、覆盖、特色和连续性五大因素。这五大因素是网络间接营销的五大关键因素。

1. 成本

这里的成本是指使用中介商提供信息服务的支出。这种支出分为两类：一类是中介商建立网络服务主页的费用；另一类是维持网站正常运行的成本。在两类成本中，维持成本是主要的、经常的，各个中介商之间有较大的差别。

2. 信用

这里的信用是指网络信息服务商所具有的信用度的大小。这一点往往会被忽略。相对于其他基本建设投资来说，建立一个网络服务站所需的投资较少，因此，信息服务商如雨后春笋般出现。

3. 覆盖

覆盖是指网络宣传所能够波及的地区和人数，即网络站点能够影响的市场区域。对于企业来讲，站点覆盖面并非越广越好，还要看市场覆盖面是否合理、有效，是否最终能够给企业带来经济效益。这一点非常类似于在电视台做广告。例如，“短腿产品”（如啤酒）在地区性电视台做广告的效果较好；而“长腿产品”（如药品）则非常适于在全国性电视台做广告。

4. 特色

每一个网络站点，受到中介商总体规模、财力、文化素质的影响，在设计、更新过程中表现出各自不同的特色，因而具有不同的访问群。企业应当研究这些访问群，即顾客群的特点、购买习惯和购买频率，进而选择不同的电子商务交易中介商。

5. 连续性

网络发展的实践证明，网络站点的寿命有长有短。一个企业要想使网络营销持续稳定地运行，就必须选择具有连续性的网络站点，在用户或消费者中建立品牌信誉、服务信誉。为此，企业应采取措施加强与中介商的联系，防止中介商将别的公司的产品作为主营产品。

五、网络营销的服务策略

（一）网上顾客的需求特征

随着互联网走入千家万户，人们对网上消费、网上服务已经不再陌生。在开始习惯于这种新时代产物的同时，人们也开始逐渐对网上服务提出了全新的要求。因此，对现代企业来说，能否制定合适的服务策略就显得格外重要，它已成为企业能否在现代商场上获胜的关键因素之一。

在前大众传媒、大众营销时代，绝大部分的销售形式是一个区域内的顾客在一个小百货商店购买日常所需用品。当时由于顾客少，购买集中，零售店主比较熟悉各位顾客的消费习惯和偏好，因此，在组织货源时店主会引进人们所需的物品，并在顾客购买时根据这位顾客的消费习惯和偏好向他推荐相应的商品。此时的零售店主进行的是自发性的较低级的个性化顾客服务。

现代顾客需要的是个性化的服务，而网络这种全天候、即时、互动的新概念工具恰恰迎合了现代顾客的需求特征。顾客的需求随技术、社会的发展经历了低级的个性化服务到大规模营销再到现今网络上真正的高级个性化营销三个阶段。

（二）网络顾客的服务策略

在前面我们已谈到了目前顾客需要的是一种互动性的、能够体现个性化的服务。而网络顾客服务的最大优势就是其能够与客户建立起持久的“一对一”的服务关系，其服务策略的思路可用图 5-8 所示的过程来表示。

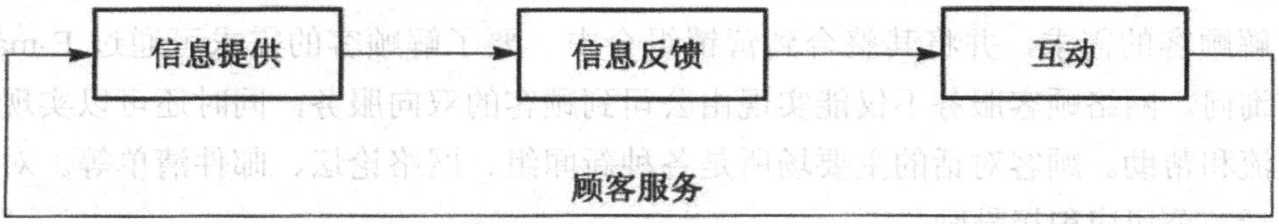

图 5-8 网络顾客“一对一”的服务策略思路

1. 信息提供

对于任何一个成功的网上商务活动来讲，资料收集都是至关重要的环节，有关访问者和顾客行为的资料更是分析投资收益的基础。不过，顾客的经验也会随着资料的增加而增加。随着时间的推移，网上商务活动相互影响的程度也在不断提高。这个过程促使企业不断提高为客户服务的价值，并且优化同每个顾客的关系。这个过程是渐进的，因而有时被称为渐进的个性化服务。

渐进个性化服务是通过收集外在和内在的资料而实现的。外在的资料指通过调查、表单、注册等渠道获得的顾客信息，虽然是一些很有用的数据，但并不总是可靠的。而且，如果有更方便有效的方法，谁也不愿意总是让顾客来填写各种表单或调查表。内在资料是在后端收集的数据，如通过广告和网站所记录的顾客行为等信息，使用数据分析工具（在不涉及个人隐私的前提下），就能发现哪一种类型的顾客通过哪种途径到达并浏览网站。

2. 信息反馈

网络时代使信息渠道变得畅通无阻，信息的反馈也变得更加及时、准确。经常被采用的传递信息的手段是 E-mail。E-mail 是企业与网络顾客之间双向互动的根本，它是实现企业与顾客对话的双向走廊。E-mail 的最大特点是及时、全天候。E-mail 与电话相比，还有一个特征需要注意：在电话中，我们可以根据对方的语气判断他的承诺兑现的概率大小，比如对方承诺“三天内解决你的问题”时语气很含糊、犹豫，那么，你在第四天得不到答复就不以为怪，因为你知道对方并没有确定的把握。但如果你在 E-mail 中承诺“三天解决”，就一定要在这个时间内解决，否则顾客就会抱怨你不守信用，因为 E-mail 采用文字表达方式，无法揣测语气。

利用 E-mail 对信息进行反馈管理的方法还有如下几种。

①E-mail 分类管理。比较流行的分法是按部门分，即销售部门、客户服务部门、公关部门、人力资源部、财务部五类 E-mail。在所有的 E-mail 都发送到同一个地址的情况下，对 E-mail 的管理需要由专人负责。另一类管理方法是提供各部门的 E-mail 地址，顾客根据自己的问题将它发至相应的部门。

②E-mail 自动应答器。自动应答器给 E-mail 发出者回复一封预先设置好的信件，这样做的目的是让发出者放心，E-mail 已收悉，并引起了公司的关注。

③利用 E-mail 与顾客建立主动的服务关系。其内容包括两个方面。一方面，主动向顾客提供公司的最新信息以及获得顾客需求的反馈，将其整合到设计、生产、销售系统中。公司的老主顾需要了解公司的最新动态，如公司新闻、产品促销、产品升级等，公司可将这些信息及时、主动地以新闻信札的形式发给需要这类信息的顾客。另一方面，公司应了解顾客的需求，并将其整合到营销组合中。要了解顾客的需求可通过 E-mail 直接向顾客询问。网络顾客服务不仅能实现由公司到顾客的双向服务，同时还可以实现顾客之间的交流和帮助。顾客对话的主要场所是各种新闻组、网络论坛、邮件清单等。对顾客之间的谈话，公司应积极鼓励。

3. 顾客关系管理

现代企业在激烈的竞争环境下已越来越意识到与顾客之间建立起坚固的纽带对企业长期发展的重要性。为了使电子商务网站能够与顾客长期保持友好关系，顾客关系的管理就显得十分重要了。

顾客关系管理包含两层基本概念，即顾客关系和管理。

为了正确地管理顾客关系，首先需要定义顾客关系。一些电子商务网站声称，顾客就是上帝或者顾客就是国王。作为顾客来说，受到这种礼遇当然很自豪，但是在现实中，网络公司常常用“顾客忠诚度”来定义顾客关系。激烈的竞争，使得吸引新顾客的成本变得高昂，因此，如何留住老顾客就成了这些网络公司的主要营销目标。为了留住老顾客，电子商务网站需要真正了解顾客的需要，也需要提供高质量的产品或服务，同时还需要尊重个人隐私。只有为顾客提供更多的利益而不是从他们身上得到额外的利益，才能使顾客的访问率不断提高。

第五节　网络广告

常用的网络广告形式有旗帜广告、电子邮件广告、电子杂志广告、公告栏广告、新闻组广告，企业应能根据商务要求选择合适的网络广告形式。

一、旗帜广告

（一）旗帜广告形式

旗帜广告是最常见的网络广告形式。其宽度一般在 400～600 个像素之间（8.44～12.66 厘米），高度在 80～100 个像素之间（1.69～2.11 厘米），以 GIF、JPG 等格式建立图像文件，放置在网页中（见图 5-9）。

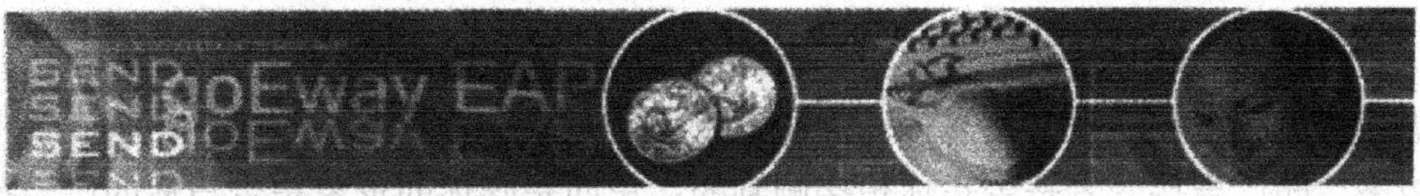

图 5-9 旗帜广告

目前旗帜广告已发展有以下几种形式。

1. Button 按钮广告

常用的按钮式广告尺寸有四种：125×125 像素（方形按钮）、120×90 像素、120×60 像素、88×31 像素，尺寸偏小，表现手法较简单（见图 5-10）。

120×60 像素 Button 按钮广告　　88×31 像素 Button 按钮广告

图 5-10 Button 按钮广告

2. 文本广告

文本广告以文本形式放置在网页最显眼的地方，长度通常为 10～20 个中文字，内容多为一些吸引人的标题，然后链接到指定页面（见图 5-11）。

图 5-11 文本广告

3. 插页广告

插页广告又称弹出式广告，广告主选择在自己喜欢的网站或栏目的适合位置插入一个新窗口显示广告内容（见图 5-12）。

图 5-12　插页广告

（二）旗帜广告投放要考虑的因素

旗帜广告的媒体选择与传统广告的媒体选择基本类似，第一要考虑广告费用；第二要考虑广告的收益，如广告发布后增加访问量，是否增加了销售收入等；第三次要考虑广告的效率，即广告接受者是否是你想接触到的；第四是媒体的形象是否与你的广告推广形象吻合；另外，还要考虑媒体能否给你详细的广告效果统计分析数据，这是网络媒体与传统媒体的最大区别所在。

（三）旗帜广告的投放条件

投放旗帜广告的首选站点是导航网站。好的导航网站能够将成百上千从来没有访问过你的站点的网民吸引过来。导航网站为客户提供了很多旗帜广告的展位，首页自然是最好的，但也是最贵的。在导航网站中还有很多按照主题划分的类，每次检索，数据库还会根据关键词动态地组合生成检索结果的主页，在这些不同层次的主页中都可以设置旗帜广告，这些位置并不见得就比首页差，因为与你的广告内容相近的网民才是你最想吸引的。

在导航网站中投放旗帜广告，网民覆盖面广、数量大，但也应看到，其中的很多浏览者不是你的目标客户。

另外，可以选择有明确浏览者定位的站点。这种站点的浏览者数量可能较少，覆盖面也会比较窄，只要这些浏览者是你需要的，他们就是你的有效宣传对象。从这个角度看，有明确浏览者定位的站点的有效浏览量可能并不比导航网站少。选择这样的站点放置旗帜广告，如果获得很多有效点击，说明你的选择是经济有效的。

当然，为了更好地确定投放旗帜广告的站点，企业还可以向已经在这些站点上设置旗帜广告的单位咨询，这些单位往往能够提供一个比较客观、准确的评价。

在广告的创意上，必须对旗帜广告所链接的目标站点内容有通盘的了解，找出目标站点最吸引访问者的地方，将其转换为旗帜广告设计时的卖点，不要夸大目标网页，否则上过一次当的访客是很难有勇气再次点击这个旗帜广告。

在“卖点”的设计上，企业应注意与广告站点内容的相关性，以使点击率能够提高。比如，一家高尔夫俱乐部的旗帜广告，如果出现在体育站点，则应该强调高尔夫球是健身娱乐的理想运动项目，而如果出现在金融信息站点时，则应该强调高尔夫俱乐部是身份与地位的象征。

文案有许多具有冲击力的词汇，但仅有冲击力是不够的。旗帜广告的文字不能太多，一般都用一句话来表达，配合的图形也无须太繁杂，文字尽量使用黑体等粗壮的字体，否则在视觉上很容易被网页其他内容淹没。

（四）旗帜广告发布技巧

选择旗帜广告服务提供商时主要应当考虑五个方面的要素，包括服务提供商提供的信息服务种类和用户服务支持、服务提供商的设备条件和技术力量配备、服务提供商的通信出口速率、服务提供商的组织背景，以及服务提供商的收费标准。同时要考虑不同网站发布旗帜广告的效果和费用。

1. 服务提供商的信息服务种类和用户服务支持

互联网上信息服务的种类很多，但是，往往在收费类似的情况下，不同的信息服务商提供的服务种类是不同的。一般来说，要选择的站点应该是信息量比较大，信息的准确性比较高，信息还能定期更新和补充，栏目设置条理清晰而且丰富，栏目中的文字简洁、主题鲜明、重点突出，主页设计与制作比较精良。另外，要看这些站点发布信息所使用的语言。目前国内站点常用的语言仅有中文，而台湾地区站点大都有简体中文和繁体中文，海外站点大都是英文。也有的站点同时提供这三种语言的版本。有些信息服务商除了提供常规的互联网信息服务之外，还提供一系列专门的信息服务，如经济信息查询、在线商场、股市信息、法律咨询、人才交流等，这些服务的存在使站点浏览人数大大增加。在这样的站点上刊登旗帜广告效果较好。

2. 服务提供商的设备条件和技术力量配备

设备条件关系到旗帜广告服务提供商所提供的服务是否可靠，是否能够经常更换网页内容，是否可以保证一天 24 小时、一年 365 天不间断地播出广告的问题。企业应当优先考虑那些技术先进、信用可靠和拥有高度可扩展设备的旗帜广告服务提供商。

3. 服务提供商的组织背景

旗帜广告服务提供商的背景也很重要。这个旗帜广告服务提供商已经经营了多长时间，是否具有长期经营的能力，注册资本是否雄厚，经营状况如何，等等。应当注意的是，国家对于互联网旗帜广告服务是有严格规定的。一个旗帜广告服务提供商必须申请到经过国务院批准的互联网接入代理许可证，并且持有国家邮电部门核发的放开电信经营许可证（含计算机信息服务、电子邮件服务等），才可以面向社会提供互联网旗帜广告服务。

4. 服务提供商的收费标准

旗帜广告的收费没有统一的标准，它是由多个因素构成的。不同的旗帜广告服务商的知名度不同，其价格相差很大，宣传效果又各有千秋，需要企业认真地进行比较后再做选择。

二、电子邮件广告

电子邮件又称邮件列表广告，是其利用网站电子刊物服务中的电子邮件列表，将广告加在读者所订阅的刊物中发放给相应的邮箱所属人。

正确利用 E-mail 进行广告活动，需要注意以下问题。

①正确使用电子邮件的签名。电子邮件的签名经常会被人们忽略，但它的确可以起到非常突出的广告作用。请看下面的一个例子：

Sincerely（感谢词）；

Simth（落款）；

VanlongTechnical Co.，Ltd.（公司名称）；

http：//www.it.com.cn（公司 Web 地址）；

smith@it.com.cn（E-mail 地址）。

在这个简短的六行签名栏中包含了公司名称、网址、电子邮件地址、口号及简单的描述，这是非常重要的。它不仅完成了签名的功能，还起到了宣传的效果。

②正确书写邮件的内容。邮件的“主题”一定要鲜明，能说清楚邮件的大意，以吸引收信者阅读，避免被当作垃圾邮件删除。比如，给一位希望购房的客户发电子邮件广告，可以在“主题”中直接写“两居室，5800 元一平方米”。在写邮件时要注意语气亲切，对有可能收到的不太礼貌的回信，要平心静气地回信，对收到的客户提问的邮件，要迅速答复。邮件的内容也要尽量简短，以免耽误客户太多时间。

③选择正确的发信方式。为了提高效率，减少读者的麻烦，每份 E-mail 要反复测试；不要向未经过分析和过滤的地址发送电子邮件，一定要明确地知道自己在给谁发信，否则不但效率低下，而且容易被列入黑名单。同时给众多客户发信，一般应采取“暗送”方式，让客户不会收到一大堆电子邮件地址，也不知道除了他自己外，你还给别的什么人发了信。如果发的是一封采购广告信，希望客户间彼此竞价，则可适当采取“转发”的方式。

④让客户主动索取广告。通过为客户提供一定的免费服务来发送邮件广告。比如，为客户提供免费的电子信箱、免费的电子杂志，把广告附于客户希望得到的信息之后，让客户在阅读自己希望得到的信息的同时，阅读你的广告。或通过各种媒体宣传，让感兴趣的客户向你索取更多的资料。

⑤群发邮件。群发邮件集中发送了大量的电子邮件。许多人都认为群发邮件是一种不好的行为，但是，群发邮件的确是一种非常方便、廉价并且有效的行销手段。这是因为现在每一个上网的人都至少有一个电子邮件地址。而最简单的证实方法是在一周内通过群发邮件检验这种行销方式是否可行。

三、电子杂志广告

电子杂志有着内容和信誉的充分保障，由专业人员精心编辑制作，具有很强的时效性、可读性和交互性，而且还不受地域和时间限制，无论客户在全球的任何地方，电子杂志都可以带给客户最新最全的信息。电子杂志是由网民根据兴趣与需要主动订阅的，所以此类广告更能准确有效地面向潜在客户。此外，电子杂志的形式还非常适合中国的网络状况，它可以让订户不必花费很多时间就可以获得大量的中文优质信息。所以电子杂志已经得到了越来越多网民的接受和认同。在上面投放广告，不仅费用比旗帜广告便宜得多，而且效果也非常显著，能够在很短的时间内将客户的网站推广到全球各个角落。

四、公告栏广告

根据发布信息的限制，公告栏分为两种：一种是只有会员才能发布信息，另一种则无此限制，而且会员注册一般也是免费的。

公告栏广告发布的步骤如下。

①根据广告信息的主题选择讨论组。

②阅读组中的文章，看一看当前存在着哪些话题，哪些话题参与的人多。

③查看有没有与要发布的广告信息类似的文章存在。如果有，他们是怎样写的，有没有人对其评论，参与人的数量如何。

④起草自己的广告。

⑤发布。

⑥定期跟踪，查看自己的广告是否存在，有没有人响应，是否引起某些人的敌意和反感等。

⑦根据反馈和效果，修改广告的内容和形式，在适当的时候再次发布。

公告栏广告发布技巧如下。

①写一个好标题。由于公告栏上广告极多，浏览者都是先看标题，感兴趣才看详细内容，因此，如何以一个短短的标题来吸引浏览者的注意极为重要。

②对于内容部分，则要简明扼要，但不要过于琐碎，否则别人是没有耐心看的；最好用主页或自动回复邮件配合，为客户提供进一步说明。

③在相关的类别、地点发布广告。除非广告内容涉及所有类别，否则只在相关类别发布广告，这既是出于网络道德的考虑，也提高了发布广告的反馈率。同时，也要注意公告栏的地域性。比如，某公告栏来自美国的访问者较多，那么，在此发布面向美国市场的广告就比较有效。

④留下可靠的联系方式，一般是 E-mail 地址或者手机号码，留下姓名，或者是企业地址。

⑤注意发布频率。由于一般公告栏均以发布时间先后排列信息，当比你后发布的信息达到一定数量时，你的信息在第一页上就看不见了。为了突出信息，就要多次发布广告，但为了避免浏览者厌烦，也不要过于频繁，而且每次发布时，广告标题、内容最好略有调整。

五、新闻组广告

（一）新闻组广告发布规则

新闻组自诞生就有一些约定俗成的规则，这些规则维持着新闻组的秩序。其中的一条就是：在讨论组中发布商业广告是不受欢迎的。如果任其自由泛滥，新闻组就会失去参与者，新闻组也就名存实亡了。另外，在讨论组中发布信息要短小精悍，主题要鲜明且与讨论组的主题相符，要相互尊重、互通有无等。

在新闻组中发布广告的步骤与在公告栏中发布广告基本相同。所不同的是在新闻组中发布广告需要根据广告信息的主题选择讨论组。

可以在某个组中单独挑起一个话题。定义的话题要具有一定的吸引力，如果话题得不到别人的响应，广告目的也很难达到。定义话题是一项艰巨的工作，需要认真思考。也可以尝试使用商场上“托”的技巧，联合一些人共同营造一种氛围，以求吸引预定的受众对象加入进来。也可以选中一个话题，巧妙地插入。即如果某个话题正好与你有关，你就可以马上介入进去，发表自己的观点，同时将自己的广告信息有机而巧妙地融入其中。选用这种方式的效果一般会好于第一种，特别是话题的参与人数较多、讨论比较激烈的时候。

（二）新闻组中发布信息的技巧

①经常地在选定的新闻组中张贴消息或回复别人张贴的消息。通过活跃于新闻组中并经常张贴一些消息及回复别人提出的问题，不仅可以在发出的消息中加入一些产品或服务宣传信息，还能在这些组中留下一个非常专业的形象。

②张贴一些能为观看者提供有价值信息的文章。在新闻组中张贴含有一定信息量的文章可以最快获得营销的效果。即在适当的新闻组中张贴一些有关个人的产品或服务的文章，但这些文章必须包含有价值的信息，这样，当人们看到你的文章时，不仅了解了你的产品或服务，并且还从中得到了新的知识，从而又对产品或服务产生信任。

③网站升级通知。当在网站上增加了一些新的内容时，如增加了一些新的文章、新的服务内容等，应该在新闻组中发布通知，让那些感兴趣的观众访问你的文章，从而扩大销售。

④在新闻组中发布网站，并请求别人提出意见。这是一个小小的花招，即在相关的新闻组中发布网站信息，并邀请他人访问，然后提出意见。

⑤明确的广告警示内容。在新闻组中直接进行广告宣传是不合适的，并且会引起别人的强烈反感。但是，在张贴的文章的最前面加上一条警示还是可以宣传的。

【案例分析】

亚马逊书店的商业战略

亚马逊书店是世界上销售量最大的书店。它可以提供310万种图书目录，比全球任何一家书店的存书要多15倍以上。而实现这一切既不需要庞大的建筑，又不需要众多的工作人员，亚马逊书店的1600名员工人均销售额37.5万美元，比全球最大的拥有2.7万名员工的邦诺（Bames&Noble）图书公司要高3倍以上。这一切的实现，电子商务在其中所起的作用十分关键。

亚马逊书店的商业活动主要表现为营销活动和服务活动。它工作的中心就是要吸引顾客购买它的商品，同时树立企业良好的形象。

亚马逊书店的商业战略如下。

一、经营销售

亚马逊书店的营销活动在其网页中体现得最为充分。亚马逊书店在营销方面的投入也令人注目：亚马逊书店每收入1美元就要拿出24美分搞营销、拉顾客，而传统的零售商店则仅花4美分就够了。

亚马逊书店的营销策略主要有以下三点。

（一）产品策略

亚马逊书店相据所售商品的种类不同，将其分为三大类：书籍、音乐和影视产品，每一类都设置了专门的页面，同时，在各个页面中也很容易看到其他几个页面的内容和消息，它将书店中不同的商品进行分类，并对不同的电子商品实行不同的营销对策和促销手段。

（二）定价策略

亚马逊书店采用了折扣价格策略。所谓折扣策略是指企业为了刺激消费者购买，在商品原价格上给以一定的回扣。它通过扩大销量来弥补折扣费用和增加利润。亚马逊书店对大多数商品都给予了相当大的折扣。

（三）促销策略

常见的促销方式，也就是企业和顾客以及公众沟通的工具主要有四种，即广告、人员推销、公共关系和营业推广。在亚马逊书店的网页中，除了人员推销外，其余部分都有体现。

逛书店的享受并不一定在于是否有足够的钱来买想要的书，而在于挑选书的过程。手里捧着书，看着精美的封面，读着简介往往是购书的一大乐趣。在亚马逊书店的主页上，除了不能直接捧到书外，这种乐趣并不会减少。精美的多媒体图片，明了的内容简介和权威人士的书评都可以使人有身临其境的感觉。

主页上广告的位置也很合理，首先是当天的最佳书，而后是最近的畅销书介绍，还有读书俱乐部的推荐书，以及著名作者的近期书籍等。不仅在亚马逊书店的网页上有大量的多媒体广告，而且在其他相关网络站点上也经常可以看到它的广告。

该书店的广告还有一大特点就在于其动态实时性。每天都更换的广告版面使得顾客能够了解到最新的出版物和最权威的评论。不但广告每天更换，还可以在最新 100 条热点信息栏目中读到每小时都在更换的消息。

亚马逊书店千方百计地推销自己的网点，不断寻求合作伙伴。由于有许多合作伙伴和中间商，从而使得顾客进入其网点的方便程度和购物机会都大大增加，它甚至慷慨地做出了如下的承诺：

只要你成为亚马逊书店的合作伙伴，那么由贵网点售出的书，不管是否达到一定的配额，亚马逊书店将支付给你 15% 的介绍费。

亚马逊书店专门设置了一个“礼品”（gift）页面，为大人和小孩都准备了各式各样的礼物。这实际上是促销策略中的营业推广活动。它通过向各个年龄层的顾客提供购物券或者精美小礼品的方法吸引顾客长期购买本商店的商品。另外，亚马逊书店还为长期购买其商品的顾客给予优惠，这也是一种营业推广的措施。

亚马逊书店专门的礼品页面，为网上购物的顾客提供小礼品。这既属于一种营业推广活动，也属于一种公共关系活动；再有，就是做好企业和公众之间的信息沟通，亚马逊虚心听取、搜集客户以及有关中间商对本企业和其商品、服务的建议，公司还专门为首次进该书店的顾客提供一个页面，为顾客提供使用帮助，帮助顾客尽快熟悉，这也是一种搞好公共关系的方法。

二、售前售后服务

（一）搜索引擎

一家书店，如果将其所有书籍和音像产品都一一列出，是没有必要而且对用户来说也是很不方便的。因此，设置搜索引擎和导航以方便用户的购买就成为书店的一项必不可少的技术措施。在这一点上，亚马逊书店的主页就做得很不错，它提供了各种各样的全方位的搜索方式，有对书名的搜索、对主题的搜索、对关键字的搜索和对作者的搜索，同时还提供了一系列的如畅销书目、得奖音乐、最卖座的影片等的导航，而且在书店的任何一个页面中都提供了这样的搜索装置，方便用户进行搜索，引导用户进行选购。这实际上也是一种技术服务，归结为售前服务中的一种。

（二）顾客的技术问题解答

除了搜索服务之外，书店还提供了对顾客的常见技术问题的解答这项服务。例如，公司专门提供了一个 FAQ 页面，回答用户经常提出的一些问题。例如，如何进行网上电子支付？对于运输费用顾客需要支付多少？如何订购脱销书？等等。而且，如果你个人有特殊问题，公司还会专门为你解答。

（三）用户反馈

亚马逊书店的网点提供了电子邮件、调查表等获取用户对其商务站点的反馈。用户反馈既是售后服务，也是经营销售中的市场分析和预测的依据。电子邮件中往往有顾客对商品的意见和建议。书店一方面解决用户的意见，这实际上是一种售后服务活动；另一方面，也可以从电子邮件中获取大量有用的市场信息，常常可以作为指导今后公司各项经营策略的基础，这实际上是一种市场分析和预测活动。另外，它也经常邀请用户在网上填写一些调查表，并用一些免费软件、礼品或是某项服务来鼓励用户发来反馈的电子邮件。

（四）读者论坛

亚马逊书店的网点还提供了一个类似于 BBS 的读者论坛，这个服务项目的作用是很大的。企业商务站点中开设读者论坛的主要目的是吸引客户了解市场动态和引导消费市场。在读者论坛中可以开展热门话题讨论。以一些热门话题，吸引读者。同时，可以开办网上俱乐部，通过俱乐部稳定原有的客户群，吸引新的客户群。通过对公众话题和兴趣的分析把握市场需求动向，从而经销用户感兴趣的书籍和音像产品。

【案例讨论】

借鉴亚马逊书店的成功经验对我国网上书店（如当当书店）经营销售策略进行策划。

第六章　网络交易与网上银行

第一节　网络交易

一、网络交易概述

（一）网络交易的概念

1. 网络交易的定义

网络交易是指买卖双方利用互联网进行的商品或服务的交易。常见的网络交易主要有：企业间交易、企业和消费者间交易、个人间交易及企业和政府间的交易等。

2. 网络交易的参与方

网络交易参与方包括网络交易的交易方（即买方和卖方）和网络交易服务的提供者。

3. 网络交易应该注意的问题

①认识网络交易的特点。
②了解交易对方的真实身份。
③注意支付安全。
④保存网络交易记录。

（二）网络交易的操作流程

网络交易的操作流程一般可以分为以下六个步骤。

1. 用户注册

网络消费者在第一次访问所选定的网上商店进行购物时，先要在该网上商店注册姓名、地址、电话、E-mail 等必要的用户信息，以便网上商店进行相关的操作。

2. 浏览产品

网络消费者通过网上商店提供的多种搜索方式，如产品组合、关键字、产品分类、产品品牌查询等对商店经营的商品进行查询和浏览。

3. 选购产品

网络消费者按喜欢或习惯的搜索方式找到所需的商品后，可以浏览该商品的使用性能、市场参考价格等商品简介，以及本人在该店的购物积分等各项信息。点击“购买”按钮，即可将商品放入购物车。此时消费者可在购物车中看到自己选购的商品。在确定采购之前，消费者可在购物车中查看、修改选购的商品。

4. 订购产品

有些网站提供商品订购功能，如果消费者在网站上未找到所需的商品，可以进入求购申请页面，填写所欲求购产品的详细信息然后按“确认”按钮，求购信息就自动输入系统中，在同一时间内传递到相关业务部门，部门工作人员将全力以赴组货并及时将信息反馈给用户。

5. 送货上门

网上购物者在确定所需购买的商品后，即可在“我的购物车”中选择“我要结账”项，并在显示的页面中详细填写自己的有关信息。当商店在确定了用户所订购的商品后就开具购物发票，并在用户所希望的时间内送货上门。

6. 货到付款

货到付款是众多网上购物的付款方式之一，目前应用较为普遍。网上商店要求客户在收到货物及发票后进行付款，并由配送人员带回客户的意见。

二、电子合同

（一）电子合同的概念

合同，亦称契约。《中华人民共和国合同法》（以下简称《合同法》）第2条规定：“合同是平等主体的自然人、法人、其他组织之间设立、变更、终止民事权利义务关系的协议。”合同反映了双方或多方意思表示一致的法律行为。现阶段，合同已经成为保障市场经济正常运行的重要手段。

合同形式主要有两种，口头形式和书面形式。口头形式是指当事人采用口头或电话等直接表达的方式达成的协议。书面形式是指合同书、信件和数据电文（包括电报、电传、传真、电子数据交换和电子邮件）等可以有形地表现所载内容的形式。

电子合同是通过计算机网络系统订立的、以数据电文的方式生成、储存或传递的合同。

这里，“数据电文”系指经由电子手段、光学手段或类似手段生成、储存或传递的信息，数据电文包括但不限于电子数据交换（EDI）、电子邮件、电报或传真所传递的信息。

（二）电子合同与传统合同的区别

在电子商务中，合同的意义和作用没有发生改变，但其形式却发生了极大的变化。

①合同订立的环境不同。传统合同发生在现实世界里，交易双方可以面对面地协商，而电子合同发生在虚拟空间中，交易双方一般互不见面，在电子自动交易中，甚至不能确定交易相对人。他们的身份依靠密码的辨认或认证机构的认证。

②合同订立的各环节发生了变化。要约与承诺的发出和收到的时间较传统合同复杂，合同成立和生效的构成条件也有所不同。

③合同的形式发生了变化。电子合同所载信息是数据电文，不存在原件与复印件的区分，无法用传统的方式进行签名和盖章。

④合同当事人的权利和义务有所不同。在电子合同中，既存在由合同内容所决定的实体权利义务关系，又存在由特殊合同形式产生的形式上的权利义务关系，如数字签名法律关系。在实体权利义务法律关系中，某些在传统合同中不被重视的权利义务在电子合同里显得十分重要，如信息披露义务、保护隐私权义务等。

⑤电子合同的履行和支付较传统合同复杂。

⑥电子合同形式上的变化对与合同密切相关的法律产生了重大影响，如知识产权法律、证据法。

电子合同形式的变化，给世界各国都带来了一系列法律新问题。电子商务作为一种新的贸易形式，与现存的合同法发生矛盾是非常容易理解的事情。但对于法律法规来说，就有一个怎样修改并发展现存合同法，以适应新的贸易形式的问题。

（三）电子合同的分类

电子合同的分类目的在于，通过分类来掌握一类合同的共同特征，以更好地进行研究和指导实践。电子合同作为一种民商事合同，自然可以按传统合同的分类标准来划分。然而，它又是一种特殊形式的合同，具有自己的特殊性，可以按照自身的特点加以分类。

1. 信息产品合同与非信息产品合同

根据标的的不同，合同可分为货物贸易合同、服务贸易合同及知识产权贸易合同三大类。电子商务包括了传统商务的电子化，如在线进行货物买卖，在线信息服务等，这类电子合同的标的与传统合同的标的并无二致。但同时电子商务也产生了一类新的合同，即信息产品合同。

所谓信息产品，是指可以被数字化并通过网络来传播的商品。例如，我们在网上花店为朋友定购一束花，如果我们要求网上花店在指定的时间将鲜花送给这位朋友，这是一个实务产品的买卖合同，其标的就是一束现实的鲜花；如果我们定购的是一束数字化的花，要求花店按时送给那位朋友，此时标的并非是鲜花，可以说，我们买的商品是一串特定的电子数据，实际上它就是信息产品。与此类似，软件、数据库、书刊、音像等可以在线传播的都是信息产品。

因此，我们可以把电子合同的标的分为两类，一类是信息产品，另一类是非信息产品，从而产生信息产品合同与非信息产品合同。

2. 有形信息产品合同与无形信息产品合同

在信息产品合同中，根据数字化的信息否具有实体形式，可将其分为有形信息产品合同与无形信息产品合同。数字化信息附着在有形载体上，如附着在音乐碟片、软件光盘上，可以称为有形信息产品。此类产品可以在网上订立和付款，但不能从网上下载，必须有现实的产品交付。此类购买合同可称为有形信息产品合同。数字化信息保持数字形式通过网络进行传播，购买方可以直接从网上下载，这类信息产品可称为无形信息产品。此类购买合同可称为无形信息产品合同，即从合同的订立到履行都在网上进行。

区分这两类合同的意义在于合同的履行方式不同。有形信息产品的交付可以根据《合同法》的有关规定执行，而无形信息产品在履行的时间、风险的承担、检验、退货等方面有其特殊性。

3. 信息许可使用合同与信息服务合同

根据合同标的性质的不同，可将电子合同分为信息许可使用合同与信息访问合同。信息许可使用合同是指以转移信息产品的使用权为标的的合同，如音乐、软件的所有权人许可他人下载，在离线后仍可使用；信息服务合同是指以提供信息服务为标的的合同，如信息访问、认证服务、交易平台服务等。

第二节　电子货币

一、电子代币

（一）电子代币的概念

电子代币是由银行或金融机构支持的一种数字结算方式，可分为先付代币（实时代币）和后付代币。它所利用的是一些新的金融工具，如电子现金、电子货币和电子支票。

先付代币（实时代币）是在卖方和买方之间交换的，用户要预先支付一定金额的购买代币，交易是通过电子货币的交换进行结算的。先付代币结算机制包括电子现金、借记卡和存放电子货币的电子钱包。

后付代币的使用取决于买卖双方交换的资金转账指令。它包括电子支票、加密信用卡和第三方授权机制（如在线中介）。

（二）电子代币的评价标准

评价各种基于代币的电子结算需注意以下几点。

1. 某种电子代币适用于哪种交易

有些代币是为小额结算特别设计的，有些是为了结算某些特定的交易，还有些则是用于一般性的交易。关键是根据交易参与各方、交易金额和购买过程来选择适用的电子代币。

2. 使用什么结算手段

电子代币必须有现金、银行本票、信用卡或电汇作为支撑。结算手段在交易速度、风险和成本上各有优缺点，多数交易采用信用卡结算，但有些则使用其他有偿代币。各种代币的流动性、税费、风险和准备金都不相同。

3.结算系统的安全、匿名和认证方法是什么

各种电子代币在保护交易的隐私性和保密性方面具有不同的措施。加密可实现认证、不可否认性和信息的保密性。

4.代币的风险

银行的破产可能使代币变得一文不值；如果系统在智能卡中储存了资金，消费者就会冒着持有静态资产的风险；电子代币会受到贬值或汇率变动等的不利影响。如果发货和收款之间间隔的时间很长，卖方就要面临买方不结算的风险；如果付款和收货之间的时间间隔很长，买方就要面临卖方不发货的风险。

二、电子现金

（一）电子现金的概念

电子现金也称数字现金，它不仅具有数字化带来的便利性，而且具有纸制现金不具有的安全性和隐私性。电子现金的发行和结算可采用电子钱包、智能卡或专用的电子辅币。其中，电子辅币是由可信的第三方组织所发行的电子现金。

（二）电子现金系统的特性

电子现金系统的特性有以下几条。

1.货币价值

电子现金必须具备货币价值，它必须得到现金（货币）、银行认可的信用或银行承认的本票的支撑。若一家银行创造的电子现金能被其他银行接受，那么银行间必须能够毫无障碍地进行对账。若没有银行的支撑，电子现金就有可能因为所代表的现实资金不足而被退回。

2.可交换性

电子现金必须具有可交换性。作为一种结算方式，它必须能够交换成其他电子现金、纸币现金、商品或服务、银行账户的存款、债券等。电子现金需要依附于某家银行。实际上不可能所有的顾客都通过同一家银行结算，买卖双方甚至不在同一个国家里，故为让电子现金能得到广泛使用，多家银行就必须使用同一种数据现金。

3.可储存查询性

电子现金必须可储存和检索。远程储存和检索（如通过电话）允许用户从家里、办公室或旅途中交换电子现金。电子现金可以存储在远程计算机、智能卡或其他易于转换的标准或专用设备上。因为在计算机中创建和存储伪造的数字现金很容易，因此最好把电子现金存储在一个不可变更的专用设备中。这个设备应该具有适当的界面，可以通过口令或其他方式来鉴别使用者的身份，还要有一个显示器来显示相关内容。

4. 安全性

电子现金必须是安全的，其不能被轻易地复制或篡改。电子现金和实际通货都必须只能支付一次。电子现金不像纸币那样是一个实物，甲支付给乙以后甲就不再拥有。电子现金由于只是一些账号和密码，本身具有无形性，所以要设法防止同一笔电子现金的复制和双重使用。人们必须保证支付出去的电子现金所代表的实际通货只属于某一个人。买卖双方在使用电子现金时都能避免暴露自己的身份（要有合法理由）。匿名性也防止了销售者收集有关个人或组织的消费习惯的信息。

5. 独立性

独立性是指它和任何网络或存储设备无关。也就是说，如果电子现金依赖于专用的存放电子货币的存储机制，电子现金就不是真正的自由通货。电子现金必须能自由穿越国界并自动转换成接收国的通货。

6. 便携性

电子现金的便携性意味着要能在买卖双方之间自由转账。相反，信用卡就不具备这一特性。在使用信用卡的交易中，接收方必须在银行建立账户，而电子现金则不需要这个前提条件。

7. 可分解性

该特性是电子现金同现实通货的一个重要区别，其可分解性决定支付单位的大小。电子现金的不同单位和其真实价值都能独立于现实现金进行定义。例如，电子现金交易的各方可达成协议，规定电子现金的最小单位是 1 元，下一单位为 2 元，以此类推。这些单位可由双方决定，不受现实现金体系的限制。

8. 方便性

电子现金最重要的特点是它的方便性。如果电子现金要求特殊的软、硬件或使用经验而不便于人们使用，那么它就不可能得到广泛的应用。

（三）电子现金的在线存储和离线存储

在线现金存储意味着消费者不需要自己拥有电子现金，而是由一个可信赖的第三方（如电子银行）参与到所有的电子现金转账过程中，它们持有消费者的现金账号。在线现金系统要求商家先同消费者的开户银行联系，然后再接受消费者的购买请求，可确定消费者提供的电子现金是否有效而防止欺诈的发生。

离线现金存储是在消费者自己的钱包里保存虚拟货币，由消费者自己持有货币，不需要可信的第三方参与交易。

总之，电子现金的优点是更方便、成本更低、没有距离问题、人人都可使用。电子现金的工作原理是：消费者到银行开户，并提供证明身份的证件。当使用电子现金消费时，消费者通过互联网访问银行并提供身份证明（CA 颁发的数字证书）。银行确认身份后发给消费者一定数量的电子现金，并从消费者的账户上减去相同金额。消费者将电子现金存在自己的计算机的电子钱包或智能卡上。消费者找到接收电子现金的商务网站，然后花费电子现金。商家验证电子现金（检查是否伪造、是否属于该消费者）。当商品送达消费者时，商家才能将电子现金交给发行银行，最后，银行将此金额加入商家的账户中。

三、电子钱包

电子钱包要解决消费者每次购物都重复输入送货地址和结算信息的问题。电子钱包的功能和实际钱包一样，可存放信用卡、电子现金、所有者的身份证书、所有者地址以及在电子商务网站的收款台上所需的其他信息。电子钱包提高了购物的效率。消费者选好商品后，只要点击自己的钱包就能完成付款过程，大大加速了购物的过程。

常见的电子钱包有以下几种。

（一）Agile Wallet

Agile Wallet 可处理消费者结算和购物信息，提供快速和安全交易。消费者第一次用 Agile Wallet 购物时需要输入姓名、地址和信用卡数据。这些信息会被安全地存储在 Agile Wallet 服务器上。以后访问支持 Agile Wallet 的商家网站时，在商家的结算页面上会弹出有顾客购物信息的 Agile Wallet 框。消费者验证了框内信息的正确性后，用鼠标点击一次就可完成购物交易。消费者还可将新的信用卡和借记卡信息加入受保护的个人信息中。

（二）eWallet

eWallet 是免费的钱包软件，用户可下载并安装到自己计算机上。eWallet 将顾客个人信息和结算信息存在钱包里，甚至还专门为用户留出放照片的地方（就像真正的钱包一样）。购物完成时，只需点击图标并输入口令，然后从 eWallet 中选定信用卡并拖到结账表中，eWallet 就能把用户在安装软件时所提供的个人信息填写到表中。为保护用户的个人信息，eWallet 还有加密和口令保护措施。

（三）Microsoft Wallet

Microsoft Wallet 是微软公司为钱包的标准化而推出的。用户输入 Microsoft Wallet 里的所有个人信息都经过加密并用口令进行保护。新版本还能同电子现金系统、网络银行账户及其他结算模式交互。目前它支持运通卡、Discover 卡、万事达卡和 Visa 卡。

Microsoft Wallet 的使用方法是：当用户在支持 Microsoft Wallet 的网站上选好商品后，切换到电子结账台时，网站的软件会询问用户是自己输入信息还是让 Microsoft Wallet 代用户输入。若选择后者，就会显示出钱包中的信用卡清单，用户可挑选一种信用卡并输入用户的口令。若用户有多个送货地址，用户可告诉 Microsoft Wallet 究竟让商家把商品送往何处。剩下的工作就由 Microsoft Wallet 和商家网站来完成了。

四、电子票据

在电子支付中，电子票据支付模拟传统纸质票据的使用方式，可以说是传统票据支付在网络中的延伸。下面以电子支票为例说明电子票据的支付流程。

电子支票是一种借鉴纸张支票转移支付的优点，利用数字传递将钱款从一个账户转移到另一个账户的电子付款形式。这种电子支票的支付主要通过专用网络及一套完整的用户识别、标准报文、数据验证等规范化协议完成数据传输。用电子支票支付，事务处理费用较低，而且银行也能为参与电子商务的客户提供标准化的资金信息，故而可能是目前最有效率的支付手段之一。

电子借记支票的流转程序可分为以下几个步骤。

①出票人和持票人达成购销协议并选择用电子支票支付。

②出票人通过网络向持票人发出电子支票。

③持票人将电子支票寄送到持票人开户银行索付。

④持票人开户银行通过票据清算中心将电子支票寄送到出票人开户银行。

⑤出票人开户银行通过票据清算中心将资金划转到持票人开户银行。

电子贷记支票的流转程序可分为以下几个步骤（见图 6-1）。

①出票人向出票人开户银行提示支票付款。

②出票人开户银行通过票据清算中心与收款人开户银行交换进账单并划转资金。

③收款人开户银行向收款人划转资金。

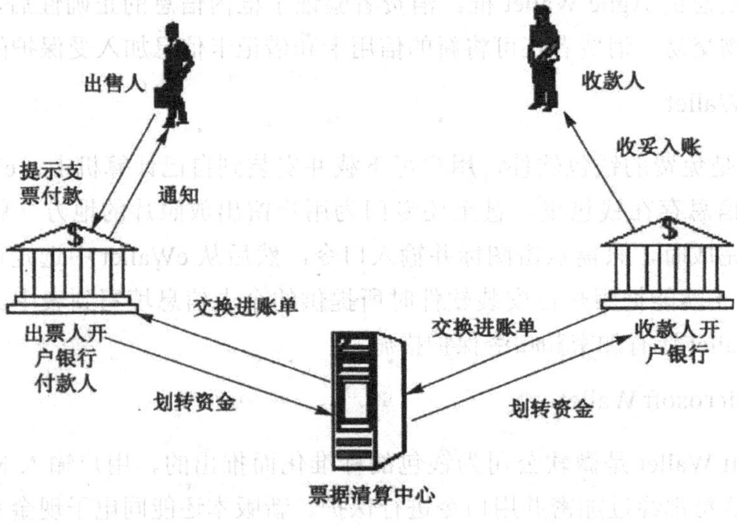

图 6-1 电子贷记支票的流转程序

第三节 电子银行

一、电子银行的建设与发展

我国第一家网上银行是中国银行，成立时间是 1996 年下半年。当时，中国银行就已经认识到互联网是未来银行进行客户服务最好的物质基础，电子银行将导致的是一场深刻的银行业革命。上网初期，中国银行网页主要用于发布中国银行的广告信息和业务信息，进行全球范围的通信。在以后的几年里，中国银行逐步开展了家庭银行、信用卡、商业银行等网上业务。

招商银行也是国内较早开展网上业务的银行。1997 年 2 月，招商银行在互联网上推出了自己的主页及网上转账业务，在国内引起极大反响。在此基础上，招商银行又推出了“一网通”网上业务，包括“企业银行”“个人银行”和“网上支付”三种服务。该项目的推出，大大促进了招商银行的网站建设，树立了招商银行的网上形象，使招商银行在短短几年内成为国内网上银行的排头兵。

二、电子银行的特点

电子银行又称网络银行、虚拟银行，是指通过互联网或公共计算机通信网络提供金融服务的银行机构。电子银行业务是指“商业银行等银行业金融机构利用面向社会公众开放的通信通道或开放型公众网络，以及银行为特定自助服务设施或客户建立的专用网络，向客户提供的银行服务”。

网上银行具有以下特点。

（一）功能丰富

网上银行可以打破传统银行的部门局限，综合客户的多种需求，提供多种类型的金融服务，如信用卡业务、储蓄业务、融资业务、投资业务、居家服务、理财服务、信息服务等。

（二）操作简单

客户使用网上银行服务，只需到银行营业网点登记，填写有关表格，不需申领任何新的专用卡就可获得功能强大的银行服务。在使用中，网上银行以登录卡为主线，可为不同类型的账户申请不同功能，并可在线对各种账户的各项功能进行修改。

（三）跨越时空

网上银行可以提供跨区域和全天候的服务，即可以在任何时候、任何地点，以任何方式为客户提供金融服务，突破了传统银行受时间、地点、人员等多方面的限制。

（四）信息共享

网上银行通过互联网可以更广泛地收集和分析最新的金融信息，并以快捷便利的方式传递给网络银行客户。网络资源的全球共享性，使银行与客户之间都能相互全面了解对方的信用及资产状况，从而大大减少了信用风险和道德风险，降低传统银行业务的交易成本。

三、电子银行主要业务

电子银行业务包括以下四个部分。

①利用计算机和互联网开展的银行业务（简称网上银行业务）。

②利用电话等声讯设备和电信网络开展的银行业务（简称电话银行业务）。

③利用移动电话和无线网络开展的银行业务（简称手机银行业务）。

④其他利用电子服务设备和网络，由客户通过自助服务方式完成金融交易的银行业务。

第四节 第三方支付

一、第三方支付简介

第三方支付机构是最近几年出现的新的支付清算组织，它是为银行业金融机构或其他机构及个人提供电子支付指令交换和计算的法人组织。在第三方支付模式下，支付者必须在第三方支付机构平台上开立账户，向第三方支付机构平台提供信用卡信息或账户信息，在账户中“充值”，通过支付平台将该账户中的虚拟资金划转到收款人的账户，完成支付行为。收款人可以在需要时将账户中的资金兑换成实体的银行存款。

二、第三方支付流程

第三方支付是典型的应用支付层架构。提供第三方支付服务的商家往往都会在自己的产品中加入一些具有自身特色的内容。但是总体来看，其支付流程都是付款人提出付款授权后，平台将付款人账户中的相应金额转移到收款人账户中，并要求其发货。有的支付平台会有“担保”业务，如支付宝。担保业务是指将付款人将要支付的金额暂时存放于支付平台的账户中，等到付款人确认已经得到货物（或者服务）或在某段时间内没有提出拒绝付款的要求，支付平台才将款项转到收款人账户中。

第三方平台结算支付模式的资金划拨是在平台内部进行的，此时划拨的是虚拟的资金。真正的实体资金还需要通过实际支付层来完成（见图 6-2）。

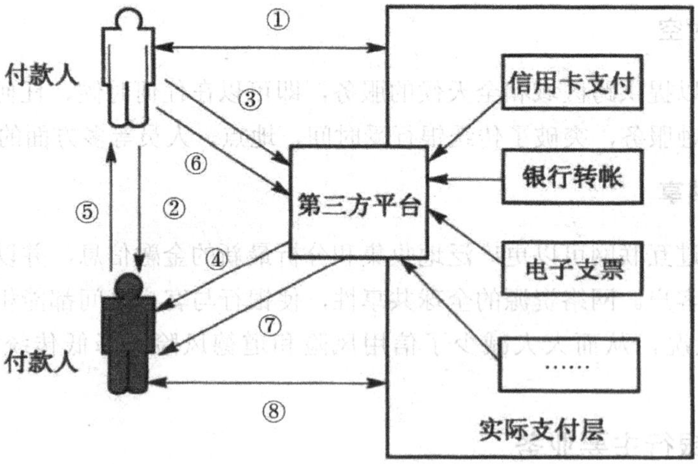

图 6-2 第三方支付平台结算支付流程

图 6-2 中各数字序号含义如下。

①付款人将实体资金转移到支付平台的支付账户中。

②付款人购买商品（或服务）。

③付款人发出支付授权，第三方平台将付款人账户中相应的资金转移到自己的账户中保管。

④第三方平台告诉收款人已经收到货款，可以发货。

⑤收款人完成发货许诺（或完成服务）。

⑥付款人确认可以付款。

⑦第三方平台将临时保管的资金划拨到收款人账户中。

⑧收款人可以将账户中的款项通过第三方平台和实际支付层的支付平台兑换成实体货币，也可以用于购买商品。

三、第三方支付的优缺点

第三方支付模式有如下优点。

比较安全。信用卡信息或账户信息仅需要告知第三方支付机构，而无须告诉每一个收款人，这大大减少了信用卡信息和账户信息失密的风险。

支付成本较低。第三方支付机构集中了大量的电子小额交易，形成规模效应，因而支付成本较低。

使用方便。对支付者而言，他所面对的是友好的界面，不必考虑背后复杂的技术操作过程。

第三方支付机构的支付担保业务可以在很大程度上保障付款人的利益。

第三方支付模式同时也存在以下缺点。

这是一种虚拟支付层的支付模式，需要其他的“实际支付方式”完成实际支付层的操作。

付款人的银行卡信息将暴露给第三方支付平台，如果这个第三方支付平台的信用度或者保密手段欠佳，将带给付款人相关风险。

由于有大量资金寄存在支付平台账户内，而第三方支付机构并非金融机构，所以存在资金寄存的风险。

第五节　安全电子交易协议

随着电子计算机和网络经济的快速发展，利用电子手段进行支付与贸易正在逐渐走入我们的生活。安全电子交易（SET）是众多可以实现的电子支付手段中发展比较完善、使用广泛的一种电子交易模式。

一、安全电子交易协议概述

安全电子交易是一个通过开放网络进行安全资金支付的技术标准，由国际信用卡联盟Visa卡、万事达卡联合IBM公司、RSA、微软公司等信息产业公司在1996年共同制定，于1997年联合推出。它得到了IBM公司、HP、微软公司等很多大公司的支持，已成为事实上的工业标准，目前已获得IETF标准的认可。这是一个为互联网上进行在线交易而设立的一个开放的、以电子货币为基础的电子付款规范。

安全电子交易协议是基于信息卡在线支付的电子商务安全协议。SET 采用 RSA（ECC 有可能进入 SET 中来，其生成的签名快于 RSA，但是验证签名会慢于 RSA）双钥体系对通信双方进行认证，选用 DES 等标准对称密钥加密算法进行信息的加密传输，利用双重签名机制确保三方通信，使用 HASH[SHA-1]算法来鉴别消息的真伪及有无篡改。SET 支付系统主要由持卡人、商户、发卡银行、收单银行、支付网关及认证机构（CA）六部分组成。认证机构 CA 是 SET 体系中的关键，支付网关是传递信息支付的枢纽，如图 6-3 所示。

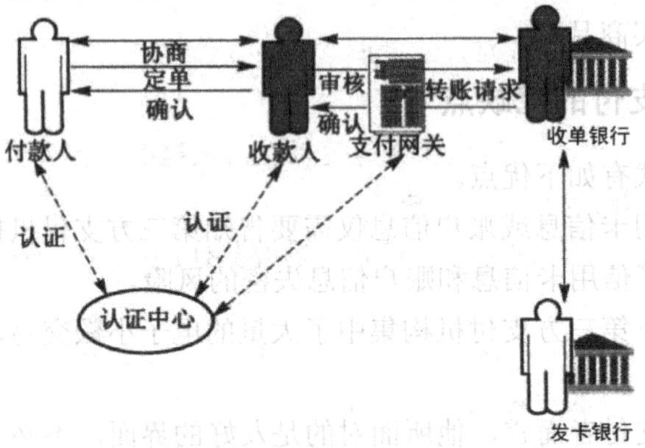

图 6-3　SET 协议支付系统

SET 在保留对客户信用卡认证的前提下，又增加了对商家身份的认证，这对于需要支付货币的交易来讲是至关重要的。SET 将建立一种能在互联网上安全使用银行卡购物的标准。安全电子交易规范是一种为基于信用卡而进行的电子交易提供安全措施的规则，是一种能广泛应用于互联网上的安全电子付款协议，它能够将信用卡的使用场所从目前的商店扩展到消费者家里，扩展到消费者个人计算机中。

从本质上讲，SET 提供了三种服务。

①在交易涉及的各方之间提供安全的通信信道。

②通过使用 X.509 v3 数字证书来提供信任。

③保证机密性，因为信息只是在必要的时候、必要的地方才对交易各方可用。

二、安全电子交易的特征

（一）信息的机密性

为推动在线交易，卖方和银行必须使顾客相信自己提供的结算信息受到保护，只有指定的接收者才能访问到。结算卡账户和结算信息在网络上传输时必须得到安全措施的保护，防止结算卡号码和截止日期被未经授权的人截获。SET 利用加密来保证其保密性。

（二）数据的完整性

SET 确保消息的内容在生成者和接收者之间传输时，没有被人篡改。消费者发给卖方的结算信息包括订单信息、个人数据及结算指令，如果任何信息在传送中被篡改，交易将无法正常地进行。为消除潜在的欺诈，SET 利用数字签名来确保收到的所有订单和结算信息内容都与发出的信息内容一致。

（三）消费者账户认证

卖方需要证明消费者是某个有效账户号码的合法使用者。数字签名和数字证书提供了一种将消费者与特定账户号码相连接的机制，以此来实现对消费者账户的认证。SET 指定了一个可信的第三方机构来对发送者和接收者进行认证。

（四）卖方认证

SET 可以帮助消费者证实卖方与某个金融机构的关系，使其能够接受银行卡结算。SET 利用数字签名和卖方证书实现卖方认证。

（五）互操作性

SET 能在各种软、硬件平台上使用。使用适当软件的消费者都可与符合规定标准的卖方软件进行通信。SET 利用标准的协议和信息格式来实现互操作性。

三、SET 协议的电子商务系统结构

鉴于上述 SET 协议的特点，基于 SET 的电子商务系统由以下六部分组成。

持卡人：指由发卡银行所发行的支付卡的授权持有者。

商家：指出售商品或服务的个人或机构。商家必须与收单银行建立业务联系，以接受支付卡这种付款方式。

发卡银行：指向持卡人提供支付卡的金融机构。

收单银行：指与商家建立业务联系的金融机构。

支付网关：实现对支付信息从互联网到银行内部网络的转换，并对商家和持卡人进行认证。

认证中心（CA）：在基于 SET 协议的电子商务体系中起着重要作用。可以为持卡人、商家和支付网关签发 X.509 v3 数字证书，让持卡人、商家和支付网关通过数字证书进行认证。CA 同时要对证书进行管理。

四、SET 的支付处理过程

SET 的支付处理过程主要包括购买请求和支付认证。

（一）购买请求

持卡人完成了浏览、选购及订货之后，商家向顾客发送一张完整的订购单，然后持卡人才开始进入购买请求阶段，在此之前的各种处理并没有用到 SET。

购买请求由四种消息组成：初始请求、初始响应、购买请求、购买响应。

为了能向商家发送 SET 消息，持卡人必须拥有商家和支付网关的数字证书拷贝。持卡人在发向商家的初始请求中，请求得到数字证书的拷贝。初始请求消息包含持卡人所使用信用卡的商标，本次信息交换的标识号及表示时效性的随机数等信息。

商家接收初始请求后产生一个响应消息并进行数字签名。该响应消息包含表示时效性的随机数、本次交易的交易号、商家的签名证书及支付网关的密钥交换证书。

持卡人接收初始响应后，先验证有关证书有效性，再生成订购信息 OI 和支付指令 H。接着生成购买请求消息。该消息包含如下信息。

与购买有关的信息。其主要组成信息为：PI、双签名、关于 OI 的消息摘要以及数字信封。这部分信息由商家再转送给支付网关。

与订购有关的信息。其主要组成信息为：OI、双签名和关于 PI 的消息摘要。

持卡人数字证书。商家和支付网关都要用到该证书。

当商家接收购买请求后，先验证持卡人证书的有效性；再验证双签名的有效性，确保订购信息由持卡人签名且在传输过程中未被非法更改；然后处理订购信息并把支付指令传送给支付网关；最后把购买响应消息回传给持卡人。该消息包含用于确认订购的响应数据，这一数据由商家进行数字签名。客户端收到这一消息后将验证商家的数字签名，然后进行有关的操作，如向持卡人显示有关信息，就订购状态更新数据库等。

（二）支付认证

支付认证消息是在商家与支付网关之间交换的信息。支付认证包括支付授权和支付资金清算。

1. 支付授权

支付授权确保这笔交易是经银行确认的，保证商家能收到钱，据此可向持卡人提供商品或服务。

商家首先向支付网关发送授权请求消息。其由三部分组成：①与购买有关的信息，其主要来自客户，包括 PI、双签名、OID 和数字信封；②由商家生成的与授权有关的信息，包括交易标识号、由商家签名并加密的授权数据块以及数字信封；③数字证书，包括持卡人签名证书、商家的签名证书及密钥交换证书。

支付网关接收到授权请求后，将执行以下操作：①验证有关的数字证书；②解开相关数字信封；③验证有关的数字签名、双签名；④验证交易标识号；⑤向发卡银行提交授权请求。

得到发卡银行的授权确认后，支付网关向商家返回授权响应消息。其由三部分组成：①与授权有关的信息，包括由支付网关签名及加密的授权数据块和数字信封；②资金清算令牌，这一消息将用于清算支付资金；③数字证书，包括支付网关的签名证书。

得到支付网关的授权确认后，商家即可发送货物或提供服务。

2. 支付资金清算

商家向支付网关发送清算请求消息。其包括经商家签名、加密的清算请求数据块，该数据块包括支付总额、交易标识号，以及资金清算令牌。

支付网关收到清算请求后，解开有关加密的数据块，进行相关的有效性、一致性的检验，然后通过银行内部的资金清算网络把款项从持卡人账号划到商家的账号上。接着，支付网关向商家返回清算响应消息以通知商家转账的结果。商家须保留该响应消息以备日后核对之用。

安全电子交易是万事达国际组织和 Visa 国际组织在微软公司、网景公司、IBM 公司、GTE 公司、SAIC 及其他公司的支持下联合设计的安全协议。其目的是为通过互联网在网站和银行之间传输结算卡结算信息时提供安全保证。虽然安全套接层（SSL）协议保证了在商家和消费者之间传输数据和其他敏感信息的安全，但 SSL 不能验证消费者是否是结算卡的持有人。

五、安全电子交易保护

SET 保护的是结算交易的工作流程。

①购物者在支持 SET 标准的网站上购物。可用浏览器的电子钱包传输加密的财务信息和其数字证书。

②商家的 WWW 服务器将 SET 加密的交易信息传输给结算卡处理中心，由后者将此交易信息解密并进行处理。

③结算卡处理中心将此交易信息发送到消费者结算卡的发行机构，请求批准。

④商家的网站收到消费者开户银行批准交易的通知。这时，交易金额就从消费者的结算卡账户里划去。

⑤商家将商品送出，并将交易额加到结算卡交易区里，以便日后传给开户银行加入自己的账户。

六、安全电子交易的运行原理

（一）使用 SET 前的准备工作

交易前，交易双方都必须在一家使用 SET 的金融机构开立账户，金融机构还必须拥有能使用 SET 的软件，如能为顾客提供 SET 支持的浏览器和能为卖主提供 SET 支持的 WWW 服务器。当顾客在银行开立账户时，会收到一个证书和两对公钥和私钥。其中一对用于订单的加密和数字签名，另一对用于认证和结算信息。银行给顾客和卖主发放证书，这个证书是一个计算机文件。每次订货时都要交换证书的副本，这样由卖主加密的信息只有顾客可以阅读，反之亦然。

（二）SET 的运行原理

对用户来说，SET 是透明的，他们只需确认订单已发送给卖主就行了。这些功能都是由软件自动执行的。用户选择好商品并下了订单后，卖主会用一份自己证书的副本作为给顾客的答复。顾客证实卖主的身份，然后用对称密钥加密订单，并用卖主的公钥加密这把对称密钥。卖主使用自己的私钥解密对称密钥，然后解密订单。它将结算信息连同订单副本一起转发给银行，因为它要依赖银行对交易进行认可。银行证实卖主的身份和消息的完整性，然后打开结算信息，证实结算的金额是这笔交易的金额，是付给这个卖主的。银行还要检查顾客的信用额度，保证交易可以进行，并准许卖主将交易进行下去。最后卖主将顾客订购的商品装运给他。

第六节 电子支付技术

在影响电子商务的诸多因素中，研究和开发适合于电子商务交易的电子支付安全系统十分重要，可以说，支付安全是整个电子商务安全的瓶颈。电子商务把金融环境从有形世界扩展到了虚拟世界，人们在家里通过计算机网络就可以进行各种金融或商务活动。而金融卡的应用使得电子商务中的交易变得简便易行，并具有很好的安全性和保密性。

一、电子支付系统概述

（一）电子支付的概念

电子支付是指客户首先将一定金额的现金或存款从发卡者处兑换的代表相同金额的数据，通过使用某些电子化方法将该数据直接转移给支付对象，从而清偿债务。这种方法实施的基础是以金融电子化、商用电子化设备和各类交易卡为媒介，以计算机技术和通信技术为手段，以二进制（0、1）为存储形式，通过计算机网络系统进行买卖交易。

（二）电子支付的发展阶段

电子商务的电子支付发展经历了以下五个阶段。

①银行利用计算机处理银行间的业务，办理结算。

②银行计算机与其他机构计算机之间的结算，如代发工资等。

③利用网络终端向客户提供各项银行业务，如客户在 ATM 上取款、存款等操作。

④利用银行销售点终端（POS）向客户提供自动扣款服务。

⑤网上支付，即电子支付可随时随地通过互联网进行直接转账结算，形成电子商务环境。

（三）电子支付的分类

目前世界通用的电子商务支付系统有几十种，根据在线传输数据的种类（加密、分发类型），其大致可以被分为三类。

第一类是使用“信任的三方”。客户和商家的信息，如银行账号、信用卡号等都被信任的第三方托管和维护。当要实施一笔交易的时候，网络上只传送订单信息和支付确认、清除信息，而没有任何敏感信息。实际上通过这样的支付系统没有任何实际的金融交易是在线实施的。FirstVirtual 是典型的信任第三方系统。在这种系统中，网络上的传送信息甚至可以不加密，因为真正的金融交易是离线实施的。但是不加密信息，同样可以看成一个系统的缺陷，而且客户和商家必须到第三方注册才可以交易。

第二类是传统银行转账结算的扩充。在利用信用卡和支票交易中，敏感信息被交换。例如，如果客户要从商家购买产品，客户可以通过电话告知信用卡号以及接收确认信息；银行同时也接收同样的信息，并且相应地校对用户和商家的账号。如果这样的信息在线传送，必须经过加密处理。著名的 CyberCash 和 VISA/Mastercard 的 SET 就是基于数字信用卡的典型支付系统。这种支付系统，对于 B to C 在线交易是主流，因为现在大部分人，更习惯于传统的交易方式。通过合适的加密和认证处理，这种交易形式应该比传统的电话交易更安全可靠，因为电话交易缺少必要的认证和信息加密处理。

第三类是包括各种数字现金和电子货币。和前面的系统不一样，这种支付形式传送的是真正的"价值"和"金钱"本身。前面两种交易中，信息的丢失往往是信用卡号码，被伪造的信息也只是信用卡号等。而这种交易中信息被偷窃，不仅仅是信息丢失，往往也是财产的真正丢失。

二、电子支付系统安全技术

（一）电子支付系统安全技术的种类

电子支付系统相应的安全技术有以下几种。

①网络安全检测设备。

②访问设备（安全认证卡）。

③浏览器/服务器软件（支持 SSL）。

④证书（PKI-CA、公钥密钥加密算法）。

⑤商业软件（支持电子支付）。

⑥防火墙（RSA 的 BSAFE：支持 RSA，DES，TripleDES，RC2，RC4 等）保护传输线路安全（电磁辐射屏蔽等）。

⑦防入侵措施，IDS，DIDS（入侵检测系统、分布式入侵检测系统）。

⑧数据加密（最基本的安全技术，如链路、节点、端对端加密等）。

⑨访问控制（根据角色访问等控制）。

⑩鉴别机制（报文鉴别、数字签名、终端识别等）。

⑪ 路由选择机制（阻止不合适的 IP 访问、DoS 攻击防范）。

⑫ 通信流控制（掩盖通信频度、报文长度、报文形式、报文地址等）。

⑬ 数据完整性控制（来自正确的发送方、数据传送到正确的接收方）。

⑭ 端口保护（反端口扫描等）。

⑮ 病毒木马防范措施。

（二）金融卡安全机制

在目前的电子商务支付系统中，磁卡和集成电路（IC）卡作为方便实用的记录信息的载体已经得到广泛的承认，并应用到各个领域，按照应用领域的不同，可以将其划分为金融卡和非金融卡。

1. 金融卡

金融卡是由银行发行和管理的卡，持卡人在消费时将其作为现金的替代品。金融卡有信用卡与现金卡之分。由于 IC 卡上记录了持卡人的主要信息，故不一定要求消费场所与银行联网，比起磁卡等仅记录少量数据的卡型，具有极大的灵活性和可靠性。金融现金卡是持卡人以现金购买的电子货币，可以多次使用，自动计费，使用方便。如水电费的交费卡、煤气费卡、就餐卡、医疗卡等。在卡上金额少于一定限额时，要重新交费才可继续使用。IC 卡在金融领域应用，主要是由于其优良的保密性，可以有效地防止伪造和窃用。

2. 非金融卡

非金融卡主要是作为电子证件，用来记录持卡人的各方面信息，作为身份识别，如 IC 卡身份证、学生证、进门证、考勤卡、医疗证、住宿证等。由于 IC 卡可以记录大量信息，并且可以分区存款，因此可以做到一卡多用，简化验证的手续。

【案例分析】

易趣网电子商务案例分析

易趣网曾是中国著名的电子商务公司，于 1999 年由邵亦波和谭海音合作创办。易趣网以竞价、一口价及定价形式，为个人及大、小商家提供了低成本高流量的销售渠道，为买家提供价廉物美的各式商品，包括电脑、手机、服饰、房产等。易趣网上交易活跃，每 30 秒有新登商品，每 10 秒有人出价，每 60 秒有商品成交。其用户可以通过在线交易平台以竞价和定价形式买卖各式各样的物品，其中包括服装、古玩字画、计算机和房产等。

易趣的客户服务队伍每天 24 小时监控网站上新登物品，解答用户问题，记录用户建议，并跟踪成交情况以保证交易顺利进行；iTEL（网络+电话）的全程电话导购服务为用户提供了一对一的顾问咨询；定期组织召开网友活动，培养了感情，加强了沟通；个人交易物品速递服务、易付通服务，为成交提供了便利，更极大地方便了异地交易的双方；会员认证制度及信用评价体系进一步完善了易趣的服务质量，提高了网上交易信用度和成交率。

2002 年 2 月以来，易趣各种业务持续增长，增长数字平均每月超过 15%，排在增幅前几位的商品分别是：手机、电脑与网络产品、珠宝和体育用品等。2002 年 8 月的统计数据显示，易趣网电脑与网络产品 2002 年的月平均交易额超过 1000 万元人民币，买家人数累计超过 10 万人，分布于全国各个省市。和 2001 年 11 月份相比，易趣 2002 年上半年的交易额和顾客数增长了 100%。通过分析，得知易趣网与其他商业网站的区别在于以下几点。

①易趣的支付方式多种多样。最初，易趣可提供包括手机、E-mail、信用卡、身份证、地址五种会员认证方式。此后，易趣又推出了“易付通”服务。在卖家和买家交易过程中，买家可以先将钱打入易趣特设的一个账户中，一旦钱到位，易趣会马上通知卖家发货；买家收到货并对货物的数量和质量没有疑义，易趣才会将钱支付给卖家。这种做法成了中国商业信用缺乏的情况下一种有效解决方案。活跃在易趣网的买家为 35 万～40 万人，只有 5 万人左右采用网上银行信用卡的方式划账。

②易趣在信用方面做得很好。易趣建立了一套独特的个人信用评定体系。买家和卖家可以对双方交易的过程和结果在网上发表意见；易趣会以此意见为参考，通过自己的数据库进行分析测评，得出卖家的交易诚信度的得分。钻石级用户诚信度高，交易笔数大，在交易中获得的收益就更多。易趣甚至承诺，对交易过程中因信用风险导致的交易损失，将

给予高达3000元的风险补偿金。易趣通过技术手段将传统商业固化到网络上，形成了独特的电子商务氛围。易趣从一个网络交易的信息发布平台转变为交易中介平台。

③易趣的盈收手段也很特别。2001年8月，易趣开始学习eBay的收费模式，向卖家收取每件商品1元到8元的登录费。易趣提供的数据显示，易趣竞标商品每日出价数从收费前的2800次骤升到逾1万次；拍卖成交率从20%持续上升到60%；日成交金额也从30万元上升到近100万元，以20%的速度逐月递增。

④开设企业增值服务。现有增值服务内容：网上支付、物流配送和短信息服务。其中，网上支付的表现在于易趣与招商银行、首信、China Pay、广州银联、中国银行、中国农业银行、中国建设银行和中国工商银行等合作，提供网上支付服务。物流配送方面，易趣与快马速递、奇讯速递等物流企业合作，提供面向个人用户的物流解决方案，有易付通和易趣推荐速递两种形式。易趣短信息服务有：易趣与中国移动合作共建易趣短信息服务系统，通过订阅短消息，用户可以享受交易提醒、成交通知、买家留言传送等即时功能。

⑤通信产品成为2002年易趣销售热点。到2002年6月，易趣已经拥有通信产品卖家2000多家。每天接待13万人次上线浏览，平均有6100件商品在线，日新增商品340件。6月当月，易趣有超过6000个手机在网上成交，销售额800多万元，占易趣销售总额的四分之一，仅次于电脑销售。

不过，曾经有这样一位网友开玩笑地给易趣总裁谭海音发了一个帖子。易趣成功几点建议：邵总、谭总应多抛头露面；公司股票赶快上市；和其他网站广交战略联盟；用有奖方式多招用户。当时的谭海音笑着回了一帖：很欣赏你的幽默，但是网站的经营如果像你所说，这个网站昨天就已经死了。对于这位网友的建议，易趣的确一条也没采纳，但事实也证明了易趣的“神机妙算”。两年后，当众多电子商务网站或销声匿迹或苦捱度日的时候，易趣却活得十分潇洒：其占领了中国电子商务的绝大多数市场份额，而且还获得eBay垂青。

的确，在刚开始时，易趣似乎有些“不正宗”，1998年前后兴起的类似eBay的拍卖网站不只易趣一家，雅宝拍卖网、酷必得等也曾风光一时，缘何唯有易趣一枝独秀？易趣CEO邵亦波一语道破天机，“易趣唯一不变的就是不断地变化”。创业之初，易趣将C to C服务作为发展重点。而当网站越做越大，引起中小企业的关注时，易趣欣然接纳了他们。这在当时引起了不少的议论。在一些“评论家”眼中，易趣既搞C to C又做B to C，实在是有些“不正宗”。谭海音对易趣的决定却充满自信：“用什么样的模式并不要紧，具体要看网站是否能满足用户的需求，白猫黑猫，捉到老鼠就是好猫。C to C也好，B to C也罢，能够帮助更多卖家与买家达成交易才是最重要的。”吸收中小企业加盟网上交易后的易趣让那些原本打算看易趣笑话的“评论家”大跌了眼镜。很多企业级卖家都希望通过易趣清理掉自己的库存及过季的产品，由于是正规企业的产品，不仅信誉和质量都有极大保障，价格也非常便宜，这对买家来说无疑是件好事。同时，这些企业级卖家非但没有影响到个人卖家的“生意”，反而因为吸引了更多买家上网购物，使网站人气愈发兴旺，个人卖家的交易也“水涨船高”，结果是大家皆大欢喜。

在这里我们可以将易趣的成功因素归纳为以下几条。

①易趣不光有二手货，还要有新品。邵亦波说："易趣不仅是处理闲置物品的平台，网站上出现的新品比例也在不断增加。当'二手拍卖'这个名词刚刚叫开的时候，就有业内专家提出质疑。因为作为一个以经营二手商品拍卖起家的 eBay 来说，一个很重要的成功因素就是美国具备了很高的消费水平。在美国市场上，二手物品来源非常丰富，但中国的情况就大不一样了：国内人均收入不如美国，消费水平较低、居民消费观念差异导致二手物品贫乏。对此，我们也认识得很清楚，如果缺乏足够的二手物品来源，没有大量的物品在网站上成交，就不能实现规模收益，那么网站盈利的实现只会是海市蜃楼。因此，易趣不能将经营范围锁死在'二手货'上。当越来越多的用户开始尝试将新品放到网上来卖，而买家的响应又是如此积极时，易趣更要鼓励新品交易的成长。"随着新品的激增，商品范围也迅速扩张。易趣网站上商品的分类从初期的只有 300 多个细分类发展到 15 个大分类，150 多个二级分类，500 多个三级的商品细分类，覆盖电脑网络、通信器材、体育用品、服装服饰、居家生活、办公文教、旅游休闲、爱好收藏、书籍音像等多个商品流通领域。其中服装商品三分之二都是新品；通信产品中，70% 是新品，其中手机新品比例为 50% ～ 60%；80% 的视听产品、80% 的家居和娱乐产品以及 40% 体育用品都是新品。

②交易方式也要随内容而变动。随着新品的激增，原有单一的拍卖式交易方式显然已不能满足需要，易趣推行的定价销售方式受到了用户的欢迎。特别是当越来越多的正规企业加入卖家的行列里来时，他们要求加快成交的速度。定价销售与原来的拍卖销售结合在一起，提供给用户多种服务选择，满足不同人群的需要，网上分销平台魅力不减。于是，易趣适时推出了一系列全新的交易方式，包括无底价竞标、有底价竞标、定价出售、一口价成交四种交易方式。像一些从事珠宝类商品交易的卖家就喜欢定价交易，这样来得比较爽快；像一些喜欢竞拍氛围的网友还可以选择时间较长的拍卖方式。现在，以定价方式销售的商品比例不断增加，有一半的商品都是定价销售的。其中，珠宝定价出售比例为 60%，而手机类商品则有 80% ～ 90% 是定价销售的。另外，易趣上视听产品和电脑类商品的定价率达到 40%，体育用品类商品也有 70% 使用定价。

【案例讨论】

结合案例，谈谈自己对网上购物的感受。

第七章　电子商务物流

第一节　物流概述

一、物流的概念

物流是一个十分现代化的概念，由于它对商务活动的影响日益明显，所以越来越引起人们的注意。

物流一词源于国外，最早出现于美国，1915 年阿奇·萧在《市场流通中的若干问题》一书中就提到物流一词，并指出“物流是与创造需求不同的一个问题”。因为在 20 世纪初，西方一些国家已出现生产大量过剩、需求严重不足的经济危机。企业因此提出了销售和物流的问题，此时的物流指的是销售过程中的物流。

第二次世界大战中，围绕战争供应，美国军队建立了“后勤”理论，并将其用于战争活动中。其中所提出的“后勤”是指将战时物资生产、采购、运输、配给等活动作为一个整体进行统一布置，以求战略物资补给的费用更低、速度更快、服务更好。后来“后勤”一词在企业中被广泛应用，又有了商业后勤、流通后勤的提法，这时的后勤包含了生产过程和流通过程的物流，因而是一个包含范围更广泛的物流概念。

因此，物流概念从 1915 年提出起，经过 70 多年的时间才有定论，现在欧美国家把物流称作 logistics 的多于称作 physical distribution 的。logistics 包含生产领域的原材料采购、生产过程中的物料搬运、厂内物流和流通过程中的物流或销售物流，即 physical distribution。可见其外延更为广泛。

物流概念从国外传入我国主要通过两条途径。一条是在 20 世纪 80 年代初随“市场营销”理论的引入而从欧美传入我国的，因为在欧美的所有市场营销教科书中，都毫无例外地要介绍“physical distribution”，这两个单词直译为中文即“实体分配”或“实物流通”。我们普遍接受“实体分配”的译法。所谓“实体分配”指商品实体从供给者向需求者进行的物理性移动。另一条途径是“physical distribution”从欧美传入日本，日本人将其译为“物流”，20 世纪 80 年代初，我国从日本直接引入“物流”这一概念至今。

在物流概念传入我国之前，我国实际上一直存在着物流活动，即运输、保管、包装、装卸、流通加工等，其中主要是存储运输，即储运活动。国外的物流业基本上就是我国的储运业，但两者并不完全相同，主要差别如下。

①物流比储运包含的内容更广泛，一般认为物流包括运输、保管、配送、包装、装卸、流通加工及相关信息活动；而储运仅指储存和运输两个环节，虽然其中也涉及包装、装卸、流通加工及信息活动，但这些活动并不包含在储运概念之中。

②物流强调诸活动的系统化，从而使整个物流活动达到最优化，储运概念则不涉及存

储与运输，以及其他活动整体的系统化和最优化问题。

③物流是一个现代概念，在第二次大战后才在各国兴起，而储运在我国是一个十分古老和传统的概念。

目前国内外对物流的定义很多，一般有以下几个。

物流是一个控制原材料、制成品、产成品和信息的系统。

从供应开始经各种中间环节的转让而到达最终消费者手中的实物运动，以此实现组织的明确目标。

物质资料从供给者到需求者的物理移动，是创造时间价值、场所价值和一定的加工价值的活动。

物流是指物质实体从供应者向需求者的物理移动，它由一系列创造时间价值和空间价值的经济活动组成，包括运输、保管、配送、包装、装卸、流通加工及物流信息处理等多项基本活动。

1999 年，联合国物流委员会对物流做了新的界定："物流"是为了满足消费者需要而进行的从起点到终点的原材料、中间过程库存、最终产品和相关信息有效流动和存储计划、实现和控制管理的过程。

"物流"概念中的"物"，是指所有的物质资料，既包括用于一定积累的社会劳动产品，也包括用于社会生产和社会消费的各种自然资源；既包括用于生产性消费的劳动资料、劳动对象，也包括用于人们最终消费的生活资料（即消费资料）。

现代物流的目的是提高企业的收益（销售额的提高和利益的扩大），也即通过经营重要资源中的时间（快速送达）、物流质量（优良的运送、无差错运送）、备货（所需要的商品和数量）、信息（在库、断货信息、运送信息、送达信息）等物流服务质量的提高，从原材料的调配开始到商品的生产以及最终送达顾客的整个过程的物流成本的降低，来实现企业的高收益。

二、物流管理的发展概况

（一）物流管理的概念

企业物流管理是企业一体化管理的重要组成部分，它是指以客户服务为目标和驱动力， 在企业内和它的供应、营销渠道上对货物、服务和相关的信息从起源地到消费地进行有效率、有效益的流通和储存，以满足客户要求的过程，并对这个过程进行计划、协调、执行和控制。

从上述定义可以看出，企业物流管理包含效率和效益两个方面，其最终的目的是满足客户与企业战略目标的需要，包括在整个供应链（从供应商开始，一直到客户）的物流成本、客户服务水平和企业投资收益的权衡取舍。具体而言，即通常所言的 7R's：在恰当的时间（Right time）、恰当的条件（Right condition）、恰当的地点（Right place）以恰当的成本（ Right cost） 得到恰当的数量（ Right quantity） 的恰当产品（Right product）或将恰当的数量的恰当产品提供给恰当的客户（Right customer）。

（二）物流管理的发展

物流是一项十分复杂但又十分重要的企业管理活动，其跨度之大、功能范围之广是其他任何活动所无法比拟的。物流管理的发展经历了四个阶段，即储运时代、配送时代、综合物流时代和供应链时代。目前物流管理已经广泛采用供应链的系统分析、价值链分析、效益互换分析等技术来进行管理。我国的物流管理起步较晚，但进步很快，各个阶段不是很明显，所以下面以美国为例来说明物流管理的发展概况。

1. 储运时代

在这个时期，物流各个活动按不同的功能、不同的场所互不联系地分别进行，商品主要是根据销售部门和采购部门的要求进行保管和运输的。随着经济的发展、需求的扩大，市场竞争日益激烈，为了确保收益，许多企业把目光投向了物流费用，物流成本意识开始出现，但在这个时期只有保管和发货部门在努力降低成本。

2. 配送时代

在20世纪60年代到70年代期间，世界上许多企业都把注意力放在“实物配送”方面。这些企业系统地管理一系列的物流活动，如运输、仓储、配送、库存控制、包装、搬运等，以确保高效地递送商品。

20世纪60年代到70年代是一个充满挑战与变化的时代，有许多因素促使企业不得不采取更加有效的方法来管理配送，其主要因素如下。

（1）客户购买需求的变化

过去，许多客户购买商品时只注重品牌，现在，他们还要看商品的大小、形状、颜色等，因此客户需求向着多品种、少批量、高频率的方向发展。这样的变化使企业不得不保持更多的库存、增加运输成本，而且预测需求也变得越来越困难。解决的方法只能是增加市场份额，识别不同群体的顾客需求，满足他们的需求。但这样必然会增加企业的成本，尤其是配送成本，这就需要企业以新的方法来进行管理。

（2）成本的增加

在20世纪60年代到70年代，美国政府在运输市场中限制竞争，影响到企业的运输成本，因此承运人通过提高运费与其他的运作收费来解决成本增加的问题。

（3）高价值的产品

由于内外因素的变化，美国许多企业都趋向于生产高价值的产品，这样就使得企业的库存、包装、运输等成本相应增加，从而导致更高的配送成本。

企业通过总成本分析，意识到在运输与库存之间的效益互换关系，所以将这两项原本分离的物流功能，都归并在配送管理的管辖范围之内。这样就可以通过系统的方法分析物流功能要素之间的效益互换关系，减少配送的总成本。例如，通过高运输成本的航空运输方式来递送商品，可以降低仓储成本，与之相关的包装、搬运成本也降低了，同时也提高了顾客服务水平，经过计算，虽然增加了运输成本，但最后的总成本还是降低了。

3.综合物流时代

在20世纪70年代到80年代，企业发现通过综合规划采购运输与配送运输可以进一步节省成本，于是将采购运输与配送运输都交由物流经理管理。80年代后，由于管制放松，企业可以与承运人谈判运费率，达到一定的运输批量，企业就会享受优惠的运费和更好的服务，于是许多企业将整个过程，从商品采购到商品在配送中心的物流活动，直至将商品送至客户手中，看作一个完整的系统，这样就会提高运作效率，当然也可以节省更多的成本。

4.供应链时代

在20世纪80年代后期到90年代，由于受种种因素的影响，企业对物流的关注扩展到整个物流过程，包括所有涉及的企业——从原材料供应商到最终顾客，以保证最终顾客能在准确的时间、准确的地点，收到准确的商品。

三、物流管理的目标

在企业运作中，物流被看成企业与其供应商和客户相联系的能力。一个企业的物流，其目的在于按最低的总成本帮助客户创造价值。物流作业可分成三个领域：配送、制造和采购。这三个领域的结合使在特定位置和地点、供应源和客户之间进行材料、半成品和成品等运输的综合管理成为可能。企业通过存货的移动（存货流）使物流过程增值。

物流管理的目标主要包括快速反应、最小变异、最低库存、整合配送运输、改善物流质量以及生命周期支持等。

（一）快速反应

快速反应关系到企业能否及时满足客户的服务需求，信息技术提高了在尽可能短的时间内完成物流作业，并尽快交付所需存货的能力。快速反应的能力把物流作业的重点从根据预测和对存货储备的预期，转移到从装运到装运方式对客户需求做出迅速反应上来。

（二）最小变异

最小变异就是尽可能控制任何会破坏物流系统表现的、意想不到的事件。这些事件包括客户收到订货的时间被延迟、制造中发生意想不到的损坏、货物交付到不正确的地点等。传统解决变异的方法是建立安全储备存货或使用高成本的溢价运输。信息技术的使用使积极的物流控制成为可能。

（三）最低库存

最低库存的目标是减少资产负担和提高相关的周转速度。存货可用性的高周转率意味着分布在存货上的资金得到了有效的利用。因此，保持最低库存就是要把存货保持在与客户服务目标相一致的最低水平。

（四）整合配送运输

最重要的物流成本之一是运输。一般来说，运输规模越大及需要运输的距离越长，每单位的运输成本就越低。这就需要有创新的规划，把小批量的装运聚集成集中的、具有较大批量的整合运输。

（五）改善物流质量

物流作业必须在任何时间、跨越广阔的地域来进行，对产品质量的要求被强化，因此，绝大多数物流作业是在监督者的视野之外进行的。不正确的装运或运输中的损坏导致重做客户订货所花的费用，远比第一次就正确地履行所花费的费用多。因此，物流是全面质量管理不断改善的主要组成部分。

（六）生命周期支持

某些对产品生命周期有严格需求的行业，回收已流向客户的超值存货将构成物流作业成本的重要部分。如果不仔细审视逆向的物流需求，就无法制定良好的物流策略。因而，产品生命周期支持也是设计的重要目标之一。

四、物流的活动要素

物流活动的构成要素除了实现物质、商品空间移动的输送以及时间移动的保管这两个中心要素外，还有为使物流顺利进行而开展的流通加工、包装、装卸、信息等要素。

（一）输送

输送是使物品发生场所、空间移动的物流活动。输送系统是由包括车站、码头的运输节点、运输途径、交通机关等在内的硬件要素，以及交通控制和营运等软件要素组成的有机整体，通过这个有机整体发挥综合效应。具体来看，输送体系中运输主要指长距离两地点间的商品和服务移动，而短距离少量的输送常常被称为配送。

（二）保管

保管具有商品储藏管理的意思。它有时间调整和价格调整的机能。保管通过调整供给与需求之间的阻隔促使经济活动安定地开展。相对于以前强调商品价值维持或储藏目的的长期保管而言，如今的保管更注重为了配合销售政策上的流通目的而从事短期的保管。保管的主要设施是仓库，在基于商品出入库的信息基础上进行在库管理。

（三）流通加工

流通加工是在流通阶段为保存而进行的加工或者同一机能形态转换而进行的加工。具体包括切削、细分化、钻孔、弯曲、组装等生产活动。除此之外，还包括单位化、价格贴付、标签贴付、备货、商品检验等为使流通顺利进行而从事的辅助作业。如今，流通加工作为提高商品附加价值、促进商品差别化的重要手段之一，其重要性越来越强。

（四）包装

包装是在商品输送或保管过程中，为保证商品的价值和形态而从事的物流活动。从机能上来看，包装可以分为保持商品的质量而进行的工业包装，以及为使商品能顺利抵达消费者手中、提高商品价值、传递信息等以销售促进为目的的商业包装等两类。

（五）装卸

装卸是跨越流通部门和物流设施时而进行的，发生在输送、保管、包装前后的商品取放活动，它包括商品放入、卸出、分拣、备货等作业行为，装卸合理化的主要手段是集装箱货运。

（六）信息

通过收集与物流活动相关的信息，物流活动能有效、顺利地进行。随着电子计算机和信息通信技术的发展，物流信息出现了高度化、系统化的发展，目前订货、在库管理、所需品的出货、商品进入、输送、备货等要素的业务流程已实现了一体化。信息包括与商品数量、质量、作业管理相关的物流信息，以及与订、发货和货款支付相关的商流信息。如今，大型零售店、24h 店（便民店）为了降低流通成本、扩大销售，大多已连接了 POS（销售点信息管理）和 EDI（电子数据交换）系统，从而使物流信息快速普及。

五、物流的分类

社会经济领域中物流活动无处不在，许多领域都有具备各自特征的物流活动，虽然物流基本要素都存在，且基本要素是共同的，但是由于物流对象不同，物流目的不同，物流范围、范畴不同，从而形成了不同类型的物流。

（一）宏观物流

宏观物流是指社会再生产总体的物流活动，从社会再生产总体角度认识和研究的物流活动。这种物流活动的参与者是构成社会总体的大产业、大集团，宏观物流也就是研究社会再生产总体物流，研究产业或集团的物流活动和物流行为。

（二）微观物流

消费者、生产企业所从事的实际的、具体的物流活动属于微观物流。在整个物流活动中的一个局部、一个环节的具体物流活动也属于微观物流。在一个小地域空间发生的具体的物流活动也属于微观物流。

（三）企业物流

企业物流是从企业角度研究与之有关的物流活动，是具体的、微观的物流活动的典型领域。企业物流可分为以下几种具体的物流活动。

1. 企业生产物流

企业生产物流是指企业在生产工艺中的物流活动。这种物流是与整个生产工艺过程伴生的，实际上已构成了生产工艺过程的一部分。企业生产物流的过程大体为：原料、零部件、燃料等辅助材料从企业仓库或企业的“门口”开始，进入生产线的开始端，再进一步随生产加工过程一个一个环节地“流”，在“流”的过程中，原料本身被加工，同时产生一些废料余料，直到生产加工终结，再“流”至制成品仓库便终结了企业生产物流过程。

2. 企业供应物流

企业为保证本身的生产的节奏，不断组织原材料、零部件、燃料、辅助材料供应的物流活动，这种物流活动对企业生产的正常、高效进行起着重大作用。企业供应物流不仅是一个保证供应的目标，而且还是以最低成本、以最少消耗、以最大的保证来组织供应的物流活动，因此，就带来了很大的难度。现代物流学是基于非短缺商品市场这样一个宏观环境来研究物流活动的，在这种市场环境下，供应数量保证方面是容易做到的，企业的竞争关键在于：如何降低这一物流过程的成本，这可以说是企业物流的最大难点。为此，企业供应物流就必须解决有效的供应网络问题，供应方式问题、零库存问题，等等。

3. 企业销售物流

企业销售物流是企业为保证本身的经营利益，不断伴随销售活动，将产品所有权转给用户的物流活动。如上所述，在现代社会中，市场环境是一个完全的买方市场，因此，销售物流活动便带有极强的服务性，以满足买方的要求，最终实现销售。在这种市场前提下，销售往往以送达用户并经过售后服务才算终止，因此，销售物流的空间范围便很大，这便是销售物流的难度所在。在这种前提下，企业销售物流的特点便是，通过包装、送货、配送等一系列物流实现销售，这就需要研究送货方式、包装水平、运输路线等，并采取各种诸如少批量、多批次，定时、定量配送等特殊的物流方式达到目的，因而，其研究领域是很宽的。

4. 企业回收物流

企业在生产、供应、销售的活动中总会产生各种边角余料和废料，这些东西回收是需要物流支持的。而且，在一个企业中，回收物品处理不当，往往会影响整个生产环境，甚至影响产品质量，也会占用很大的空间，从而造成浪费。

5. 企业废弃物物流

企业废弃物物流是对企业排放的无用物进行运输、装卸、处理等的物流活动。

（四）国际物流

国际物流是现代物流系统发展很快、规模很大的一个物流领域，国际物流是伴随和支撑国际经济交往、贸易活动和其他国际交流所发生的物流活动。由于近十几年国际贸易的急剧扩大，国际分工日益深化，东西方之间冷战的结束，以及诸如欧洲等地一体化速度的加快，国际物流也成了现代物流研究的热点问题。

（五）区域物流

相对于国际物流而言，一个国家范围内的物流，一个城市的物流，一个经济区域的物流都处于同一法律、规章、制度之下，都受相同文化及社会因素影响，都处于基本相同的科技水平和装备水平之中，因而，除各具特点外，还都具备其所在区域的特点。

（六）一般物流

一般物流是指物流活动的共同点和一般性，物流活动的一个重要特点是涉及全社会、各企业，因此，物流系统的建立、物流活动的开展必须有普遍的适用性。

（七）特殊物流

专门范围、专门领域、特殊行业，在遵循一般物流规律的基础上，带有特殊制约因素、特殊应用领域、特殊管理方式、特殊劳动对象、特殊机械装备特点的物流，皆属于特殊物流范围。

第二节　电子商务与物流

一、物流在电子商务中的地位

（一）物流是电子商务的重要组成部分

对于电子商务的确切定义，时至今日也没有最终的标准定论。有些专家在定义电子商务时，将国外的定义与中国的现状相结合，扩大了国外原始电子商务定义的范围，提出了包括电子化过程的电子商务概念。

电子商务是实施整个贸易活动的电子化。

电子商务是一组电子工具在商务活动中的应用。 电子商务是电子化的购物市场。

电子商务是从售前到售后支持的各个环节实现电子化、自动化，等等。

在这类电子商务定义中，电子化的对象是整个交易过程，不仅包括信息流、商流、资金流，而且包括物流。信息流自始至终贯穿于整个交易过程，它提供包括诸如商品和服务的信息、促销行销的信息、售后服务以及交易等方面的信息；商流仅指商品在购销之间进行交易和商品所有权转移的过程；资金流主要指交易资金的转移过程，具体包括付款、转账和结账等过程，它涉及整个交易的安全程度。

随着信息技术的发展和电子银行的出现，信息流、商流和资金流已经可以通过信息技术和通信网络来实现。而物流，作为电子商务实现过程中的一个必不可少的实物流通环节，具体包括如物品的储运包装、运输配送和装卸检验等各项活动。

物流直接服务于最终顾客，因此物流服务水平的高低决定了顾客的满意程度，同时也决定了电子商务能否成功实现。良好的物流服务系统能够做到：在物资的采购和供应上，以最低的采购费用、最低的成本消耗以及最快的供应速度及时获取所需的资源；在物流配送和顾客服务上，获得合理的送货方式、最优的配送线路和良好的顾客服务水平，从而保证电子商务与信息流、资金流、商流和物流这“四流”的紧密协调。因此，物流是电子商务的重要组成部分，缺少了现代化物流过程，电子商务是不完整的，也不能确保其正常、便利地运转。

（二）物流是实现电子商务的保证

物流是实现电子商务的保证主要体现在以下三个方面。

1. 物流保障生产

无论在传统的贸易方式下，还是在电子商务下，生产都是商品流通之本，而生产的顺利进行需要各类物流活动支持，生产的全过程从原材料的采购开始，便要求有相应的供应物流活动，将所采购的材料到位，否则，生产就难以进行；在生产的各工艺流程之间，也需要原材料、半成品的物流过程，即所谓的生产物流，以实现生产的流动性；在生产的各工艺流程之间，需要有相应的供应物流活动，部分余料、可重复利用的物资的回收，就需要所谓的回收物流；废弃物的处理则需要废物物流。可见，整个生产过程实际上就是系列化的物流活动。合理化、现代化的物流，通过降低费用从而降低成本、优化库存结构、减少资金占压、缩短生产周期，保障了现代化生产的高效进行。相反，缺少了现代化的物流，生产将难以顺利进行。

2. 物流服务于商流

在商流活动中，商品所有权在购销合同签订的那一刻起，便由供应方转移到需求方，而商品并没有因此而移动，在传统的交易过程中，除了非实物交割的期货交易，一般的商流都必须伴随相应的物流活动，即按照需方（购方）的需求将商品实体由供方（卖方）以适当的形式和途径向需方（购方）转移，而在电子商务下，消费者通过网络购物，完成了商品所有权的交割过程，即商流过程。但电子商务的活动并未结束，只有商品和服务真正转移到消费者手中，商务活动才告以终结。在整个电子商务的交易过程中，物流实际上是以商流的后续者和服务者的姿态出现的，没有现代化的物流，轻松的商流活动都会化为一纸空文。

3. 物流是实现“以顾客为中心”理念的根本保证

电子商务的出现，在最大程度上方便了最终消费者。他们不必再跑到拥挤的商业街，一家又一家地挑选自己所需的商品，而只要坐在家里，在互联网上搜索、查看、挑选就可以完成他们的购物过程。但试想，他们所购的商品迟迟不能送到，或者商家所送并非自己所购，那么消费者还会选择网上购物吗？物流是电子商务中实现“以顾客为中心”理念的最终保证，缺少了现代化的物流技术，电子商务给消费者带来的购物便捷等于零，消费者必然会转向他们认为更为安全的传统购物方式，那么网上购物还有什么存在的必要？从以上的论述可见，物流是电子商务重要的组成部分。我们必须摈弃原有的“重信息流、商流和资金流的电子化，忽视物流电子化”的观念，大力发展现代化物流，以进一步推广电子商务。

二、电子商务下物流的特点

电子商务时代的来临，给全球物流带来了新的发展，使物流具备了一系列新特点。

（一）信息化

电子商务时代，物流信息化是电子商务的必然要求。物流信息化表现为物流信息的商品化、物流信息收集的数据库化和代码化、物流信息处理的电子化和计算机化、物流信息传递的标准化和实时化、物流信息存储的数字化等。因此，条码技术、数据库技术、电子订货系统、电子数据交换、快速反应及有效的客户反映、企业资源计划等技术与观念在我国的物流中将会得到普遍应用。信息化是一切的基础，没有物流的信息化，任何先进的技术设备都不可能应用于物流领域，信息技术及计算机技术在物流中的应用将会彻底改变世界物流的面貌。

（二）自动化

自动化的基础是信息化，自动化的核心是机电一体化，自动化的外在表现是无人化，自动化的效果是省力化，另外还可以扩大物流作业能力、提高劳动生产力、减少物流作业的差错等。物流自动化的设施非常多，如条码/语音/射频自动识别系统、自动分拣系统、自动存取系统、自动导向车、货物自动跟踪系统等。这些设施在发达国家已普遍用于物流作业流程中，而在我国由于物流业起步晚，发展水平低，自动化技术的普及还需要相当长的时间。

（三）网络化

物流领域网络化的基础也是信息化，这里指的网络化有两层含义：一是物流配送系统的计算机通信网络，包括物流配送中心与供应商或制造商的联系要通过计算机网络，另外，与下游顾客之间的联系也要通过计算机网络通信，比如物流配送中心向供应商提出订单这个过程，就可以使用计算机通信方式，借助于增殖网（VAN）上的电子订货系统（EOS）和电子数据交换技术（EDI）来自动实现，物流配送中心通过计算机网络收集下游客户的订货的过程也可以自动完成；二是组织的网络化，即所谓的组织内部网。比如，台湾的电脑业在20世纪90年代创造出了“全球运筹式产销模式”，这种模式的基本点是按照客户订单组织生产，生产采取分散形式，即将全世界的电脑资源都利用起来，采取外包的形式将一台电脑的所有零部件、元器件、芯片外包给世界各地的制造商去生产，然后通过全球的物流网络将这些零部件、元器件和芯片发往同一个物流配送中心进行组装，由该物流配送中心将组装的电脑迅速发给订户。这一过程需要有高效的物流网络支持，当然物流网络的基础是信息和电脑网络。物流的网络化是物流信息化的必然，是电子商务下物流活动的主要特征之一。当今世界互联网等全球网络资源的可用性及网络技术的普及为物流的网络化提供了良好的外部环境，物流网络化不可阻挡。

（四）智能化

智能化物流自动化、信息化的一种高层次应用，物流作业过程大量的运筹和决策，如库存水平的确定、运输（搬运）路径的选择、自动导向车的运行轨迹和作业控制、自动分拣机的运行、物流配送中心经营管理的决策支持等问题都需要借助于计算机才能解决。在物流自动化的进程中，物流智能化是不可回避的技术难题。好在专家系统、机器人等相关技术在国际上已经有比较成熟的研究成果。为了提高物流现代化的水平，物流的智能化已成为电子商务下物流发展的一个新趋势。

（五）柔性化

柔性化本来是为实现“以顾客为中心”理念而在生产领域提出的，但需要真正做到柔性化，即真正地能根据消费者需求的变化来灵活调节生产工艺，没有配套的柔性化的物流系统是不可能达到目的的。20 世纪 90 年代，国际生产领域纷纷推出弹性制造系统（FMS）、计算机集成制造系统（CIMS）、制造资源系统（MRP-II）、企业资源计划（ERP）以及供应链管理的概念和技术，这些概念和技术的实质是要将生产、流通进行集成，根据需求端的需求组织生产，安排物流活动。因此，柔性化的物流正是适应生产、流通与消费的需求而发展起来的一种新型物流模式。这就要求物流配送中心要根据消费需求“多品种、小批量、多批次、短周期”的特色，灵活组织和实施物流作业。

另外，物流设施、商品包装的标准化、物流的社会化、共同化也都是电子商务下物流模式的新特点。

三、电子商务与物流配送

（一）物流配送的定义及其模式

物流配送是指按用户订货要求，在配送中心或其他物流节点进行货物配备，并以最合理的方式送交用户的一种物流方式。

从物流配送的模式来看，其主要有三种类型。

1. 集货型配送模式

该种模式主要针对上家的采购物流过程进行创新而形成。其上家生产具有相互关联性，下家互相独立，上家对配送中心的储存度明显大于下家，上家相对集中，而下家分散具有相当的需求。同时，这类配送中心也强调其加工功能。此类配送模式适于成品或半成品物资的推销，如汽车配送中心。

2. 散货型配送模式

这种模式主要是对下家的供货物流进行优化而形成的。上家对配送中心的依存度小于下家，而且配送中心的下家相对集中或有利益共享（如连锁业）。采用此类配送模式的流通企业，其上家竞争激烈，下家需求以多品种、小批量为主要特征，适于原材料或半成品物资配送，如机电产品配送中心。

3. 混合型配送模式

这种模式综合了上述两种配送模式的优点，并对商品的流通全过程进行有效控制，有效克服了传统物流的弊端。采用这种配送模式的流通企业，规模较大，具有相当的设备投资，如区域性物流配送中心。在实际流通中，多采取多样化经营，降低了经营风险。这种运作模式比较符合新型物流配送的要求（特别是电子商务下的物流配送）。

（二）电子商务下的物流配送概述

电子商务下的物流配送，就是信息化、现代化、社会化的物流配送，它是指物流配送企业采用网络化的计算机技术和现代化的硬件设备、软件系统及先进的管理手段针对社会需求，严格地、守信用地按用户的订货要求，进行一系列分类、编配、整理、分工、配货等工作，定时、定点、定量地交给没有范围限度的各类用户，满足其对商品的需求。可以看出，这种新型的物流配送是以一种全新的面貌，成为流通领域革新的先锋，代表了现代市场营销的主方向。新型物流配送能使商品流通较传统的物流配送方式更容易实现信息化、自动化、现代化、社会化、智能化、合理化、简单化，使货畅其流，物尽其用，既减少生产企业库存，加速资金周转，提高物流效率，降低物流成本，又刺激了社会需求，有利于整个社会的宏观调控，也提高了整个社会的经济效益，促进市场经济的健康发展。

新型物流配送除具备传统物流配送的特征外，还具备以下基本特征。

信息化。通过网络使物流配送信息化，实行信息化管理是新型物流配送的基本特征，这也是实现现代化和社会化的前提保证。

现代化。传统的物流配送虽然也具备相当的现代化水平，但要求并不是十分严格。与电子商务下的新型物流配送相比，无论在水平、范围、层次等环节上都有很大的不足和欠缺，现代化程度的高低是区别新型物流配送和传统物流配送的一个重要特征。

社会化。同现代化一样，社会化程度的高低也是区别新型物流配送和传统物流配送的一个重要特征。很多传统的物流配送中心往往是某一企业为给本企业或本系统提供物流配送服务而建立起来的，有些配送中心虽然也有为社会服务的，但同电子商务下的新型物流配送所具备的真正社会性相比，具有很大的局限性。

（三）电子商务对物流配送的影响

电子商务是在互联网开放的网络环境下，基于浏览器/服务器的应用方式，实现消费者的网上购物、企业之间的网上交易和在线电子支付的一种新型的交易方式。电子商务与传统商务的本质区别，就是它以数字化网络为基础进行商品、货币和服务交易，目的在于减少信息社会的商业中间环节、缩短周期、降低成本、提高经营效率、提高服务质量，使企业有效地参与竞争。

物流配送定位在为电子商务的客户提供服务，根据电子商务的特点，对整个物流配送体系实行统一的信息管理和调度，这一先进的、优化的流通方式对流通企业提高服务质量、降低物流成本、优化社会库存配置，从而提高企业的经济效益及社会效益具有重要意义。

以网络计算为基础的电子商务催化着传统物流配送的革命。

回顾配送制的发展历程，可以说经历了三次革命。初期阶段就是送物上门。为了提高经营效率，国内许多商家较广泛地采用了把货送到买主手中的方式，这是物流的第一次革命。第二次物流革命是伴随着电子商务的出现而产生的，这是一次脱胎换骨的变化，不仅影响到物流配送本身，也影响到上下游的各个体系，包括供应商和消费者。第三次物流革命就是物流配送的信息化及网络技术的广泛应用所带来的种种影响，这些影响是有益的，将使物流配送更有效率。

以下仅对以网络为基础的电子商务对传统物流配送的冲击和影响做一下分析。

1. 网络改变了传统物流配送观念

传统的物流配送企业需要置备大面积的仓库，而电子商务系统网络化的虚拟企业将散置在各地的分属不同所有者的仓库通过网络系统连接起来，使之成为“虚拟仓库”，进行统一管理和调配使用，服务半径和货物集散空间就放大了。这样的企业在组织资源的速度、规模、效率和资源的合理配置方面都是传统物流配送所不可比拟的，相应的物流观念也必须是全新的。

2. 网络对物流配送的实时控制代替了传统的物流配送管理程序

一个先进系统的使用，会给一个企业带来全新的管理方法。传统的物流配送过程是由多个业务流程组成的，受人为因素影响和时间影响很大。网络的应用可以实现整个过程的实时监控和实时决策。新型的物流配送的业务流程都由网络系统连接。当系统的任何一个神经末端收到一个需求信息的时候，该系统都可以在极短的时间内做出反应，并可以拟订详细的配送计划，通知各环节开始工作。这一切工作都是由计算机根据人们事先设计好的程序自动完成的。

3. 物流配送的持续时间在网络环境下会大大缩短，对物流配送速度提出了更高的要求

在传统的物流配送管理中，由于信息交流的限制，完成一个配送过程的时间比较长，但这个时间随着网络系统的介入会变得越来越短，任何一个有关配送的信息和资源都会通过网络管理在几秒钟内传到有关环节。

4. 网络系统的介入，简化了物流配送流程

传统物流配送整个环节极为烦琐，在网络化的新型物流配送中心可以大大缩短这一流程。

①在网络支持下的成组技术可以在网络环境下更加淋漓尽致地被使用，物流配送周期会缩短，其组织方式也会发生变化。

②计算机系统管理可以使整个物流配送管理过程变得简单和容易。

③网络上的营业推广可以使用户购物和交易过程变得更有效率、费用更低。

④可以提高物流配送企业的竞争力，随着物流配送业的发展，行业竞争的范围和残酷性大大增加，信息的掌握、信息的有效传播和其易得性，比用传统方法获得超额利润的时间越来越短。

⑤网络的介入，使人们的潜能得到充分的发挥，自我实现的需求成为多数员工的工作

动力。在传统的物流配送企业中，大量的人从事简单的重复劳动，人是机器、数字和报表的“奴隶”，劳动的辛苦是普遍存在的。在网络化管理的新型物流配送企业，这些机械的工作都会交给计算机和网络，而留给人们的是能够给人以激励、挑战的工作。人类的自我实现的需求得到了充分的满足。

综上所述，推行信息化配送制，发展信息化、自动化、现代化的新型物流配送业是我国发展和完善电子商务服务的一项重要内容，势在必行。

四、电子商务与供应链管理

（一）供应链管理的含义

供应链管理（SCM）出现于20世纪80年代，随着经济全球化、信息网络化的发展在世界范围内受到广泛关注。目前学术界对供应链管理仍没有统一的认识。美国供应链学会认为：“供应链——目前国际上广泛使用的一个术语，囊括了涉及生产与交付最终产品和服务的一切努力，从供应商的供应商到客户的客户。供应链管理包括管理供应与需求，原材料、备品备件的采购、制造与装配，物件的存放及库存查询，订单的录入与管理，渠道分销及最终交付用户。”国内研究认为，供应链是由原材料和零部件的供应商、产品或服务的提供商、分销商和零售商及最终用户组成的一个网络，以实现由顾客需求提出到符合顾客所需的产品或服务的提供，顾客需求最终满足的一个过程。

供应链管理提出的原因：一是激烈的市场竞争要求企业在提高内部业务运作效率的基础上，加强上下游企业的紧密合作，从而降低成本，提高应变能力；二是随信息技术的发展，企业可在全球范围内获取资源和销售产品，全球化的业务运作要求更有效的管理理念和实现技术。

（二）电子商务发展中的供应链管理

电子商务的出现和发展是经济全球化与网络技术创新的结果。它彻底地改变了原有的物流、信息流、资金流的交互方式和实现手段，能够充分利用资源、提高效率、降低成本和提高服务质量。在迅猛发展的电子商务时代，以下一些重要趋势对供应链管理提出更高的要求。

1. 电子商务环境下供应链管理的核心任务

（1）动态联盟的系统化管理

在电子商务时代，企业的生存空间由物理的市场地域转变为虚拟市场空间。虚拟市场空间的出现改变了消费者必须通过市场地域使用或享受产品/服务的状况，同时弱化了生产者必须通过市场地域获得资源、进行生产的限制。通过信息交互，各种生产、交易活动从依赖物理地域转变成依靠市场虚拟空间进行；伴随这种转变，供应链中任何一个企业赖以生存的物理价值链也虚拟化、信息化。企业可以凭借聚合、组织、选择、综合、发布等信息处理手段寻求新的价值创造点。一方面为企业创造出了更大的生存空间；另一方面也增加了企业与供应链中其他成员发生合作与冲突的可能性。同时，现代市场对产品的生产速度、质量等方面的要求，进一步强化了企业对动态联盟的依赖性。所以，供应链管理的首要任务是对动态联盟的企业群体进行系统化管理。

（2）生产两端的生产资源的优化管理

在电子商务时代，市场呈现出前所未有的趋同性——不同产品在功能方面联合统一的趋势。市场趋同性促使生存于不同生产领域、不同生产环节的企业在各自的微战略环节上努力保持个体与企业群体的一致，这种努力使企业之间信息流与物流的交互变得更加频繁和复杂。众所周知，由于长期以来企业在生产制造环节上引进了各种科学管理方法，企业内部生产逐渐变得“精益”起来，而位于生产两端的各种活动，如零部件供应管理和产成品的流通配送，则成为供应链上的“非精益”环节。市场趋同性恰恰加剧了企业在这些“非精益”环节上的活动。所以，如何对生产两端进行资源优化管理，使这些“非精益”环节“消肿减肥”，比以往任何时候都更有意义。

（3）不确定性需求的信息共享管理

在电子商务时代，生产者与消费者的关系发生了彻底变化。这种变化可以归因于市场空间的出现。在超越传统物理时空的电子时空下，消费者的差异化需求得到了更大程度的满足，进而发展出更加复杂多变的需求；同时，由于各种生产资源在电子商务平台上虚拟化，生产者在更大程度上具备了满足这种日益多变的需求的生产能力。结果是：生产者与消费者的关系由生产者依靠 4P（Product，Price，Place，Promotion，即产品、价格、地点、促销）将产品“推”（Push）给消费者，逐步转变为消费者“拉动”（Pull）生产者以保证 4C（Consumer、Cost、Convenience、Communication，即消费者、成本、便利、交流）。

从供应链管理角度看，随着生产资源虚拟化程度的提高和消费者拉动力的增强，为供应链上的物流和信息流提供动力的“动力源”从生产者转移到了消费者。也就是说，在传统模式下，供应链管理的焦点在于如何利用生产者在生产技术和管理方法上的优势创造价值；而在电子商务时代，供应链管理的焦点在于如何保证消费者的“动力源”地位，如何通过对不确定需求的分析获取信息，如何通过保证信息在整个供应链上的共享来创造价值。

（4）生产的敏捷化管理

电子商务时代的市场竞争表现为竞争互动。在“链”与“链”的竞争中，一方遭遇“攻击”的时间在产品生命周期上大大提前；同时，它本身“进攻”另一方的能力也在增强。（这主要是因为：市场趋同性弱化了任一“链”依靠独特的产品/服务占有市场的能力；电子商务的发展促进了各种世界性标准的建立，这些标准正在逐渐打破或降低市场进入门槛；作为“动力源”的消费者的各种信息在互联网上几乎是共享信息，任一“链”已经无法依靠信息独占而维持自己独特的消费群体；市场空间的出现为更多企业创造了参与竞争的条件。）面对激烈的市场竞争，供应链中任何一个企业的产品战略都应该是“自灭自新”，即通过主动创造新产品，淘汰自己的旧产品来创造优势，而不是单纯保持优势。电子商务时代，供应链管理必须依靠持续获取短暂的竞争优势来创造持续的竞争优势。在这种竞争战略指导下，缩短产品的上市周期成为在日趋激烈的市场竞争中获胜的关键，而上市周期的缩短则要求供应链管理必须注目于从产品研发周期、采购供应周期、加工制造周期直至流通配送周期全过程的缩短。

2. 电子商务环境下供应链管理的实施

（1）正确分析企业所处的竞争环境

从客户的需求出发，分析企业所处的竞争环境，以便明确企业实施供应链管理的目的和方向。竞争环境的分析主要是为了识别面对的市场特征和各种机会，为企业制定切实可行的竞争战略创造条件。可通过向供应商、客户和合作伙伴发放问卷调查、实地走访、举行研讨会等形式进行分析。

（2）制定切实可行的竞争战略

制定竞争战略的前提和基础是对企业核心竞争力的分析，它主要是对企业所拥有的各种资源和能力进行客观正确的评价。而基本的竞争战略可以分为总成本领先战略、差异化战略和目标集聚战略。企业应在对自身核心竞争力的分析的基础上选择符合自身发展要求的竞争战略。

（3）选择合适的供应商

供应商的选择是供应链管理的关键环节，一般来说包括以下几个步骤。

①明确供应商选择的目标。如与供应商建立一种不断降低成本、提高产品质量，改进服务的契约关系等。

②确立供应商评估的标准。如拥有与本企业相似的价值观和战略思想；有可利用的核心竞争力，与本企业优势互补；在控制成本与降低价格方面有优势；有完整的质量保证体系和技术创新能力等。

③建立专门的公正的评估小组。小组成员应来自企业内部相关部门，评估时执行严格的统一标准，对不同的供应商给出公平、公正、公开的评估结果。

④通知初选合格的供应商参加评估，以确认他们是否愿意与企业建立供应链合作关系，是否有获取更高业绩水平的愿望。

⑤与供应商建立信任与合作关系。建立风险和责任共担、利益和市场共享的机制，从而促进供应链管理的高效运作，为双方赢得共同、持久的竞争优势。

（4）逐步完善网络基础

供应链管理的实施必须以完善的网络设施为前提，特别是企业的内联网、外联网和因特网的集成，是保证供应链高效运作的基本条件。条形码、电子数据交换 EDI、销售终端系统 POS、电子自动订货系统 EOS 以及企业的知识库、电子数据库都是供应链管理的重要组成部分。而一个完整的供应链系统方案除了供应链管理系统（SCM）外，应包括客户关系管理系统（CRM）、企业资源规划系统（ERP）、产品资讯系统（PDM）、全球采购管理（GPM）、全球需求管理（GDM）和电子商务（E-commerce）。

（5）加强协作，及时化解各种矛盾

供应链上的各企业就加强合作与沟通，采用互利互惠、求同存异的原则，从全局观念出发，及时化解供应链管理中的矛盾与冲突，是供应链管理真正成为使各方共同受益的有效途径。供应链管理要求一些公司将库存管理等权力交出，权力的交出方往往不放心，对信息的流动与整合施加一定的限制。事实上，一些供应链方案失败的主要原因正是因此。针对这个问题，国外的经验是在供应链中的企业间建立战略联盟伙伴关系。

第三节　电子商务物流技术

一、电子商务物流的基本流程

电子商务下整个供应链是由供应商、制造商、物流中心和顾客所组成的，供应商、制造商、物流中心和顾客通过互联网共享需求信息，供应商根据顾客的需求，生产其所需要的原材料，原材料经过制造商的加工、包装等一系列作业后，将产品集中到物流中心，物流中心根据顾客的订单情况，将货物送到顾客手中。

电子商务物流的基本流程可简要表述如下。

①企业将商品信息通过网络展示给客户，客户通过浏览器访问网站，选择需要购买的商品，并填写订单。

②厂方通过订单确认客户，告之收费方法，同时通知自己的应用系统组织货源程序。

③客户通过电子结算与金融部门交互执行资金转移。

④金融部门通过电子邮件（或其他方式）通知买卖双方资金转移的结果。

⑤厂方组织货物，并送达客户手中。

从上述电子商务的实际流程看，电子商务物流是集信息流、商流、资金流、物流为一身，贯穿整个的贸易交易过程。

二、物流的基本技术

物流技术一般是指与物流要素活动有关的所有专业技术的总称，可以包括各种操作方法、管理技能等，如流通加工技术、物品包装技术、物品标识技术、物品实时跟踪技术等，此外，还包括物流规划、物流评价、物流设计、物流策略等。随着计算机网络技术的应用普及，物流技术中综合了许多现代技术，如GIS（地理信息系统）、GPS（全球卫星定位系统）、RFID（射频识别技术）、EDI（电子数据交换）、BarCode（条码），等等。

（一）BarCode 技术

BarCode（条码），即“条形码”，是由一组黑白相间、宽度不同的条状符号组成的。条码技术是在计算机的应用实践中产生和发展起来的一种自动识别技术，是研究如何把计算机所需要的数据表示成条码形式和如何将条码表示的数据和符号转变为计算机可以自动采集、识别的数据。条码技术可以大量、快速采集信息，非常适合物流管理系统对大量化和高速化信息采集的要求，是实现POS系统、EDI、电子商务、供应链管理的技术基础。条码技术包括条形码的编码技术、条形符号设计技术、快速识别技术和计算机管理技术。根据不同的编码规则，提出的编码方案已超过四十种，目前应用最为广泛的有：交叉二五码、三九码、UPC码、EAN码、128码等。从印制条形码的材料、颜色分类，可将其分为黑白条形码、彩色条形码、发光条形码（荧光条形码、磷光条形码）和磁性条形码等。近年来又出现了按矩阵方式或堆栈方式排列信息的二维条形码。我国的适用标准是：

一维条码通用商品条码是与EAN码等效的，二维条码是与PDF417兼容的码制。

（二）EDI技术

EDI是Electronic Data Interchange的缩写，在中国大陆译为“电子数据交换”，在港台地区一般译为“电子资料联通”或“电子文件交换”。它是一种在公司之间传输订单、发票等商业文件的电子化手段，由于EDI所应用的领域不同，EDI技术的实施所达到的目的不同，所以EDI的定义也很难统一。

国际标准化组织（ISO）的定义：商业或行政事务处理，按照一个公认的标准，形成结构化的事务处理或信息数据结构，从计算机到计算机的数据传输。

美国国家标准局EDI认证标准委员会的定义：独立组织之间通过电脑，以标准的语意结构来传输明确的业务或策略性信息。

UN/EDIFACT的定义：贸易伙伴电脑系统之间，以最少的人工介入方式交换标准格式的资料。

在ISO 9735《用于行政商业运输业电子数据交换的应用级语法规则》（GB-14805）中对EDI的定义：在计算机之间以商务的标准格式进行的商业或行政业务数据的电子传输。

综上可以看出，EDI作为企业自动化管理的工具之一，具有以下特点。

①EDI是计算机系统之间所进行的电子信息传输。

②EDI是标准格式和结构化的电子数据的交换。

③EDI是由发送者和接收者所达成一致的标准和结构所进行的电子数据交换。

④EDI是由计算机自动读取而无须人工干预的电子数据交换。

⑤EDI是为了满足商业用途的电子数据交换。

（三）RFID技术

射频识别技术（RFID），射频识别技术是20世纪90年代开始兴起的一种非接触式的自动识别技术，它通过射频信号自动识别目标对象并获取相关数据，识别工作无须人工干预，可工作于各种恶劣环境。RFID技术可识别高速运动物体并可同时识别多个标签，操作快捷方便。

RFID是一种简单的无线系统，只有两个基本器件，该系统用于控制、检测和跟踪物体。系统由一个询问器（或阅读器）和很多应答器（或标签）组成。

RFID按应用频率的不同分为低频（LF）、高频（HF）、超高频（UHF）、微波（MW），相对应的代表性频率分别为：低频135KHz以下、高频13.56MHz、超高频860MHz～960MHz，微波2.4GHz，5.8GHz。

RFID按照能源的供给方式分为无源RFID、有源RFID，以及半有源RFID。无源RFID读写距离近，价格低；有源RFID可以提供更远的读写距离，但是需要电池供电，成本要更高一些，适用于远距离读写的应用场合。

（四）GIS 技术

GIS 技术是多种学科交叉的产物，它以地理空间数据为基础，采用地理模型分析方法，适时地提供多种空间的和动态的地理信息，是一种为地理研究和地理决策服务的计算机技术系统。其基本功能是将表格型数据（无论它来自数据库、电子表格文件或直接在程序中输入）转换为地理图形显示，然后对显示结果浏览、操作和分析。其显示范围可以从洲际地图到非常详细的街区地图，显示对象包括人口、销售情况、运输线路以及其他内容。

GIS 技术在物流运输中应用于物流分析，主要是指利用 GIS 强大的地理数据功能来完善物流分析技术。国外公司已经开发出利用 GIS 为物流分析提供专门分析的工具软件。完整的 GIS 物流分析软件集成了车辆路线模型、网络物流模型、分配集合模型和设施定位模型等。

①车辆路线模型：用于解决一个起始点、多个终点的货物运输中如何降低物流作业费用，并保证服务质量的问题，包括决定使用多少辆车，每辆车的路线等。

②网络物流模型：用于解决寻求最有效的分配货物路径问题，也就是物流网点布局问题。如将货物从 N 个仓库运往 M 个商店，每个商店都有固定的需求量，因此需要确定由哪个仓库提货送给哪个商店，所耗的运输代价最小。

③分配集合模型：可以根据各个要素的相似点把同一层上的所有或部分要素分为几个组，用以解决确定服务范围和销售市场范围等问题。如某一公司要设立 X 个分销点，要求这些分销点要覆盖某一地区，而且要使每个分销点的顾客数目大致相等。

④设施定位模型：用于确定一个或多个设施的位置。在物流系统中，仓库和运输线共同组成了物流网络，仓库处于网络的节点上，节点决定着线路，如何根据供求的实际需要并结合经济效益等原则，在既定区域内设立多少个仓库，每个仓库的位置，每个仓库的规模，以及仓库之间的物流关系等问题，运用此模型均能很容易地得到解决。

（五）GPS 技术

GPS 是美国从 20 世纪 70 年开始研制的，历时 20 年，耗资 200 亿美元，于 1994 年 3 月完成其整体部署实现其全天候、高精度和全球覆盖能力。现在 GPS 与现代通信技术相结合，使得测定地球表面三维坐标的方法从静态发展到动态，从数据后处理发展到实时的定位与导航，极大地拓展了它的应用广度和深度。其中，载波相位差分 GPS 技术可以极大地提高相对定位精度，在小范围内可以达到厘米级精度。此外，由于 GPS 测量技术对测点间的通视和几何图形等方面的要求比常规测量方法灵活、方便，其已完全可以用来施测各种等级的控制网。GPS 全站仪的发展在地形和土地测量以及各种工程、变形、地表沉陷监测中已经得到广泛应用，在精度、效率、成本等方面显示出巨大的优越性。

第四节　电子商务形式下物流业的发展趋势与策略

电子商务时代，企业销售范围的扩大，企业和商业销售方式及最终消费者购买方式的转变，使得送货上门等业务成为一项极为重要的服务业务，促使了物流行业的兴起。物流行业是能完整提供物流机能服务，以及运输配送、仓储保管、分装包装、流通加工等以收取报偿的行业。其主要包括仓储企业、运输企业、装卸搬运、配送企业、流通加工企业等。信息化、全球化、多功能化和一流的服务水平，已成为电子商务下的物流企业追求的目标。

一、发展趋势

（一）多功能化——物流业发展的方向

在电子商务时代，物流发展到集约化阶段，这种一体化配送中心不单单是提供仓储和运输服务，还必须开展配货、配送和各种提高附加值的流通加工服务项目，也可按客户的需要提供其他服务。现代供应链管理即通过整合从供应者到消费者供应链的运作，使物流达到最优化。作为一种战略概念，供应链也是一种产品，而且是可增值的产品；其目的不仅是降低成本，更重要的是提供用户期望以外的增值服务，以产生和保持竞争优势。从某种意义上讲，供应链是物流系统的充分延伸，是产品与信息从原料到最终消费者之间的增值服务。在经营形式上，采取合同型物流。这种配送中心与公用配送中心不同，它是通过签订合同，为一家或数家企业（客户）提供长期服务，而不是为所有客户服务。这种配送中心有由公用配送中心来进行管理的，也有自行管理的，但主要是提供服务；也有可能其所有权属于生产厂家，交由专门的物流公司进行管理。

供应链系统物流完全适应了流通业经营理念的全面更新。因为，以往商品经由制造、批发、仓储、零售各环节间的多层复杂途径，最终到消费者手里。而现代流通业已简化为由制造商经配送中心而送到各零售点。它使未来的产业分工更加精细，产销分工日趋专业化，这大大提高了社会的整体生产力和经济效益，使流通业成为整个国民经济活动的中心。加之在这个阶段有许多新技术，例如，准时制工作法，又如，销售时点信息管理系统，商店将销售情况及时反馈给工厂的配送中心，有利于厂商按照市场调整生产，以及同配送中心调整配送计划，使企业的经营效益跨上一个新台阶。

（二）一流的服务——物流企业的追求

在电子商务下，物流业是介于供货方和购货方之间的第三方，是以服务作为第一宗旨的。从当前物流的现状来看，物流企业不仅要为本地区服务，还要做长距离的服务。因为客户不但希望得到很好的服务，而且希望服务点不是一处，而是多处。因此，如何服务好，便成了物流企业管理的中心课题。应该看到，配送中心离客户最近，联系最密切，商品都是通过它送到客户手中的。美、日等国物流企业成功的要诀，就在于它们都十分重视客户服务的研究。

首先，在概念上变革，由“推”到“拉”。配送中心应更多地考虑客户要我提供哪些服务，从这层意义讲，它是“拉”，而不是仅仅考虑“我能为客户提供哪些服务”，即“推”。如有的配送中心起初提供的是区域性的物流服务，以后发展到提供长距离服务，而且能提供越来越多的服务项目。又如配送中心派人到生产厂家“驻点”，直接为客户发货。越来越多的生产厂家把所有物流工作全部委托配货中心去干，从根本意义上讲，配送中心的工作已延伸到生产厂里去了。如何满足客户的需要把货物送到客户手中，就要看配送中心的作业水平了。其次，配送中心不仅与生产厂家保持紧密的伙伴关系，而且直接与客户联系，能及时了解客户的需求信息，并沟通厂商和客户双方，起着桥梁作用。如美国普雷兹集团公司是一个以运输和配送为主的庞大公司。物流企业不仅为货主提供优质的服务，而且要具备运输、仓储、进出口贸易等一系列知识，深入研究货主企业的生产经营发展流程设计和全方位系统服务。优质和系统的服务使物流企业与货主企业结成战略伙伴关系（或称策略联盟），一方面有助于货主企业的产品迅速进入市场，提高竞争力，另一方面则使物流企业有稳定的资源，对物流企业而言，服务质量和服务水平正逐渐成为比价格更为重要的选择因素。

（三）信息化——现代物流业的必由之路

在电子商务时代，要提供最佳的服务，物流系统必须要有良好的信息处理和传输系统。美国洛杉矶西海报关公司与码头、机场、海关信息联网。当货从世界各地起运，客户便可以从该公司获得到达的时间、到泊（岸）的准确位置，使收货人与各仓储、运输公司等做好准备，使商品在几乎不停留的情况下快速流动，直达目的地。又如，美国干货储藏公司有200多个客户，每天接收大量的订单，需要很好的信息系统。为此，该公司将许多表格编制进了计算机程序，大量的信息可迅速输入、传输，各子公司也是如此。再如，美国橡胶公司的物流分公司设立了信息处理中心，接收世界各地的订单，ffiM公司只需按动键盘，即可接通橡胶公司订货，通常在几小时内便可把货送到客户手中。良好的信息系统能提供极好的信息服务，以赢得客户的信赖。

大型的配送公司，往往建立了ECR和JIT系统。所谓ECR，即有效客户信息反馈。有了它，公司就可做到客户要什么就生产什么，而不是生产出东西等顾客来买。仓库商品的周转次数每年达20次，若利用客户信息反馈这种有效手段，可增加到24次。这样，可使仓库的吞吐量大大增加。通过JFT系统，公司可从零售商店很快地得到销售反馈信息。配送不仅实现了内部的信息网络化，而且增加了配送货物的跟踪信息，从而大大提高了物流企业的服务水平，降低了成本。成本降低，竞争力便增强了。

欧洲某配送公司通过远距离的数据传输，将若干家客户的订单汇总起来，在配送中心采用计算机系统编制出“一笔画”式的路径最佳化“组配拣选单”。配货人员只需到仓库转一次，即可配好订单上的全部要货。在电子商务下，全球经济的一体化，使当前的物流业正向全球化、信息化、一体化发展。商品与生产要素在全球范围内以空前的速度自由流动。电子数据交换技术与国际互联网的应用，使物流效率的提高更多地取决于信息管理技术，电子计算机的普遍应用为物流提供了更多的需求和库存信息，提高了信息管理科学化水平，使产品流动更加容易和迅速。物流信息化，包括商品代码和数据库的建立，运输网络合理化、销售网络系统化和物流中心管理电子化建设等，目前还有很多工作有待实施。可以说，没有现代化的信息管理，就没有现代化的物流。

（四）全球化——物流企业竞争的趋势

20世纪90年代早期，电子商务的出现，加速了全球经济的一体化，致使物流企业的发展达到了多国化。它从许多不同的国家收集所需要的资源，再加工后向各国出口，如前面提及的台湾电脑业。

全球化的物流模式，使得企业面临着新的问题，例如，当北美自由贸易区协议达成后，其物流配送系统已不是仅仅从东部到西部的问题，还有从北部到南部的问题。这里面有仓库建设问题也有运输问题。又如，从加拿大到墨西哥，如何来运送货物，又如何设计合适的配送中心，还有如何提供良好服务的问题。另外一个困难是较难找到素质较好、水平较高的管理人员，因为其大量牵涉到合作伙伴的贸易平衡问题。如日本在美国开设了很多分公司，而两国存在着不小的文化差异，势必会碰到如何管理的问题。

还有一个信息共享问题。很多企业有不少企业内部的秘密，物流企业很难与之打交道，因此，如何建立信息处理系统，以及时获得必要的信息，对物流企业来说，是个难题。同时，在将来的物流系统中，能否做到尽快将货物送到客户手里，是提供优质服务的关键之一。客户要求发出订单后，第二天就能得到货物；而不是口头上说可能何时拿到货物。同时，客户还在考虑所花费用与所得到的服务是否相称，是否合适。

全球化战略的趋势，使物流企业和生产企业更紧密地联系在一起，形成了社会大分工。生产商集中精力制造产品、降低成本、创造价值；物流企业则花费大量时间、精力从事物流服务。物流企业的满足需求系统比原来更进一步了。例如，在配送中心，对进口商品的代理报关业务、暂时储存、搬运和配送，必要的流通加工，从商品进口到送交消费者手中的服务实现一条龙。

二、发展策略

面对电子商务发展的这种形势，物流企业应当感到任重道远，应当不失时机地抓住机遇，认真地制定物流业大发展的战略和策略。其中，以下几点特别重要。

①建立和发展适应网络经济形势的物流业，是一个大的社会工程，要全区域，甚至全社会统一认识，形成合力，特别是要得到政府的支持，政府应当出面组织策划和实施。之所以要政府出面，是因为这牵涉着像产业重组这样的几乎涉及社会所有企业单位和人们的革命性的变化，没有政府妥善的规划组织，光靠企业自己干是很难实现的。

随着电子商务的开展，自然就会逐渐进行产业重组。这时，就要有计划地撤销一些实际商店、实际银行的分行、支行、营业点，同时有步骤地将这些企业的下岗富余人员组建成合理的配送中心。

几个配送中心就可以合并成一个物流公司或货物流通中心。这样下去，就会逐渐形成一个完善的物流业。

②组建的配送中心、物流企业一开始就一定要合理规划布局。

物流业是一个系统，应当组成一个相互联系、相互区别、相互分工协作、有着等级层次结构的物流企业体系。各个小区设一个综合配送中心，负责小区的供货送货；若干小区联合起来，建立大的物流中心，负责向各个小区配送中心供货送货；还有更大的物流中心，如港口码头、铁路站点，负责向全区甚至在国内范围大进大出地转运物资。不同的物流企业承担不同的功能，彼此又互相协作、互相支持，构成一个功能齐全、布局合理的物流企业体系。

③建立第三方物流模式。第三方物流模式，是一种完全专业化的物流模式。生产企业专搞生产，把生产企业的原材料进货供应、所生产的产品的销售送货等物流业务全交给物流企业去承担。物流企业是生产企业的大管家，既负责“后”勤，又负责“前”勤。这样做，物流企业才会充分合理有效地组织利用资源，既保证自己的经济效益，又保证生产企业的经济效益。

④为适应电子商务的需要，配送中心的功能应有所变化。这些配送中心的基本功能有以下几种。

货物储存。无论是生产企业生产出来的还是从外地转运来的、供应本区域生产或生活需要的商品，都要储存到这里的仓库里，以备送货用。

运输，也就是送货和进货。根据网上销售的信息，将网上销售的商品送到用户手中。同时，也要及时进货，保证及时吸纳生产企业的产品（将这里办成生产企业的成品库），又保证货物不脱销。

包装、装卸、流通加工等功能。这些功能传统的物流中心和配送中心都有，在电子商务的情况下，还要特别增加以下两个功能：一是商品展示功能；二是销售零售功能。

因为在取消了大多数的商店以后，人们通常都在网上虚拟商店购物，不到实体商店来。但是有时，特别是节假日旅游，人们也想逛逛商场，看看实物。所以物流中心、配送中心也需要满足这些需求而增设展示和零售的功能。由于这些需求量不会太多，所以附设在物流中心和配送中心比较合适。如果这些需求量很大，或者物流中心和配送中心不愿增设这些功能，则必须在物流中心和配送中心之外，还要保留适量的超级商场。

建立物流企业要立足于高科技、高起点。网络经济时期，实际上就是一个高科技经济模式。物流企业要适应电子商务，就要努力采用高科技，建立在高起点上。

首先，物流企业要上网。要在网上建立站点，提供信息。除了介绍公司、仓库、货物信息以外，特别是要提供用户所关心的送货信息，用户已经购买的货物送货了没有，什么时候送的，送了多少。

其次，要有高水平的、先进的储运设施。要有足够的仓库储存场所，先进的包装装卸以及存放设备设施，应当有宽敞的商品展示和零售场所。要有强大先进的运输车队和强大的吞吐能力。还要有无线通信设备，随时可以上网联系。

总之，要努力建立起一个具有现代化水平的物流企业，要有一个严格科学的管理系统，也要实现事物处理信息化、信息处理电子化。要充分利用计算机和计算机网络来处理信息。要利用无线通信、卫星通信和数据传输、电子邮件等工具来进行事务处理。

【案例分析】

珠穆朗玛网上商店由连邦软件公司建立，1999 年 5 月 18 日正式开业。该商店主要销售软件、计算机类图书商品。同年 11 月，其销售额达到 1250 万元人民币，商品种类达 14 万种，注册用户数量接近 12 万人。

1999 年底，8848 公司从连邦软件公司分离，成为独立公司，即北京珠穆朗玛电子商务服务有限公司。由于有多家外资机构对其进行投资，8848 公司很快取得了国内电子商务网站的龙头地位。2000 年 11 月，快速膨胀的 8848 公司进行了业务拆分，由 8848 公司和深圳某投资发展有限公司共同投资成立北京时代珠峰科技发展有限公司（my8848）。8848 公司出让全部电子商务业务及部分相关资产，授权 my8848 独家使用 8848 的电子商务域名。这使得 my8848 一成立就享有了一个明星企业的市场知名度和信誉度，也让一些人误解 my8848 就是 8848。

由于种种原因，my8848 网站从 2001 年 6 月开始拖欠供货商的货款，9 月出现收取客户预付款却不送货的情况。被公司拖欠货款的有 200 多家供货商，其中有 20 余家向法院提起了诉讼。2001 年 9 月 20 日法院查封了 my8848 网站，中国电子商务起步较早、知名度很高的品牌网站由此陷入破产的境地。

对于 my8848 衰败的原因，一些媒体进行了如下分析。

①my8848 在成立之初就为自己埋下了股权混乱的种子。作为公司第一大股东的深圳某公司被笼罩在神秘色彩中未公开露面。各股东之间一直协调不善，甚至到 my8848 遭到法院查封时，应当投入的资金还未能全部到位。

②虽然 my8848 的董事长具有很高的知名度，但公司管理团队的经营能力却不强。公司一直由主要投资方指派的不熟悉网络营销的人员运作。缺乏优秀的领导团队，直接影响着企业的战略执行、市场开拓与内部管理。

③my8848 采用“大而全”的商业模式，号称有商品十几万种，商品种类跨度太大，像个百货商场。公司缺乏多品种商品的销售经验和明晰的收益模式，盲目使用折扣手段，最后导致网站的垮台。

④8848 在品牌上的投入和公司董事长的知名度，使 8848 成立时就拥有巨大的品牌影响力。为维持这一品牌，my8848 不得不继续在宣传上投入大量资金。

⑤my8848 主要采用折扣促销的销售策略，许多商品实际上是亏本销售。加上物流、结算等环节不配套，从而导致企业亏损额急剧上升。

⑥公司和供货商之间是以赊销的方式进行业务交往的，一般 30～90 天结算一次货款。由于公司销售不畅，公司大量拖欠供货商货款，供货渠道受阻。

【案例讨论】

（1）试归纳导致 my8848 失败的主要原因。

（2）请选择一个你所熟悉的经营较好的网上商店（如当当网上书店），试从经营特色、促销手段、售后服务三个方面分析其与 my8848 的不同点。

（3）全球电子商务依然保持着较快的发展速度的同时，一些电子商务网站却面临解体的危险，许多人对电子商务的发展丧失信心。你认为应该如何看待这种现象？

第八章　电子商务组织管理

随着计算机技术、通信技术和互联网在商业领域的广泛应用，商务活动全球化已经成为商务发展的必然趋势。电子商务正是为了适应商务活动全球化的要求而出现和发展起来的。电子商务的产生和发展引发了全新的商业机会、需求、规则和挑战，并且将对全球经济和社会的发展继续产生深刻的影响。随着电子商务的发展和企业组织外在环境的复杂变化，企业组织必须改变组织结构和形态并实施相应的组织管理来应对挑战。

第一节　电子商务组织管理概述

电子商务的出现使企业的生产、交易成本以及企业的经营和生存环境都产生了巨大的变化，因此组织管理也要做出相应的调整和改变。

一、组织管理

（一）组织的基本概念

不同的研究者从不同的角度出发对组织的概念有不同的解释。马克思·韦伯认为，组织是"一种通过规则对外来者的加入既封闭又限制的社会关系，就其秩序而言，为特定个体的行动所支配，这个特定个体的功能通常是领导，有时也可以是一个管理团体。"亨利·法约尔认为，组织一个企业就是为企业的经营提供必需的原料、设备、资本、人员，大体上可以分为物质组织和社会组织两大部分。切斯特·巴纳德认为，组织是"将两个或两个以上的人的行为或力量加以有意识的协调的合作系统"，正式组织包含协作的意愿、共同的目标和信息联系三个要素。卡特斯对组织的定义是，把组织分为属于更广泛环境的分系统、技术分系统、结构分系统、社会心理分系统和管理分系统五个分系统。沙因把组织看作"为了达到某个特定的目标，通过各部门劳动、职务分工合作以及不同等级的权利和责任的制度化，有计划地协调一群人的活动"。罗宾斯认为，组织是"人们为了实现一定的目标，进行合理的协调而产生的具有相对可以识别的边界的社会实体"，即指的是人群。由以上的这些定义，可以归纳出组织具备四个主要特点：第一，组织是由个人和群体组成的；第二，组织有自己的目标；第三，组织通过分工和协调合作实现目标；第四，组织是一个开放的动态系统，不断和外界环境进行交流和互动。综上所述，可以认为，组织是指有一个共同目标和一定社会边界的社会实体和活动过程及动态系统。而企业组织指的是人们为实现企业目标，运用知识和技能相互协作结合而成的具有一定边界的社会实体及由战略、结构、文化等子系统构成，尽力适应外部环境的动态复杂系统。

（二）组织管理理论

组织管理理论的发展先后经历了古典组织理论、行为科学组织理论和现代组织理论三个主要的发展阶段。古典组织理论也称传统组织理论，包括科学管理理论、行政管理理论和官僚制理论。行为科学组织理论也称新古典组织理论，主要包括人际关系组织理论、组织平衡理论和决策过程组织理论等。现代组织理论主要指系统组织理论、权变组织理论、群体生态理论和资源依赖理论。

1. 古典组织理论

古典组织理论偏重于对组织的静态研究，注重组织的功能，目的主要在于为管理者寻找简便、有效的解决组织内部问题的方法和技术。其主要的代表人物有弗雷德里克·泰罗、亨利·法约尔和马克思·韦伯。

弗雷德里克·泰罗是科学管理的倡导者和推动者，被称为“科学管理之父”。泰罗在《科学管理原理》一书中提出工作定额原理和标准化原理，提倡实行有差别的基建工资制度，主张雇主和工人双方合作以提高劳动生产率，还主张计划职能和执行职能划分，采用职能管理制，在组织结构上应用管理控制原理等思想和理论。

亨利·法约尔是法国的组织理论家。他在《工业管理与一般管理》中提出管理活动有五个要素：计划、组织、指挥、协调、控制，这五个要素构成了一个系统而完整的管理过程。管理不同于经营，管理是经营的六种职能活动之一。经营的六种职能活动是：技术活动、财务活动、商业活动、安全活动、会计活动和管理活动。法约尔还提出了十四条管理原则，包括劳动分工、权力与职责、纪律、命令统一、指挥统一、人员报酬、个人利益服从集体利益、集权、等级链、秩序、公平、人员任期的稳定、首创精神和集体精神。

马克思·韦伯是德国的社会学家，被称为“组织理论之父”。韦伯在《社会组织与经济组织理论》中提出了理想的行政组织体系理论。韦伯认为，随着生产规模的扩大，以往的家长管理已经不能适应现实的要求，应该建立政府机关那样层次分明、制度严格、责权明确的金字塔式的组织模式来进行管理。被韦伯称为官僚模型的理想的行政组织体系具有如下几个特点：有明确界定的等级制度；内部分工明确，专业化程度高；详细的规章制度；人际关系完全以理性准则为指导。这种理想的行政组织体系可以提高工作效率，在精确性、纪律性、稳定性和可靠性方面都要比其他组织体系优越。

2. 行为科学组织理论

行为科学组织理论也称为新古典组织理论，它以古典组织理论为基础，吸收了行为科学和心理学的理论观点和知识，对古典组织理论做出了一定的修正和补充。行为科学组织理论着重研究组织中的人，强调人的心理对组织的影响。其主要代表人物有埃尔顿·梅奥、切斯特·巴纳德、赫伯特·西蒙、亚伯拉罕·马斯洛等。

埃尔顿·梅奥通过霍桑实验发现影响生产率的最重要的因素是人的社会关系方面的满足和工作中建立起来的人际关系，并且提出了在正式群体组织中存在着非正式群体。在总结霍桑实验的基础上，梅奥发展了人际关系组织理论，使组织管理理论研究进入了新的时期。

切斯特·巴纳德认为，组织是由人组成的，他们具有相互作用的社会关系。管理者的主要作用是沟通和激励下属。非正式组织还能够提高正式组织的效率。组织的成功主要依赖于组织中员工的合作程度，也依赖于组织与那些组织外的、与组织有定期联系的人和机构维持良好的关系，包括投资者和外部客户等。管理者必须审视企业的环境并且通过调整企业与环境的关系来保持一种均衡状态。

赫伯特·西蒙认为，决策贯穿于组织管理的全过程，决策是整个组织管理的中心。决策可以分为程序性决策和非程序性决策。决策者也很重要，但决策者并非是完全理性的。

亚伯拉罕·马斯洛提出了需要层次理论，他认为人的需求从低到高分为五个层次：即生理、安全、社交、尊重和自我实现的需要。道格拉斯·麦格雷戈提出了人性的“X 理论和 Y 理论”。戴维·麦克莱兰提出成就需要理论。费雷德里克·赫茨伯格提出了双因素理论。

3. 现代组织理论

现代组织理论把系统理论引入组织设计。主张人是组织的主体，组织设计是静态的结构设计与动态的运作过程的结合。同时，把权变理论引入组织设计，提出不存在普遍适用的组织设计模式，影响组织设计的主要权变因素包括企业环境、战略、规模、技术和人员素质等。其主要代表人物有霍曼斯、卡斯特、阿尔瑞契、普费弗、萨兰西克和詹姆士·穆尔。

霍曼斯和卡斯特是系统权变理论的代表。系统权变理论认为，系统是一个开放的具有整体性的社会技术系统。霍曼斯认为，任何社会组织都处于物理的、技术的、文化的环境之中，这些环境决定着社会系统中人们的活动和发生的相互作用。而人们进行活动和发生相互作用时，在人与人之间和人与环境之间引起一定的情感。环境决定的活动、相互作用和情感组成外部系统或社会系统，即相当于正式组织。社会系统中的内部系统引起的新的规范、态度、活动方式组成了内部系统，即相当于非正式组织。内部系统和外部系统是相互依赖的，一个系统的变化会引起另一个系统的变化。内外两个系统与外界环境也是相互依赖的。正式与非正式组织的变化会引起环境的变化，环境的变化也会引起正式与非正式组织的变化。卡斯特认为，组织是一个人造的、开放的系统，它是由各个子公司组成的，各个子公司通过输入和输出的关系构成一个完整的系统，只有适应了环境的变化，组织才能生存下去。

阿尔瑞契和普费弗提出了群体生态理论，也叫自然选择模型。该理论认为，组织在环境中是否能够生存和生物的适者生存的规律一样，环境依据组织机构的特点及其与环境的适应性选择或者淘汰一些组织。

普费弗和萨兰西克提出了资源依赖理论。该理论强调组织对外部资源的依赖，强调组织从环境中获取资源能力的重要性，把组织看作环境的关系的积极参与者。

阿尔瑞契和普费弗提出的群体生态理论与普费弗和萨兰西克提出的资源依赖理论都强调组织环境的决定作用，认为不存在一成不变的、普遍适用的组织结构，组织结构主要由组织环境决定。受到环境决定组织结构的理论影响，在这一时期组织结构形式非常灵活，以团队为模块的工作单元、临时工作小组、网络型组织等扁平网络组织得到了迅速的发展。

詹姆士·穆尔提出了“组织商业生态系统”这一全新的概念。他认为，组织商业生态系统是由组织和个人所组成的经济联合体，其成员包括核心企业、消费者、市场中介、供应商、风险承担者等，在一定程度上还包括竞争者，这些成员之间构成了价值链，不同的链之间相互交织形成了价值网，物质、能量和信息等通过价值网在联合体成员间流动和循环。价值链上各环节之间是价值或利益交换的关系，即类似于共生关系，多个共生关系形成了商业生态系统的价值网。组织商业生态系统是“一个介于传统组织形式与市场运作模式之间的组织形态”。

从20世纪90年代以来，组织的概念正在发生变化，组织边界变得模糊化，组织在被组织商业生态系统所替代。

（三）组织变革与发展

当今时代是个变化多端的时代，全球市场一体化不断深入，新技术、新产品大量出现，组织要生存和获得竞争优势就要适应不断变化的环境要求，因此组织要不断进行有效的变革以获得自身发展。

1.组织变革

组织变革是指组织受到外部环境的冲击，配合内在环境的需要，调整其内部的若干状况，以维持本身的平衡。组织变革可以概括地分为组织结构变革、技术变革、组织管理制度变革、人员变革和组织物理环境变革。组织结构变革包括对权力关系、协调机制等结构变量的改变。技术变革涉及工作流程、方法和设备的调整。人员变革包括对员工观念、技能、行为的改变。组织管理制度变革包括组织管理理念和方法的变革。物理环境变革包括工作场所位置和布局的改变。

中外学者提出了多个不同的组织变革的模型，主要有勒温的三步模型、李皮特等人的变革模型、勒维特模型、布洛克和巴腾的有计划的变革整合模型和活动研究模型。

勒温的三步模型认为，组织变革包含解冻、变革和再冻结三个步骤。这个模型用来解释和指导如何发动、管理和稳定变革过程，目标是对企业变革阻力进行有效的管理。在勒温的模型里现状是一种平衡状态，要打破这种平衡状态必须要克服个体和群体的从众压力，因此要“解冻”。第一个步骤“解冻”，指弱化致力于维持现状的力量，可以通过推动力、抑制力或者以上两种方法的结合实现。第二个步骤变革，目标在于转变组织中部门或者个人的行为，其可以通过获得新的概念和信息而完成。第三个步骤再冻结，其目标在于巩固变革的成果，使组织变革处于稳定状态，可以通过建立新的系统与程序以支持和维持所推动的变革。

李皮特等人的变革模型认为变革过程主要包括五个阶段：发展变革需要、确定变革关系、实施变革措施、维持稳定变单、结束协助关系。勒维特模型认为，组织由四个彼此具有互动关系的变量构成，即人员、工作、技术和结构，任何组织的变革都要涉及这四个变量，特定变革目标可能只是改变这四个变量中的一个，但是这四个变量之间会相互影响，在任何变革推行之前都要做缜密的分析和规划以顺利达到阻止变革目标。布洛克和巴腾的有计划的变革整合模型认为，有计划的变革包括探索、计划、行动和整合四个阶段，四个阶段循序渐进。活动研究模型认为，组织变革先要系统地收集信息，然后在信息分析的基础上选择变革行为，活动研究过程包括诊断、分析、反馈、行动和评价共五个阶段。

组织变革的障碍包括两个层面的内容，一个是组织层面障碍；一个是个人层面障碍。组织层面的组织变革障碍主要涉及六个方面：结构惯性、有限的变革点、群体惯性、对专业知识的威胁、对已有权利关系的威胁、对已有资源分配的威胁。个人层面的组织变革障碍主要涉及五个方面：习惯、安全、经济原因、对未知的恐惧、选择性的信息加工。

组织变革推动者可以采用一些方式消除组织变革障碍影响。例如，在变革之前和员工进行沟通；让员工参与变革设计和执行变革；当员工感到焦虑或者害怕时提供支持；通过协商和签订协议也可以减少变革阻力；直接对抵制者实施威胁或者增加压力；操纵和收买也可以减少变革阻力。具体采取什么方式要根据具体情况而定，但要注意协商和协议的方式存在一定风险，强制及操纵和收买有负面的影响。

2. 组织发展

组织发展在学术界没有一个普遍认同的定义，可以认为组织发展属于有计划变革的一种技术，目的在于提高组织的有效性。常用的组织发展的方法和技术主要有调查反馈、过程咨询、群体间关系的开发、敏感性训练和团队建设。调查反馈是通过问卷和调查收集、评估、反馈组织成员的态度，识别成员之间的认识上的差异及消除这些差异的一种工具。其通常包括五个步骤：组织成员共同参与调查最初设计；使用调查工具对所有组织成员进行调查；组织发展咨询人员分析调查数据，提供诊断分析方法，指导调查反馈工作；从组织最高层到最低层依次反馈数据；召开反馈会议，共同讨论数据。

过程咨询旨在帮助部门经理、员工和团队评估并改进沟通、人际关系、决策等过程。过程咨询的目的就是让外部顾问帮助客户对他们必须处理的事情进行认识、理解和行动。群体间关系的开发目的在于改变群体间的态度、成见和观念，最常用的方法是强调问题解决方法。在敏感性训练中，成员处于自由开放的环境中，讨论自己和成员相互间的交往过程，有专家适当引导。敏感性训练是现代组织发展中较早使用的方法，但关于其效果问题，目前还存在争论。团队建设指有计划地帮助团队改善完成任务的方式、帮助团队成员提升人际交往能力和问题解决能力的一系列活动，团队建设适用于拥有团队的组织。

二、电子商务组织管理的内容和特点

电子商务组织管理指的是企业组织在电子商务环境下，协调组织内部和外部的人力、物力、资金和信息等资源，实现共同组织目标的一种活动和过程。电子商务组织管理包括哪些内容？具有哪些新特点？

（一）电子商务组织管理的内容

电子商务组织管理可以简单归纳为四个方面的内容：组织目标管理、组织活动管理、组织技术管理和组织制度管理。

1. 电子商务组织目标管理

组织目标是组织设定的未来要实现或者希望实现的状况。企业组织目标多种多样，其中利润是重要的组织目标之一。电子商务具有低成本、高效益、全球化的优势，使企业能更充分地利用内部和外部资源，从而提高企业的效率，因此可以认为企业组织利润目标的推动使电子商务进入企业成为趋势。反过来电子商务通过影响企业组织的决策和运营过程，对企业组织目标的实现产生了显著的影响。一些大型企业在做投资决策时会考虑使用电子商务的相关技术，从而与社会群体的发展趋势相同并争取获得更多的市场竞争优势。中小企业在争夺市场份额的时候也会考虑使用低成本的电子商务技术。另外，企业为了应对环境的变化，对人力资本的投资也集中到了企业的电子商务技术应用领域。总之，电子商务组织目标管理的实现离不开电子商务理念和技术。

2. 电子商务组织活动管理

组织活动是围绕组织目标展开的，组织的活动往往因为组织中的分工而不同，但是总体来看，组织活动要求具有实践的经验性，活动的效果依赖于操作者或者管理者个人的能力。电子商务和企业组织活动的结合降低了对具体操作者个别能力的要求，提高了管理活动的客观性和科学性。但对管理者的要求提高了，要求他们理解技术的应用，使企业活动不仅仅依靠经验管理。总之，管理活动的不确定性减弱了，电子商务支持下的企业活动拥有了更多的空间和选择的机会，即使企业投资电子商务没有减少运作成本，其投资还是值得的。

3. 电子商务组织技术管理

电子商务对企业运作过程进行改造和管理，因而对企业组织中的技术要素形成巨大的冲击，电子商务也必将会推动组织的技术创新。在科学管理初期，机器生产使企业组织中的分工成为非常重要的技术。随着信息技术的发展，机器的自动化和智能化取代了人类。纵观技术创新的发展历程，电子商务是应用技术要素对组织管理进行智能化的替代，而不仅仅是局部的技术智能化。

4. 电子商务组织制度管理

企业管理制度是企业在生产管理实践活动中制定的各项规定和条例，包括企业的人事制度、生产管理制度、民主管理制度等一切规章制度。企业管理制度是企业正常生产经营实现企业目标所必需的，是强有力的保障措施和手段。优秀的管理制度体现出科学、人本等先进文化理念。电子商务的发展对企业的制度造成了很大的影响。应用电子商务后，电子商务融入企业组织的方方面面，使企业生产管理实践发生了变化，改变了企业员工的工作内容和方法，企业管理制度更加注重提高员工的知识、专业技能和学习能力方面的要求，对员工的管理变得更为深层次化，而非浅层次简单放松对员工的制约。

（二）电子商务组织管理的特点

1. 企业组织扁平化和分权化

电子商务的融入增强了企业中高层和基层管理者的直接联系，中层管理者的上传下达的作用被削弱了，使企业信息可以在同一层次上传递和共享，减少组织结构层次，建立起扁平化结构的组织模式。电子商务的融入促使大公司开始缩减总部规模，成立自治子公司或分公司，实行高度分权。在基于互联网的电子商务环境下，小公司可以通过使用较少的成本来建立全球的销售系统，在开放的市场中平等地与其他的企业进行竞争。扁平化和分权大大提高了企业组织的效率。

2. 企业组织柔性化和人性化

企业组织结构的柔性化指一些临时的，以任务为导向的团队式组织将取代以前一部分固定的正式的组织结构，以实现合理配置并充分利用各种资源，增强对动态变化的环境的适应力的目的。在电子商务的时代，企业根据特定目标建立团队，使组织的模式变得柔性化和人性化。由于团队可以快速组建、重组和解散，因而可以更有效地完成特定目标。

3. 企业组织虚拟化和无边界化

企业组织结构虚拟化指企业只保留具有核心竞争力的、规模较小的部门，依靠其他组织以合同为基础，进行研发、制造、营销等业务的经营活动。这些企业组织被称为一个虚拟组织。企业组织的无边界化一方面是指在企业组织内部减少各部门之间的界限；一方面是指消除企业组织与客户和供应商之间的障碍。电子商务突破了企业在物理空间和时间上的限制，模糊了企业的内部和外部边界，使企业虚拟化和无边界化得以实现。

第二节 电子商务组织形态和结构

适应信息技术、互联网和电子商务的应用和发展的要求，以及市场竞争的需求，电子商务组织形态和结构也要做出相应的调整和变革。

一、电子商务组织形态

企业组织形态是指企业的组织形式、存在状态和运行机制。组织形态经历了一个由简单到复杂、由低级到高级的演进过程。传统企业组织形态大体上经历了四个发展阶段：家庭形态、工场形态、公司形态、跨国公司和企业集团形态。电子商务组织并不完全排斥传统企业组织形态，其本身从实体形式上也是一个公司或者公司集团。随着电子商务应用的不断发展，电子商务组织主要有三种组织形态：企业电子商务、电子商务企业和虚拟企业。

（一）传统企业组织形态

传统企业组织形态大体上经历了四个发展阶段：家庭形态、工场形态、公司形态、跨国公司和企业集团形态。家庭形态的组织中，组织成员主要是家庭或者家族的成员，长辈往往是家庭组织的领导者，组织内部生产资料和劳动成果共享，成员之间及成员与组织间关系以血缘关系为纽带，受到严格的道德伦理约束。工场形态的组织中组织成员不仅仅限于家庭或者家族成员，投资者或者合伙人担任领导者，劳动者不占有生产资料，所有者占有生产资料，组织成员赋予差别待遇，成员与组织间是契约关系，受到契约合同的约束。公司形态组织中，组织的层级趋于复杂化，出现了高层、中层、基层管理者，生产资料的所有权和经营权分离，分配多元化，员工与家族之间的关系受到组织制度的约束。跨国公司和企业集团形态组织是一个包括多环节、多功能、多产出的复杂的企业组织形态，是多样化经营的结果，是组织形态演变的高级阶段。

（二）电子商务组织形态

电子商务组织形态经历了发展和自我完善的过程，其主要有三种组织形式：企业电子商务、电子商务企业和虚拟企业。

1. 企业电子商务

企业电子商务是介于实体企业和虚拟企业之间，以计算机技术、通信技术和网络技术作为支撑平台，将传统的生产、营销等数字化、网络化的组织形式。企业电子商务的组织要素主要有目标、活动、制度和资源。在电子商务企业中，活动主要指企业的电子商务活动。资源包括物质资源、信息资源或者知识资源，核心资源是信息资源或知识资源。管理要素是管理体制的反应和重要组成部分，为企业电子商务系统正常运转、实现目标、完成计划提供重要保障。企业电子商务目标可以分为长期目标和短期目标，长期目标可以称为战略目标，短期目标可以称为任务目标。

企业电子商务在企业网络化运作方式上，通常可以采用企业业务外包网络、企业同步生产协作网络、企业技术协作网络和企业商业网络四种方式。

企业业务外包网络，即企业间的商务合同网络。这种运作方式是应对“巨无霸”型企业运作困惑所产生的。在20世纪70年代初期，“巨无霸”型企业出现了规模不经济的现象，一些企业开始认识到并非大而全就好，应该合理借用其他企业力量提高生产和运作效率。因此一些大型企业开始只专注于制造一些核心部件，或者专注于产品的最后装备和调试，把效益不佳的零部件生产剥离出去，企业通过选择一些零部件供应商作为其长期合作伙伴而建立一种合作网络。在这种企业网络中，中心企业与供应商之间通过长期的契约联合起来。这种网络关系是电子商务的开端。

企业同步生产协作网络，即企业内母子公司间生产协作网络，它源于日本丰田汽车公司的“精益生产”方式。这种生产协作方式的关键是及时，即及时采购原材料供零件制造；及时制造零部件供组件装配，及时装配组件供成品装配；及时生产和运送成品上市销售。在这种网络中，主机厂和协作厂之间通常建立相互依存的协作关系。

企业技术协作网络，即企业内外技术协作网络。内部网络由产品项目组成的模块实现联结，每个模块研究开发某一产品之外，也会与其他产品项目进行沟通和技术合作，以保证产品配套开发和升级换代。企业技术协作网络以发挥研发人员首创精神为指针，以技术创新为宗旨。

企业商业网络，即企业营销及售后服务网络，实际上是企业的用户或者客户网络，是企业电子商务的直接网络。这种网络运作模式是与企业战略管理中的营销策略配套进行的模式。

2. 电子商务企业

电子商务企业是指提供公共交易平台服务、公共交易信息服务和公共应用系统服务的，带有中介性质的组织。电子商务企业的目标是通过提供公共交易平台和交易信息服务，提高交易主体间的交易效率。中介特性、虚拟特性、公平特性、有偿服务特性、知识性和情报性等是电子商务企业的主要特征。电子商务企业的主要模式有经济模式、广告模式、信息传媒模式、销售商模式、制造商模式、合作模式、社区模式、订阅模式和效用模式等。

3. 虚拟企业

虚拟企业是指一些企业、顾客甚至是同行业的竞争对手，以项目、产品或服务为中心，利用计算机技术、通信技术和网络技术组合各方的核心资源和技术，以实现优势互补、利润共享和风险共担的动态联盟。虚拟组织的特征主要有虚拟性、迅速反应、并行作业、核心能力共享、暂时性和结构扁平化。

虚拟性指企业不具有独立的法人资格，没有正式的企业名称和正式的企业员工，其成员企业分布于世界各地，通过信息技术沟通和联系。虚拟企业超越了时间的限制，迅速成立动态合作组织，决策贴近执行层，具有迅速反应的特性。虚拟企业不受空间的限制和生产链条的约束，并联作业，因此具有并行作业的特征。虚拟企业具有核心能力共享的特性体现在虚拟企业的成员企业具有并提供各自的核心竞争力，从而形成优势互补的统一体。暂时性指虚拟企业是基于项目、产品或者服务的动态联盟，因此当合作关系被解除，虚拟企业就不存在了。虚拟组织的结构高度扁平化，呈现出“橄榄型”，因此比较灵活，适应性比较强。

二、电子商务组织结构

组织结构是组织内部所有成员为实现组织目标，在管理工作中进行协作，在职务范围、责任、权利方面所形成的结构体系。组织结构规定了组织内部各个要素之间的相互关系和作用。组织结构对于组织目标实现和组织发展有重要的作用。不同历史时期组织结构呈现不同的形态。在一些电子商务组织中，并没有完全排斥一些传统的科层制组织结构形式，但不断发展的电子商务组织会更多地采用扁平化的组织结构。

（一）科层制组织结构

从亚当·斯密的分工理论开始直到20世纪80年代，组织结构逐渐随着高度分工的发展变得越来越庞大。这一时期的企业组织结构属于科层制组织结构，主要包括直线职能制组织结构、官僚组织结构、线性组织结构、职能式组织结构和事业部式组织结构。

1. 直线职能制组织结构

在传统的科层制组织结构中，直线职能制是企业经常采用的组织形式。直线职能制组织结构也称为简单结构，通常有2～3层垂直层次，部门化程度低，控制跨度宽，权力集中在一个人手中。直线职能制组织结构简单、反应敏捷、费用低廉、责任明确，但是主要适用于小型组织，适用于市场稳定、产品品种少、需求价格弹性比较大的企业。直线职能制组织结构风险性比较高，比较难以适应组织扩展的需要，随着组织规模的扩大，如果高层主管仍然独掌大权，就会导致决策迟滞，最终使企业倒闭。

2. 官僚组织结构

官僚组织结构中，职务专门化，以职能部门划分工作任务；制定正规的规章制度；实行集权决策；通过命令链维持日常的组织运营。官僚组织结构能高效进行标准化活动操作，能促进员工之间的交流，避免人事和机器设备的重复安排和设置。在同一部门分配同类专家，能够实现规模经济。对于中底层管理者的素质要求不高，可以节约成本。但是官僚组织结构也存在不足之处。工作专门化导致了各个部门之间的冲突，而且有的时候部门的目标会凌驾于组织的整体目标之上。另外，官僚组织结构中过分强调标准化，导致管理缺少灵活性，要严格遵守规章制度，没有变通的余地。

3. 线性组织结构

线性组织结构是按照纵向关系逐级安排责、权的组织结构形式。在线性组织结构中，责、权按层次会逐级降低，构成金字塔状的责任管理系统。在这样的系统中，每个人都只对一个上级负责。线性组织结构责权清楚，纪律良好，具有很强稳定性。不过线性组织结构可能导致领导负担不均、工作作风武断甚至独裁、管理方式死板僵化。

4. 职能式组织结构

职能式组织结构按照职能组织部门分工，从高层到基层设置管理部门和管理职务，把承担相同职能的管理部门和人员组合在一起。职能式组织结构的主要特点有高度专业化分工、实行直线参谋制、管理权力高度集中。职能式组织结构职责明确规定；部门间的联系能够长期不变，使整个组织系统具有较高的稳定性；专业化分工使管理人员强化管理技能，提高工作效率；管理权力高度集中有利于最高领导层对整个组织实施严密的控制。但是事物总有两面性，职能式组织结构也是如此。职能式组织结构横向协调性差，造成很多摩擦和内耗；适应性差，部门相互间信息沟通不畅，组织系统对外部环境的变化不能及时做出反应；领导负担重；不利于培养优秀的高层次管理人才。职能式组织结构主要适用于中小型、产品品种单一、生产技术发展变化缓慢、外部环境比较稳定的组织。

5. 事业部式组织结构

事业部式组织结构是指以某个产品、地区或者顾客为依据，将相关的研发、采购、生产、销售等部门组合成一个相对独立单位的组织结构形式。事业部式组织结构又称为M

型组织结构，是一种高度集权下的分权管理体制。在事业部式组织结构中，在总公司领导下设立多个事业部，各事业部有各自独立的产品或者市场，在经营管理上有很强的自主性，独立核算。事业部式组织结构适用于规模庞大、产品品种繁多、技术复杂的大型企业，是大型企业集团和公司经常采用的组织形式。

事业部式组织结构成立专业化的管理部门，即事业部，按照组织的产出将业务活动组合起来；按照"集中政策，分散经营"的原则处理组织高层和事业部之间的关系；各事业部以利润为中心独立核算；组织高层和事业部内部仍然按照职能制结构安排组织结构，组织最高层领导下的第一级部门按照事业部设立。事业部式组织结构既具有高度稳定性，又具有良好的适应性。常见的事业部式组织结构分为产品事业部和区域事业部。产品事业部按照产品或产品系列组织业务活动，经营多种产品的大型企业较多采用这种方式。区域事业部按照区域组织业务活动，在某个地区或者区域内委派一个经理或者划分一个部门来主管业务工作。这种组织形式比较适用于大型的公司，尤其是跨国公司。另外，在事业部制组织结构基础上发展出了超事业部制，又称为"执行部制"，在组织最高管理层和各个事业部间增加了一级管理机构，负责管辖和协调各个事业部的活动。这种组织形式对于规模很大的公司比较适合。

（二）扁平化组织结构

扁平化组织结构指通过破除组织中自上而下的垂直高耸的结构，减少管理层次，扩大管理幅度而建立的一种紧凑的横向组织结构。扁平化组织结构改变了原来科层制组织结构中的纵向联系方式、平级各单位之间的横向联系方式以及组织体和外部的联系方式，扁平化组织结构可以使组织变得灵活、敏捷，具有较强的适应性。

扁平化组织具有以下特点。

①以工作流程为中心构建组织结构，职能部门的职责逐渐淡化了，组织结构围绕有明确目标的几项"核心流程"建立起来。

②纵向管理层次简化，削减中层管理岗位和管理者人数，使组织的指挥链条最短。

③组织资源和权力下放于基层，并受客户需求驱动，快速响应市场变化，提高适应性。

④运用现代网络通信手段进行沟通，扩大管理幅度提升管理效率。

⑤实行目标管理，以团队为基本工作单位，员工自主决策并为之负责。

扁平化组织结构主要有矩阵式组织结构、团队型组织结构、网络型组织结构、虚拟组织结构、学习型组织结构，这些组织结构形式目前广泛应用于一些电子商务组织中。

1. 矩阵式组织结构

矩阵式组织结构最高应用于飞机制造和航天器械的生产项目中，现在矩阵式组织结构已经普遍应用于各种组织，其中包括电子商务组织。矩阵式组织结构是在直线—职能制垂直组织结构的基础上，增加横向领导而形成的，将纵向信息和横向信息流动在组织内部同步实现。在矩阵式组织结构中，职能部门依然行使管理职能，但是组织的业务活动以项目的形式存在，项目由项目经理全权负责。矩阵式组织结构比较适用于横向协作和攻关项目，很多企业都采用这种组织结构，比如IBM和ABB。

矩阵式组织结构机动、灵活，能够随实际情况组织或者解散项目组；有利于促进组织成员的沟通和协作，增强责任感，激发工作热情，提高工作效率；有利于信息纵向和横向的传递，加强了各部门之间的配合；加强了横向联系，使资源得到充分的利用；采取项目的形式完成组织的业务活动，减少了官僚主义现象；便于专家的高效配置。

矩阵式组织结构也存在缺点。矩阵式组织结构中项目负责的责任大于权利，由于参加项目的成员仍然隶属于原部门，所以项目负责人比较难管理成员。参加项目的成员受到原部门和所参加项目负责人的双重管理，容易产生冲突。项目组成员任务完成后，仍然回到原部门，使其容易产生临时观念和短期行为。

2. 团队型组织结构

团队型组织结构指组织以自我管理团队作为基本构成单位，并以自我管理团队作为协调组织活动的主要方式的组织结构。自我管理团队是以响应特定的顾客需求为目的，掌握必要的资源和能力，在组织平台的支持下，实施自主管理的单元。自我管理团队使组织内部的相互依赖性降到了最低。在小型公司中，可以把团队组织结构作为整个组织形式。在大型组织中，团队组织结构一般作为官僚结构的补充，这样的组织既能得到官僚结构标准化的好处，提高运行效率，又因为团队的存在而增强灵活性。

在团队型组织中，工作团队做出大部分决策，选拔团队领导人，团队领导人是“负责人”而非“老板”；信息沟通是通过人与人之间直接进行的，没有中间环节；团队将自主确定并承担相应的责任；由团队来确定并贯彻其培训计划的大部分内容。

团队型组织具有如下特点。

①自我管理团队容纳了组织的基本资源和能力。在柔性生产技术和信息技术的基础上，团队被授权可以获得完成整个任务所需的资源，比如原材料、信息、设备、机器以及供应品等。

②部门垂直边界被淡化。在充分重视员工积极性、主动性和能力的前提下，团队消除了部门之间、职能之间、科目之间、专业之间的障碍，其成员经过交叉培训可以获得综合技能，相互协作完成组织任务。

③团队拥有很大的自主决策权，能够提供“一站式”服务。在简洁、高效的组织平台（整体战略、信息技术、资金等）支援下，团队被赋予很大的决策权，团队成员可以自主进行计划、解决问题、决定优先次序、支配资金、监督结果、协调与其他部门或团队的有关活动。自我管理团队具有动态和集成的特点，能针对变化的顾客需求进行“一站式”服务，从价值提供的角度看，自我管理团队独立承担了价值增值中一个或多个环节的全部工作。

④组织由高层管理者驱动转为市场驱动，管理者角色发生转换。自我管理团队对本单位的经营绩效负责，其管理人员从传统的执行者角色转变为创新活动的主要发起人，为公司创造和追求新的发展机会。中层管理者大为简化，并不再完全扮演控制角色，相反转变为为基层管理人员提供顾客和供应商信息、人员培训方案、绩效与薪酬系统设计等关键的

资源，协助团队间知识、技能和资源的横向整合。由于急剧的资源分散化和职责的下放，最高管理层的精力主要集中在制定整体战略、驱动创新过程，扮演设计师和教练的角色。

在基于速度和解决方案提供的竞争中，自我管理团队只能拿捏相对有限的资源。为满足顾客需求，有效地降低成本、降低风险、缩短开发时间，自我管理团队必须依赖与其他团队或外部组织广泛的横向合作；自我管理团队能够独立完成价值增值的一个或多个环节，更为其在组织内部或组织间与其他团队实现多方合作奠定了基础。

3. 网络型组织结构

网络型组织结构是利用现代信息技术手段发展起来的一种新型的组织结构，它使管理层对于新技术、时尚，或者来自海外的低成本竞争具有更大的适应性和应变能力。可以认为，网络型组织结构是由多个独立的个人、部门和企业为了共同的任务而组成的组织结构形式，它的运行不靠传统的层级控制，而是在定义成员角色和各自任务的基础上，通过密集的多边联系、互利和交互式的合作来完成共同追求的目标。这一组织结构中的各经营单位之间并没有正式的资本所有关系和行政隶属关系，只是通过相对松散的契约（正式的协议契约书）纽带，采用一种互惠互利、相互协作、相互信任和支持的机制来进行密切的合作。在网络型组织结构中，组织的大部分职能从组织外“购买”，这给管理当局提供了高度的灵活性，并使组织集中精力做最擅长的事。

网络型组织结构中，各部门都是网络上的一个节点，每个部门都可以直接与其他部门进行信息和知识的交流与共享，各部门是平行对等的关系，而不是以往通过等级制度渗透的组织形式。密集的多边联系和充分的合作是网络型组织最主要的特点。这种组织结构在形式上具有网络型特点，即联系的平等性、多重性和多样性。

采用网络型结构的组织，通过内联网和外联网，创设一个物理和契约“关系”网络，与独立的制造商、销售代理商及其他机构达成长期协作协议，使他们按照契约要求执行相应的生产经营功能。由于网络型企业组织的大部分活动都是外包、外协的，因此，管理机构就只是一个精干的经理班子，负责监管组织内部开展的活动，同时协调和控制与外部协作机构之间的关系。

网络型组织结构降低了管理成本；提高了管理效益；简化了机构和管理层次，实现了充分授权式的管理；实现了全世界范围内供应链与销售环节的整合。但是网络型组织结构需要科技与外部环境的支持，网络型组织结构并不是对所有的企业都适用的，它比较适合于玩具和服装制造企业。这些企业需要相当大的灵活性以对时尚的变化做出迅速反应。网络组织结构也适合于那些制造活动需要低廉劳动力的公司。

网络型组织的基本特征如下。

①网络型组织具有合作、民主、自由、宽容的氛围。在网络型组织中实行自我管理、自我评价，如自行确定工作定额；实行分权和授权，更好地激发和利用人的兴趣和爱好。

②网络型企业供给关系以企业间合作为基础，企业边界模糊。在新企业网络型供给关系下，合作具有更为重要的地位，核心企业可以帮助供应商解决技术问题，节约的成本则双方共享；供给企业也可以修改核心企业的设计要求，减少的成本也可以双方共享。企业

由追求自身利益最大化转向追求整个价值链（供应链）上的价值最大化。这样的合作关系使得企业之间的传统界限变得模糊，这些相互联系的上下游企业组成了一个更大的虚拟企业，也可称之为虚拟一体化供给链。

③网络型组织通过团队（基层项目小组和高层管理专业小组）来适应创造性劳动对知识的密集性要求。创造性劳动需要不同知识背景的人相互组合，企业团队就是由此而产生的。团队是加强合作、加强信息交流的一种方式，也是网络型组织的一种形式。

④网络型组织通过分权、授权和承担责任来激发人的积极性、能动性，提高自我管理能力。在实行分权和授权的变革后，即使在非独立核算的下级单位，决策也并非是由上级部门做出后下达执行的，而是下级部门自行决策后上报，或上级与下级商议后决策。

⑤网络型组织具有柔性化的特点。柔性化是指在组织结构中设置一定的非固定和非正式或临时性的组织机构，这些组织机构往往是以任务为导向的，可以根据需要而设置或取消，与正式的组织机构有着网络型而不是直线型的关系。

⑥网络型组织具有多文化、个性化和差异化的特点。在网络型组织中，每一个人都是网络组织上的节点，他们之间的联系比在传统直线型组织下更密切。企业内部多种文化和差异、个性则有利于知识和信息的整合。

⑦网络型组织通过学习和培训增加组织的知识密度。其具体形式有职工培训、教育投资、多岗位轮换等。

网络型组织包括四种基本类型。

（1）内部网络

内部网络包括两个方面的含义：第一个是通过减少管理层级，使得信息在企业高层管理人员和普通员工之间更加快捷地流动；第二个是通过打破部门间的界限（但这并不意味着部门分工的消失），使得信息和知识在水平方向上更快地传播。这样做的结果，使企业成为一个扁平的、由多个部门界限不明显的员工组成的网状联合体，信息流动更快，部门间摩擦更少。与此相适应，企业的组织结构也以生产为中心转变为以顾客为中心。

（2）垂直网络

垂直网络是在特定行业中由位于价值链不同环节的企业共同组成的企业间网络型组织，原材料供应商、零部件供应商、生产商、经销商等上下游企业之间不仅进行产品和资金的交换，还进行技术、信息等其他要素的交换和共享。联系垂直网络中各个企业的纽带是实现整个价值链（包括顾客）的利益最大化，因为只有整个价值链利益最大时，位于价值链中各个环节的企业所创造的价值才能最终实现。垂直型网络的组织职能往往是由价值链中创造核心附加价值的企业来履行的，如通用汽车公司和丰田汽车公司就分别构建了一个由众多供应商和分销商组成的垂直型网络，网络内企业通过紧密合作达到及时供应和制造，大大提高了效率、降低了成本。

（3）市场间网络

市场间网络是指由来自不同行业的企业所组成的网络，这些企业之间有着业务往来，在一定程度上相互依存。市场间网络最为典型的例子是日本的财团体制，大型制造企业、金融企业和综合商社之间在股权上相互关联，管理上相互参与，资源上共享，在重大战略决策上采取集体行动，各方之间保持着长期和紧密的联系。金融企业（包括商业银行、保险公司和其他金融机构）以股权和债权形式为其他成员企业提供长期、稳定的资金支持，综合商社为成员企业提供各种国内外贸易服务，包括原材料采购与成品销售、提供贸易信用、规避交易风险等。

（4）机会网络

机会网络是围绕顾客组织的企业群，这个群体的核心是一个专门从事市场信息搜集、整理与分类的企业，它在广大消费者和生产企业之间架设了一座沟通的平台，使得消费者能够有更大的选择余地，生产者能够面对更为广泛的消费者，有利于两个群体之间交易的充分展开，机会网络在规范产品标准、网络安全和交易方式方面起到了关键作用。典型的机会网络核心企业包括早已存在的邮寄产品目录公司和近年来兴起的电子商务平台企业（如亚马逊、易趣等），它们将众多生产者和消费者联系起来，共同构成机会网络。

4. 虚拟组织结构

虚拟组织指两个以上的独立的实体，为迅速向市场提供产品和服务、在一定时间内结成的动态联盟。虚拟组织结构是一种开放式的组织结构，没有固定的组织层次和内部命令系统，可以在拥有充分信息的条件下，从众多的组织中通过竞争招标或自由选择等方式精选出合作伙伴，迅速形成各专业领域中的独特优势，实现对外部资源的整合利用，从而以强大的结构成本优势和机动性，完成单个企业难以承担的市场功能，如产品开发、生产和销售。

虚拟组织不具有法人资格，但成员可以遍布在世界各地，相互之间的合作关系是动态的，完全突破了以内部组织制度为基础的传统的管理方法。虚拟组织能够在全球范围内吸纳优秀的人才和资源，因此获得了强大的发展潜力。目前采用这种组织结构的企业很多，比如我国的著名服装企业美特斯邦威和美国的微波通信公司等，并且都获得了成功。

5. 学习型组织结构

学习型组织是一种能够不断学习、不断自我创造未来的组织。它是指通过调解整个组织的学习气氛，充分发挥员工的创造性思维而建立起来的一种有机的、高度柔性的、扁平的、符合人性的和能持续发展的组织。学习型组织结构是扁平的，从决策层到操作层中间的间隔层次非常少，尽最大可能将决策权向组织结构的下层移动，形成以“地方为主”的扁平化组织结构。

（三）基于电子商务环境的组织结构创新趋势

在电子商务时代，企业面对的是更加多变的环境、更加激烈的竞争和更加挑剔的客户，这对传统的科层制组织结构造成了强烈的冲击。传统的科层制组织结构的弊端更加凸现，如各职能部门之间缺乏有效的沟通协调机制；等级制度压抑了员工的主动性和创造性；无法对市场变化和客户需求做出迅速的反应等。在电子商务环境下，企业的竞争焦点集中于创新能力、反应速度、定制化产品、客户化服务等方面。面对电子商务的挑战，企业必须进行组织结构创新来应对挑战。组织结构创新可以是职能部门间的重新分工，可以是企业流程再造；可以是部分调整，也可以是全面改革；可以是企业内部的调整，也可以是企业整个供应链和经营方式的重塑。总体来讲，基于电子商务环境的组织结构创新趋势应该是扁平化、网络化、虚拟化和学习型的。

第三节　电子商务组织管理实施

电子商务组织管理实施主要包括电子商务业务流程重组管理、电子商务财务管理、电子商务人力资源管理、电子商务营销管理和协同管理这几方面内容。

一、电子商务业务流程重组管理

（一）业务流程重组的内涵

业务流程重组的概念是20世纪90年代由美国MIT教授迈克尔·哈默和CSC管理顾问公司董事长钱皮提出的。他们给业务流程重组的定义是："为了飞跃性地改善成本、质量、服务、速度等现代企业的主要运营基础，必须对工作流程进行根本性的重新思考并彻底改革。"基本思想就是必须彻底改变传统的工作方式，也就是彻底改变传统的自工业革命以来、按照分工原则把一项完整的工作分成不同部分、由各自相对独立的部门依次进行工作的工作方式。根据哈默和钱皮的定义，可以认为业务流程重组就是对企业业务流程进行根本性的再思考和重新设计，从而获得在时间、质量、成本和服务等方面根本性的提高。业务流程重组强调关注的对象是企业的业务流程。

流程是指一个或一系列连续有规律的行动，这些行动以确定的方式发生或执行，导致特定结果的实现。企业业务流程就是一系列活动的组合，这一组合接受各种投入要素，包括信息、资金、技术、人员等，最后通过流程产生所期望的结果，包括对顾客有价值的产品或某种决策结果。企业业务流程包括活动、活动之间的逻辑关系、活动的实现后端和活动主体四个要素。

业务流程重组就是要打破传统的职能型组织模式，建立以业务流程为核心的组织模式，使各职能单元更为有效地为业务流程提供服务性的支持。业务流程重组的一切"重组"工作需要全部围绕"业务流程"展开。业务流程重组要做根本性的再思考。这要求业务流程重组必须摒弃原有的条条框框，摆脱现有运作模式的束缚，深入思考根本性的问题。比如要求业务人员思考和回答"为什么必须要用现在这样的方法来做"等问题。

业务流程重组要做彻底性的重新设计。这意味着并非对原有流程做简单改良或者调整修补，而是从根本上重新设计新的流程，创新工作方法，对企业进行彻底改革。业务流程重组要实现业绩的根本性提高。这就是说业务流程重组要使经营业绩显著上升。哈默和钱皮认为，上升的目标要达到"周期缩短70%，成本降低40%，顾客满意度和企业收益提高40%，市场份额增长20%"。事实上，很多企业业务流程重组的结果远远超出了这个目标。

（二）电子商务与业务流程重组的关系

电子商务与业务流程重组两者相互影响、相互促进。其一，电子商务对业务流程重组产生深刻影响。电子商务使企业内部各职能部门有机地联合起来；企业外部贸易各方通过电子化的贸易手段连接到一起；商务活动中的“三流”在很大程度上通过网络来融合起来。

其二，电子商务的运作需要“电子化业务流程”作为支撑。“电子化业务流程”是适应网络市场发展要求的业务流程，它通过网络完成计划、采购、销售、设计、生产等各项工作。设计出不同于传统业务运作的“电子化业务流程”是电子商务成功的重要条件。

其三，业务流程重组是电子商务发展的核心环节。实施电子商务必须消除业务流程中一切非价值增加部分，去掉不符合电子商务发展要求的因素，使得业务流程大幅简化，从而大大降低运作成本，这都需要通过业务流程重组来实现。如果没有业务流程重组和电子商务相配套，那么电子商务的优势就不能体现，实施的效果会很差，甚至会形成“电子化障碍”。

其四，电子商务为实施业务流程重组指明了方向。电子商务在速度、质量、成本和服务等方面的要求实际就是业务流程重组的方向和目标，因此为实施业务流程重组指明了方向。

其五，企业内联网为业务流程重组提供了理想的工具。利用内联网实施业务流程重组具有很多优势，所以是业务流程重组的理想选择。这些优势包括：可以加强外部资源的开发与利用；方便企业内部的合作、沟通与协调；提供统一的浏览器界面，方便运用；内联网的构建投资少，技术要求不高；内联网有利于员工素质的提高；内联网有利于扁平化组织结构的形成，促进团队之间的交流与合作。

（三）电子商务业务流程重组的实施

开展电子商务业务流程重组重点在于实施变革，从而取得预期的改进目标。要使电子商务业务流程重组取得成效，就必须遵循电子商务业务流程重组原则，按照电子商务业务流程重组程序实施变革，并且应该明确重组流程应该达到的要求。

电子商务业务流程重组应遵循的原则主要有：清除，即识别和清除非增值活动；简化，在清除非必要的非增值环节后，对剩下的活动进一步简化，一般从业务流、物流和信息流三方面考虑；整合，包括业务活动的整合、团队整合和供应链的整合；自动化，指对整合后的流程进行管理手段的自动化，以保证新流程能够有效地、持续地执行下去。

电子商务业务流程重组实施的程序包括以下几个步骤：组建业务流程重组的团队；识别现有流程并绘制流程图；选择重组的关键流程；重新设计流程；评估新设流程；实施和改进流程等。下面对每个步骤做简要的介绍。

第一步是组建业务流程重组的团队。团队成员一般具有以下特点：团队成员应明确业务流程重组和电子商务的基本思想；团队应多吸收具有各方面专业知识的复合型人才；团队成员应具有良好的团队协作精神；团队领导者要有激情，对流程重组要有强烈的认同感，要有较强的沟通和组织协调能力。

另外，有些大型的企业除了构建重组团队之外，还会设立重组指导委员会。重组指导委员会由企业的高层领导组成，负责制定企业重组的总体战略，监督重组进度，把握重组工程方向，指导委员会往往担任重组中的首要角色。

第二步是识别现有流程并绘制流程图。通过对现有流程的识别绘制出流程图，为流程重组提供依据。

第三步是选择重组的关键流程。在这个过程中要注意：应该选择那些“病入膏肓”的流程进行重组；对顾客影响最大的流程也是流程重组的对象；考虑流程重组的可行性。

第四步是重新设计流程，即重组流程的过程。在这个过程中要识别流程中的关键因素；分析待重组流程的问题所在；并对流程进行完善。

第五步是评估新设流程，也是对业务流程重组的评审过程。其主要的工作有写出流程重组代价与收益分析报告；评估实施新流程将会对企业竞争地位产生的影响；评估新流程对企业组织结构和顾客及供应商等外部因素的影响；为高级管理者提供可资参考的案例；向公司高级经理人员汇报流程重组的方案，使得项目得以实施。

第六步是实施和改进流程。在这个过程中要选择进行试点的流程；组建新流程实施的团队；选择新流程的服务对象和外部参与者；实施试点流程并提出改进意见；条件成熟后，就可以考虑在大范围内实施。

通过流程重组，企业应该达到以下目标：以顾客利益为中心，以提高效率、市场占有率和企业的经济效益为最终目标；经营快速、高效、灵活，对市场变化能做出快速反应；通过网络的连接，企业内部和合作伙伴之间做到信息实时共享；各种生产要素得到优化组合，形成新的以员工为中心的团队工作模式；重组企业的组织结构，形成扁平化、小型化、弹性化、虚拟化、网络化的新型组织结构。

二、电子商务财务管理

（一）电子商务财务管理的内涵

电子商务财务管理（简称网络财务）是指基于网络技术，以财务管理为核心，业务管理与财务管理一体化，支持电子商务，能够实现各种远程操作，帮助企业实现财务与业务协同、远程报表、远程报账、远程查账及远程审计等数据处理的一种全新的财务管理模式，是电子商务的重要组成部分。应用电子商务财务管理，企业的财务管理不但是对企业内部进行财务管理，而且还扩展到企业的外部和企业的周边，使得企业的管理能力大大提高。

在时间上，过去企业的财务管理都是事后反馈，对企业经济运作不能及时进行监控，应用电子商务财务管理可以对企业实时地进行监控，使得财务管理从静态管理走向了动态管理，从而保证了能及时发现企业经济运作过程中出现的问题，也能及时地为决策部门提供正确的参考资料。这种时空改变下的电子商务财务管理使财务管理方式发生质的改变，从而大大提高企业的管理水平和管理效率。

（二）电子商务财务管理系统

电子商务财务管理系统是财务管理和网络管理技术的结合，是以网络技术为基础，全面实现各项财务管理功能的计算机系统。具体来讲，是指通过先进的网络技术和通信技术，对外安全、高效、便捷地实现电子货币支付、电子转账结算和与之相关的财务业务电子化，实现资源共享和信息及时互动，对内有效地实施网络财务监控和管理。电子商务财务管理系统由硬件和软件组成。硬件主要包括计算机硬件、网络通信设备和办公设备；软件主要包括系统软件和应用软件。

（三）电子商务财务管理系统的实施

电子商务财务管理系统的实施主要包括四个方面的内容：软件开发和应用、购买和安装设备、数据生成和导入以及人员培训。在软件的选择上，要充分考虑软件的可操作性和适用性，确保软件功能能够有效支持企业业务，有的模块可以按照企业要求和特点加以改进。在购买设备时，要考虑设备的可扩展性和兼容性，如有可能，可以选择在原设备上进行扩展。人员培训方面，应该培训两名专职系统维护人员；在基层人员培训中，要分层次、分类型进行；高层管理人员培训重点应放在主要模块的使用上；还要完成对最终客户的培训；如果有必要还可以成立专门的项目小组。

三、电子商务人力资源管理

（一）电子化人力资源管理的内涵

随着电子商务的发展，人力资源管理也出现了新的变化，比如，人力资源管理的日常工作需要计算机完成，而且人力资源管理的通信手段和软件系统都有了很大的改进，由此出现了电子化人力资源（e-HR）管理。电子化人力资源管理是基于先进的软件和高速、大容量的硬件基础上的新的人力资源管理模式。它运用信息化平台整合招聘、选拔、培训、绩效和薪酬管理，通过集中式的信息库、自动处理信息、员工自助服务、外协以及服务共享，实现人力资源管理的便捷化、科学化和系统化，以达到降低成本、提高效率、改进员工服务模式的目的。

（二）企业实施电子化人力资源管理的优势

与传统的人力资源管理方式相比，可以认为电子化人力资源管理是人力资源管理的一种革命。

第一，企业实施电子化人力资源管理可以提高管理效率，降低管理成本。人力资源管理的大量事务性和程序性的工作借助信息技术，通过授权员工自助服务、外协、服务共享等，可以节约管理者的时间，避免手工操作容易产生错误的情况，而且可以更加完整地记录信息，并可以更加方便、快捷地获得统计分析结果，为各项决策提供人力资源要素的支持，使企业的人力资源管理更为科学。另外，应用电子化人力资源管理可以节省人力资源工作操作成本、减少通信费用并减少行政人员，从而可以大大降低企业的运作成本。

第二，企业实施电子化人力资源管理可以更好地适应员工需求。在电子商务时代，员工对人力资源管理信息的透明化的需求加强了，并且注重个性化的人力资源发展计划，想拥有对自身职业生涯规划、薪酬福利计划等方面更多的自主决策权。基于电子化人力资源管理，员工可以方便地获得关于自身的信息，也可以自己维护自身的相关信息，并且可以在线请销假、报销、提出申请等。人力资源管理部门可以根据员工个人需求和特长安排工作、学习和培训，员工也可以做出自己的发展计划和规划。

第三，企业实施电子化人力资源管理可以加强内外联系，促进信息传递。电子化人力资源管理可以集中数据进行管理，分布式应用，因此采用这种全面的网络工作模式可以大大加强企业内部和外部业务伙伴的联系和沟通。企业实施电子化人力资源管理使信息直接传递给每一位员工，加强了人力资源管理工作信息的透明度和客观性。

第四，企业实施电子化人力资源管理可以优化管理流程，提升核心能力。实施电子化人力资源管理可以把人力资源部门的工作职能完全覆盖并且划分清楚，并能在系统中体现经过优化了的业务流程，因此企业人力资源管理者能够从复杂的人事事务中解脱出来，将更多的精力用于规范人力资源运作体系的业务流程。在当前激烈的市场环境下，企业不可能关注到价值链的每一个环节，而只能集中力量于企业的战略核心环节和高附加值活动，因此企业不断寻求自身在特定环节上的竞争优势无疑是一种正确的选择。基于电子化人力资源管理，可以建立规范的人力资源管理流程，并凸现企业的战略核心环节，从而提升企业的核心竞争力。

第五，企业实施电子化人力资源管理可以改变人力资源工作重心，推动企业发展。在传统的人力资源管理方式下，人力资源管理者从事的大量工作就是行政事务，其次是管理咨询的职能，而在帮助企业制定策略方面是最少的。在电子化人力资源的管理环境下，人力资源管理者所从事的大量工作就是帮助企业制定策略，在人员管理方面提供管理咨询服务，行政事务工作被电子化、自动化的管理流程所取代，工作重心改变了。

第六，企业实施电子化人力资源管理可以加快技术运用，推动电子商务发展。电子化人力资源管理原本是信息技术发展和应用的产物，也是伴随着电子商务的发展而出现的，随着电子化人力资源管理不断采用新的信息技术，不断获得发展和完善，其也会促进信息技术在企业中的应用和电子商务的发展。基于电子化人力资源管理，企业人力资源管理者可以有效地利用外界的资源，并与之交易，如获得人才网站、培训公司等提供的电子商务服务，从而有力地促进企业电子商务的发展。

（三）电子化人力资源管理主要功能模块

电子化人力资源管理主要包括五个功能模块：电子化招聘、电子化培训、电子化学习、电子化沟通和电子化考评。

电子化招聘是利用公司网站完成与招聘相关的一系列活动。电子化招聘可分为中心资源库式和初级电子招聘两种。中心资源库式招聘是指公司在网上发布招聘信息并通过电子邮件或简历库收集应聘信息。初级电子化招聘是指公司在网上发布招聘信息，但鼓励应聘者通过传统渠道（如传真或写信）来应聘。前者属于完全数字化的招聘方式；后者属于部分数字化的招聘方式。不同的行业、地区所采用的电子化招聘方式也有差异，金融业、高科技产业以及欧美国家的企业更多地采用中心资源库式招聘，传统产业和亚洲国家的企业采用初级电子化招聘的较多。使电子化招聘成功的关键之处有：企业必须建立一个不断更新的、一流的招聘网站；选用合适的能自动分析、处理应聘者初步信息的软件；对应聘者尽快做出回应；逐步过渡到实施完全电子化招聘策略；借鉴以往区分积极应聘者和消极应聘者的经验；重视线下人性化的服务等。

电子化培训是指通过网络实现培训的方法。不同于传统的、让员工某一时间集中在某一地点统一受训方式，电子化培训不会受到时间和地点的限制；传统的培训方式是把员工送到信息面前，而电子化培训是把信息传送到员工面前。电子化培训与电子商务相伴而生，是未来企业开展培训活动的主要方式。实施电子化培训要注意电子化培训不是一蹴而就的，需要人力资源管理部门不断开发培训课程，逐步积累培训经验，及时进行培训结果的考评，对考评结果要进行力度较大的奖惩，使电子化培训成为员工成长发展的重要途径，为创建学习型企业服务。

电子化学习指员工自发的、通过网络进行的、以提高自身素质为主要目的的获取知识的过程。电子化学习与传统的学习方式不同。首先，电子化学习内容通过网络进行发送，取代了传统的纸质媒介；其次，电子化学习对学习进行电子化管理，包括学习跟踪、报告及评价等都可以通过网络来实现；最后，电子化学习在学习过程中，学习者之间、学习者与教师之间进行的电子化的协作，提高了学习的效果。

电子化学习通过在线评价及预见性的学习内容设置，学习的速度可以加快，而且学习再也不用受到教师及教室的限制；对学习者来说，学习的成本将大大降低，而且学习的自主性也大大上升；同时，由于更多的学习者可以共享教师及其他教学资源，其利用率也可提高。广大员工积极参与电子化学习，是知识经济时代实现“终生学习”的主要的途径之一。电子化学习使员工学习的内容更为广泛，学习的时间更为充裕，形式也更为灵活。对企业人力资源管理部门而言，鼓励员工参加电子化学习，对提高员工的综合素质、创建学习型组织大有好处。因此，要充分发挥电子化学习的作用，企业要创造出有利于员工开展电子化学习的环境与条件，使整个公司形成浓厚的学习气氛，营造出富有活力和创新精神的文化氛围。

电子化沟通是指利用企业内部网络资源实现信息快速、直接、广泛、有效的传播和思想、情感的交流、融合过程。电子化沟通在人力资源管理中发挥着越来越重要的作用。电子化沟通的形式很多，比如，在企业内部网上建立的员工的个人主页、BBS论坛以及企业各管理层的邮箱等。为了使电子化沟通更好地发挥作用，企业领导要从资金、人员、政策等方面积极支持。

电子化考评是指利用信息系统对员工的工作成果、学习效果进行在线绩效评估。电子化考评可利用信息系统记录员工的工作进展、工作成果、学习效果，主管可以随时察看来自各地的下属定期递交的工作报告并进行指导和监督；同时，企业管理者可以通过电子化考评系统中实时录入的信息发现并改进企业管理中存在的问题，绩效考评中的人为因素的影响将大大减少。因此，电子化考评对建立规范化、定量化的员工绩效考评体系，代替以经验判断为主的绩效考评手段有很大的作用，这使绩效考评更为公正、合理、科学。

（四）人力资源管理系统

人力资源管理系统（HRMS），是指组织或社会团体运用系统学理论方法，对企业的人力资源管理的方方面面进行分析、规划、实施、调整，提高企业人力资源管理水平，使人力资源更有效地服务于组织或团体目标。人力资源管理系统是电子化人力资源管理具体实现的基础。企业采用人力资源管理系统最主要的原因是期望借由人力资源管理系统使人力资源合理配置以实现最佳经济效益。

人力资源管理系统充分发挥作用需要具备以下条件：与企业内部其他系统要能够兼容；要具有集团化管理模式即纯互联网结构；要完全按企业需求灵活定制；实现无纸化办公即改善企业“白纸黑字”的办公流程；实现根据企业所有管理权限分布式控制系统。

总体来讲，人力资源管理系统的基本软件模块包括了员工管理的所有事项，具体可以分为三个大的模块：人力资源模块、薪资发放模块和福利管理模块。人力资源模块包括人事、员工雇用、薪资管理、训练、发展、健康和安全；薪资发放模块包括工作时间报告、薪资计算和税金支出；福利管理模块包括规定的福利、奖励、退休金、弹性支出、医疗和保险。人力资源的所有信息和资料都可以存放在企业内部网服务器中，信息可以通过网络被增加、更新、删除、询问和计算。由此，节省了员工的时间，提高了人力资源部门员工的工作效率。另外，利用人力资源管理系统的不同模块，可以形成企业内部网的不同应用，在员工雇用、教育培训等方面都大大降低了人力资源管理成本，也提高了人力资源部门的运作效率。

四、电子商务营销管理

（一）电子商务营销的概念

电子商务营销是企业进行与电子商务相关的营销活动，或者是企业在电子商务环境下的市场营销活动。和传统的商务一样，电子商务需要通过相应的市场营销活动将产品销售给客户。但是，电子商务营销和电子营销或网络营销是不同的。电子营销或网络营销是基于电子化技术手段或者互联网技术的营销活动。电子商务营销可以是电子营销或网络营销，也可以不是电子营销或网络营销。电子商务营销有时候也包括传统的营销方式，尤其是在电子商务应用的初级阶段更是如此。电子商务营销的方式应该根据企业产品、客户和市场的实际情况决定。比如阿里巴巴公司曾推出“千人招聘计划”，招聘“阿里巴巴诚信通客户经理”，主要负责通过电话推销的方式推广“诚信通”服务。

电子商务营销具有传统营销所没有的特点。首先，电子商务营销方式多样。除了传统的营销方式外，还有电子邮件营销、虚拟社区营销等电子营销方式。其次，电子商务营销的范围扩大了。电子商务环境下的营销活动突破了地理区域的限制，因此电子商务营销的客户范围通常要比传统商务环境下的客户范围大。再次，电子商务营销实现了市场的进一步细分。传统的营销方式无法了解每个客户对产品的具体需求，而利用电子商务营销方式则可以改变传统营销中的弊端——大规模营销，并向个性化营销转变，建立起与客户一对一的稳固关系，从而达到进一步细分目标市场的目的。最后，电子商务营销通过采用网络广告实现更为合理的广告投入。

（二）网络营销

网络营销就是以网络为主要手段，为达到一定营销目的而进行的营销活动。这里所指的网络包括互联网、城域网、无线网和卫星网等增值网络。网络营销大大降低了企业的成本；由于本身具有很强的互动性，企业能够实现全程营销；网络营销也可以更有效地服务顾客，满足顾客需求；网络营销还能够帮助企业提高销售量，增加市场占有率。

网络营销的理论基础主要是直复营销理论、关系营销理论、软营销理论和整合营销理论。直复营销是一种为了在任何地方产生可度量的回应或达成交易而使用一种或多种广告媒体的相互作用的市场营销体系。直复营销的“直”是指不通过中间分销渠道而直接通过媒体连接企业和消费者；直复营销中的“复”是指企业与顾客之间的交互，顾客对这种营销能够有一个明确的回复，企业可以统计到这种明确回复的数据，由此可以对以往的营销效果进行评价。“回复”是直复营销与直接销售的最大区别。网络软营销理论是针对工业经济时代的以大规模生产为主要特征的“强势营销”提出的新理论，它强调企业进行市场营销活动的同时必须尊重消费者的感受和体验，让消费者能主动接收企业的营销活动信息。

关系营销是把营销活动看成一个企业与消费者、供应商、分销商、竞争者、政府机构及其他公众发生互动作用的过程，其核心是建立和发展与这些公众的良好关系。关系营销的核心是客户关系管理，为顾客提供高度满意的产品和服务价值。通过加强与顾客的联系，提供有效的顾客服务，保持与顾客的长期关系，并在与顾客保持长期的关系的基础上开展营销活动，实现企业的营销目标。营销理论是针对工业经济时代的以大规模生产为主要特征的“强式营销”提出的新理论，该理论认为顾客在购买产品时，不仅要满足其基本的生理需要，还要满足高层的精神和心理需求。在互联网上开展网络营销活动，特别是促销活动一定要遵循一定的网络虚拟社区形成规则，有的人也称其为“网络礼仪”。

网络软营销就是在遵循网络礼仪规则的基础上，巧妙地运用营销手段达到的一种微妙的营销效果。

网络整合营销是新发展起来的一种营销模式，是利用互联网特性和技术，更加有效、高性价比地完成整合营销计划，进行高效客户关系管理，从而精准地实施营销策略，实现企业营销的高效率、低成本、大影响。这里包含两种意思：一是网络整合营销是利用网络技术和网络特性最大化、最快速、最有效、最精准地进行整合营销；二是网络整合营销是以为客户提供有价值的信息为基础，以客户创造、传播为主导的整合营销理念进行的网络营销。与传统营销“以产品为中心”相比，网络整合营销更强调“以客户为中心”；它强调营销即传播，即和客户多渠道沟通，和客户建立起品牌关系；与传统营销 4P 相比，整合营销传播理论的核心是 4C：相应于“产品”，要求关注客户的需求和欲望，提供能满足客户需求和欲望的产品；相应于“价格”，要求关注客户为了满足自己需求和欲望所可能产生的支付成本；相应于“渠道”，要求考虑客户购买的便利性；相应于“促销”，要求注重与客户的沟通。

网络营销方法有很多，常见方法有搜索引擎营销、电子邮件营销、病毒性营销、论坛营销等。搜索引擎营销就是基于搜索引擎平台的网络营销，它利用人们对搜索引擎的依赖和使用习惯，在人们检索信息的时候尽可能将营销信息传递给目标客户。搜索引擎营销方法是网络营销方法体系的主要组成部分。搜索引擎营销的基本思想是让用户发现信息，并通过点击进入网站或网页，进一步了解他所需要的信息。搜索引擎营销的主要实现方法包括竞价排名、分类目录登录、搜索引擎登录、付费搜索引擎广告、关键词广告、TMTW来电付费广告、搜索引擎优化（搜索引擎自然排名）、地址栏搜索、网站链接策略等。

电子邮件营销（E-mail 营销）是利用电子邮件与客户进行商业交流，以达到企业目标的一种营销方式。但实际上，真正意义上的 E-mail 营销是许可 E-mail 营销，即在用户事先许可的前提下，通过电子邮件的方式向目标用户传递有价值信息的一种网络营销手段。基于用户许可、通过电子邮件传递信息、信息对用户具有价值，这三者是许可 E-mail 营销的三个基本要素，缺一不可。基于用户许可的 E-mail 营销与滥发邮件不同，其具有明显的优势，比如可以减少广告对用户的滋扰、增加潜在客户定位的准确度、增强与客户的关系、提高品牌忠诚度等。根据许可 E-mail 营销所应用的用户电子邮件地址资源的所有形式，可以将其分为内部列表 E-mail 营销和外部列表 E-mail 营销，或简称内部列表和外部列表。内部列表也就是通常所说的邮件列表，是利用网站的注册用户资料开展 E-mail 营销，其常见的形式如新闻邮件、会员通信、电子刊物等。外部列表 E-mail 营销则是利用专业服务商的用户电子邮件地址来开展 E-mail 营销，也就是以电子邮件广告的形式向服务商的用户发送信息。许可 E-mail 营销是网络营销方法体系中相对独立的一种，既可以与其他网络营销方法相结合，也可以独立应用。

病毒性营销，也可称病毒式营销，是一种常用的网络营销方法，常用于进行网站推广、品牌推广等，病毒性营销利用的是用户口碑传播的原理，病毒性营销并非真的以传播病毒的方式开展营销，而是通过用户的口碑宣传网络，信息像病毒一样传播和扩散，利用快速复制的方式传向数以千计、数以百万计的受众，因此，病毒性营销是一种高效的信息传播方式，而且由于这种传播是用户之间自发进行的，因此几乎是不需要费用的网络营销手段。

论坛营销是指利用论坛，通过文字、图片、视频等方式发布企业的产品服务信息，从而让目标客户更加深刻地了解企业的产品和服务，最终实现企业宣传品牌、加深市场认知度的网络营销活动。具体来讲，论坛营销是企业以论坛为媒介，参与论坛讨论，建立自身的知名度和权威，并推广自身的产品或服务，如果运用得好的话，论坛营销是非常有效的网络营销手段。

五、电子商务协同管理

电子商务协同管理主要包括电子商务部门间协同管理和电子商务企业间协同管理。电子商务部门间协同管理指电子商务应用企业内部不同部门之间协同关系的管理，也可以理解为企业价值链中各个参与主体间的协同。电子商务企业间协同管理指电子商务应用企业同外部合作企业之间协同关系的管理。企业间协同主要指在价值网络中合作伙伴之间的协同或者供应链中上下游企业之间的协同。

协同已经成为现代企业管理的普遍性要求。在企业内部，有各部门之间的业务协同、不同的业务指标和目标之间的协同以及各种资源约束的协同。这主要体现在不同部门计划之间、各层次计划之间以及不同周期计划之间的协同。比如，多股东间的协同；库存、生产、销售、财务部门计划间的协同；企业战略、战术、运作层次计划间的协同；长短期计划间的协同等。对于电子商务应用企业来说，除了一般意义上强调业务运营各个环节的协同与合作外，网络商务平台的设计与运营都需要技术部门人员与商业部门人员的广泛协作。目前可以采用协同软件和建立企业内部协同商务系统的方式，并建立相应的协同组织体系和绩效评价机制来有效地支持电子商务企业内部部门间的协同管理。

电子商务企业间协同管理包括两个方面：一是电子商务网络组织协同管理，指的是企业与价值网络中合作伙伴所形成的网络中成员企业间的协同管理；二是电子商务中供应链协同管理，指的是企业供应链中上下游企业间的协同管理。电子商务网络组织协同管理又包括两方面的协同管理：一是企业与合作伙伴企业之间的协同管理，要确保企业相关部门与合作伙伴在业务运作上协调一致；二是合作伙伴企业之间可能的协同管理，要确保不同伙伴企业在业务运作上协调一致。电子商务企业间协同管理本质上是联盟关系管理，共同的商业利益是企业间合作的基础，共赢是根本保证，信息共享和相互信任是协同的前提。因此可以通过建立电子商务企业间协同关系的相关合作机制来保障电子商务企业间协同管理得以有效实施。另外还可以为建立电子商务企业间协同关系提供相应的协同支持技术；并且可以进一步建立电子商务企业间协同商务系统来有效支持电子商务企业外部合作伙伴之间的协同。

【案例分析】

虚拟无敌的“美斯特·邦威”

虚拟的核心思想就是企业仅控制某些核心环节，如专利技术、品牌、销售网络等，而把低增值部分虚拟运作。如虚拟生产（OEM）、网络营销外包、虚拟行政等，其实质就是借用、整合外部资源，“不求拥有，只求利用”，企业只着力于高端研发和终端营销，而中间部分，则尽量全部外包。美斯特·邦威就是典型的虚拟企业，并且具有以下特点。

一、柔性结构与快速反应

在组织结构方面，美斯特·邦威没有采用传统企业需要亲自实现自己的设计、生产、营销、财务等职能的全功能管理模式，董事长周成建明智地看到，自己资本有限，肯定不能像传统企业一样采取“大而全”“小而全”的企业模式，经过充分考虑，美斯特·邦威把有限的资源都集中在了两个模块：高端研发和终端营销。高端方面，美斯特·邦威不惜血本地设立了和意大利、法国合作的上海设计中心，为中国年轻人量身定制最前卫、最时尚的服装款式；终端方面，美斯特·邦威从请明星做代言到立体的市场活动，已经成功地打造出中国最优秀的年轻品牌。当拥有了这两个核心资源后，其生产和销售则统统采用外包和特许的方式运作，通过借助外部的资源进行生产和销售，自己则可以把注意力充分集中在信息流、科研开发和品牌建设上，如此一来，这种柔性组织结构不仅解决了大型企业“管理病”的困扰，并以其高度弹性化的运作方式，做到了在最短时间内对市场的快速反应。这种虚拟的组织结构，其市场行为特征就是分工、竞合、联盟、快速反应与创新，而合作、双赢、共享与学习正是美斯特·邦威及其企业联盟的经营主题。这种虚拟企业柔性结构最大的优点在于整个组织的灵活性，因为企业联盟既可以是长期性的，又可以是临时性的，一切根据市场的变化，随时进行调整和重新分化组合，在这中间，利润和对市场的快速反应是虚拟企业联盟存在的全部理由。迄今为止，年营业额在15亿元以上的美斯特·邦威，其总部员工仅控制在200人左右。

二、有限资源与无限功能

美特斯·邦威一方面把有限的资源集中在高端研发和终端营销，同时又将低附加值的生产和销售全部外包和特许给外部完成，自己只进行指导和监察。在生产方面，美特斯·邦威采取定牌生产策略，先后与广东、江苏等地的100多家生产企业建立了长期合作关系，为公司进行定牌生产，如今已形成年产系列休闲服1000多万件（套）的强大生产基地，这个环节如果都由美特斯邦威投资的话，则需要约3亿元资金；在销售网络建设方面，美特斯·邦威采用特许经营的模式，充分利用“美特斯·邦威”品牌效应，吸引代理商加盟，拓展联销专卖网络。目前美特斯·邦威的专卖店已经开到了全国，其中只有20%是直营店的品牌形象店，其余80%都是特许连锁专卖店，如果这些专卖店都是美特斯·邦威自己投资，则至少需要2亿元资金。荀子曾说：“君子性非异也，善假于物也。”即便是聪明睿智的君子也并不比常人厉害，他们之所以能获得成功，只是善于利用外物罢了。美特斯·邦威这种虚拟经营模式通过借用外部资源与能力，实现了以有限资源达到无限功能的目的，极大地提升了企业的竞争能力。

三、实时经济与零沉没成本

如今信息时代的企业竞争，不再仅仅是大企业吞并小企业的竞争，更多表现在反应快的企业吞并反应慢的企业的竞争，企业之间越来越多的是时间的竞争，信息技术使时间和距离的作用发生了质的改变，中国已经加入了WTO，任何一个企业面临的都将是全球化的竞争对手。而虚拟经营模式的实时经济导向，适应了新经济时代环境快速变化、未来具有不确定性的特点，告别了以迈克尔·波特为代表的产业组织学派过分依赖环境因素制定战略的方式，而是以快速反应来构建企业的核心竞争能力，追求针对市场需求其响应时间缩短至零的能力。同时，由于虚拟企业没有在核心功能之外进行过多的专用性资产投资，一旦环境改变，组织结构需要调整和组织流程再造（BPR）时，其沉没成本几乎为零。现在，美特斯·邦威与其定牌生产厂家和特许加盟店之间，各自都是自负盈亏的法人实体。如果某一天美特斯·邦威需要调整经营战略或者组织结构时，它可以随时让这个虚拟企业联盟解体。美特斯·邦威以其品牌资源和开发能力，做到了完全主导和控制这个虚拟企业联盟的运作，并且不必担负资产投入的风险。

【案例讨论】

（1）美斯特·邦威为什么是虚拟无敌的？谈谈你的看法。

（2）美斯特·邦威作为虚拟企业需要应对哪些挑战？谈谈你的看法。

第九章　电子商务的法律与知识产权保护

电子商务的突出特征是通过互联网使重要的商业活动通过电脑及信道构成的网络世界完成。这种网络世界构成了一个区别于传统商业环境的新环境，被称为“虚拟”世界。在这个世界里，来自全世界各个角落的人和企业均可以缔结交易，当事人只要打开一个网站进行搜索和点击，无须谋面和使用笔墨，瞬间即可以完成寻找交易对象、缔结合同、支付等交易行为。这种环境和手段的改变，使得在传统交易方式下形成的规则难以完全适用于新环境下的交易，因此，需要有新的法律规范，创造适应电子商务运作的法制环境。

第一节　电子商务法律法规概述

一、电子商务法的概念与特征

（一）电子商务法的概念

电子商务法是调整以数据电文为交易手段而形成的以交易形式为内容的商事关系的规范体系。广义的电子商务法，是与广义的电子商务概念相对应的，它包括了所有调整以数据电文方式进行的商事活动的法律规范。其内容极其丰富，至少可分为调整以电子商务为交易形式的和调整以电子信息为交易内容的两大类规范。狭义的电子商务法，是调整以数据电文为交易手段而形成的因交易形式所引起的商事关系的规范体系。本课程讨论的是广义的电子商务法。

（二）电子商务法的特征

1. 商法性

商法是规范商事主体和商事行为的法律规范。电子商务法规主要属于行为法，如数据电文制度、电子签名及其认证制度、电子合同制度、电子信息交易制度和电子支付制度等。但是，电子商务法也含有组织法的内容，如认证机构的设立条件、管理、责任等，就具有组织法的特点。

2. 国际性

电子商务是一种世界范围的商务活动，不应以一国或几国的法律来规范它，应该建立一种全球的电子商务法律框架，使全世界的电子商务活动受到一个统一的法律规范的约束，这样才能使电子商务真正成为一种全球性的活动，从而有利于电子商务活动的开展。所以，电子商务法最终要以适应全世界的要求为特征，自然而然地，国际性就成为电子商务法的特征之一。但是，在世界范围内统一使用的电子商务法出现之前，各国制定其关于电子商务的国内法律也很有必要，但是需要注意将来与国际接轨问题。

3. 技术性

电子商务是现代高科技的产物，它需要通过互联网络来进行，规范这种行为的电子商务法必然要适应这种特点。所以，有关电子商务的法律规范也必须以技术性为其主要特点之一。电子商务法对电子商务的有关技术问题做出合理的规定，使电子商务这个信息时代的产物逐渐走上法制化轨道。例如，对于网络协议的技术标准，当事人若不遵守，就不可能在开放环境下进行电子商务交易。所以，技术性特点是电子商务法的重要特点之一。

4. 安全性

计算机网络的技术性和开放性也使得它具有极大的脆弱性。计算机及网络技术的发展使各行各业对计算机信息系统具有极强的依赖性，电子商务法以解决电子商务的安全性为己任，通过对电子商务安全性问题进行规定，有效地预防和打击各种计算机犯罪，切实保证电子商务乃至整个计算机信息系统的安全运行。所以，安全性是电子商务法的又一特征。

5. 开放性

电子商务法还在不断发展之中，必须以开放的态度对待任何技术手段与信息媒介，设立开放性的规范，让所有有利于电子商务发展的设想和技巧都能容纳进来。目前，国际组织及各国在电子商务立法中，大量使用开放性条款和功能等同性条款，其目的就是开拓社会各方面的资源，以促进科学技术及其社会应用的广泛发展。它具体表现在电子商务法的基本定义的开放、基本制度的开放，以及电子商务法律结构的开放等方面。

6. 协作性

电子商务交易的协作性，来源于其技术手段上的复杂性和依赖性，它通常表现在当事人必须在第三方的协助下完成交易活动。例如，需要有网络服务提供接入服务，需要有认证机构提供数字证书、在线支付需要银行的网络化服务，还需要第三方物流的配送活动等，这就使得电子交易形式具有协作性的特点。

实际上，每一笔电子商务交易的进行，都必须以多重法律关系的存在为前提，这是传统口头或纸面条件下所没有的。它要求多方位的法律调整，以及多学科知识的应用。

7. 程序性

电子商务法中有许多程序性规范，主要解决交易的形式问题，一般不直接涉及交易的具体内容。从联合国贸易法律委员会《电子商务规范法》来看，它是以规定电子商务条件下的交易形式为主的。电子商务法所调整的是当事人之间因应用交易形式而引起的权利义务关系。

二、电子商务法与相关法律法规的关系

（一）电子商务法和民法

民法调整平等主体之间的财产关系和人身关系，而电子商务法调整电子商务活动；在电子商务法中，有些法律规范也调整平等主体之间的财产关系和人身关系，如有关电子合同的规定，不得在网上发布有损他人名誉的信息的规定，所有这些法律规范既是电子商务法的法律规范，又是民法的法律规范。另外，有关电子商务损害赔偿的规定也具有民法的性质。但是，电子商务法中除了具有民法性质的法律规范以外，更多的是有关电子商务安全和其他内容的法律规范。所以，二者的交叉远远小于二者的区别。

从基本原则上看，民法重视公平原则，而电子商务法强调安全原则。民法基于商品经济等价交换的规律，要求每一次交易都要做到公平合理，在此基础上形成了结果公平的公平观。如果某项交易结果是不公平的，民法则通过否定契约效力和契约可执行性的一整套制度，使当事人不受契约约定的权利义务的约束。电子商务法主要保护电子商务活动的安全，如果计算机信息系统受到非法侵入或破坏，电子商务主体的商业秘密将被非法泄露，交易主体将受到极大的经济损失，所以，电子商务法以安全性为其主要原则。

从责任种类上看，民法基本上属于一元责任，也就是单一补偿性的民事责任。电子商务法的责任种类呈现多元化格局，既有补偿性的民事责任，也有制裁和惩罚性的行政责任，甚至刑事责任。

从效力范围上看，电子商务法的国别性将会越来越小，电子商务法已超越国家、民族和地区的界限。为了适应国际电子商务的发展，各种国际组织已经制定或正在制定有关电子商务的国际法。相比之下，民法则具有较强的民族性、地域性和传统性。

（二）电子商务法和商法

电子商务法与商法的关系最为密切。商法是具有调整商事关系功能的一系列法律规范的集合体，它一般包括公司法、票据法、保险法、海商法、破产法等内容。电子商务法中有关电子保险、电子票据、电子提单等规定与传统商法也存在交叉，这就要求人们适当借鉴传统商法的有关原理，加上电子商务法的技术性规定来解决这些问题。电子商务法所涉及的领域远远大于商法，如对电子商务活动的征税、互联网的管理、域名的管理等问题均超出了商法的范围。

电子商务对民商法基本制度的影响。从民法理论上看，电子商务是一种意思表达的手段，其影响首先表现在法律行为的形式方面，同时还表现在权利的行使、义务的履行和责任的承担等方面。譬如，在权利行使上，请求权、抗辩权等，都以意思表示为其基本要素，都可以电子代理形式为之。这种表意形式的变化，却可能动摇千百年在民商领域所形成的实体权利义务观念。例如，在传统的交易环境中，一些重大误解的民事行为是可以撤销的，而在电子交易环境中却已变得不可能。一般情况下，涉及要以数据电文进行民商意思表示的，传统的纸面环境下制定的法律要求，将不能完全适用，而要依照电子商务法的原则与制度对之进行调整。

（三）电子商务法和经济法

从法律关系上看，电子商务法律着眼于电子商务主体的权益，调整电子商务主体之间的权利义务关系。经济法着眼于国民经济的全局，调整国家经济管理机关与各种经济组织相互之间以及它们内部之间在经济活动中发生的关系，即调整经济管理关系和经济协作关系。

从法律关系主体上看，电子商务法的主体主要是从事电子商务的法人和自然人，还包括从事电子商务管理的国家机关以及对电子商务进行破坏的个人或组织。经济法的主体范围较电子商务法更为广泛，包括国家机关、社会组织、经济组织内部的职能机构和下属单位、城乡个体商户、农村的专业户、承包户和其他经济法主体。

从法律行为的后果上看，电子商务法只对违反电子商务法的行为予以追究，责令违法者承担一定的法律责任。经济法则表现为对经济市场行为的确认、保护，对行为人的奖励，也表现为对经济违法行为的否定，对违法行为人的制裁。

（四）电子商务法和行政法

行政法一般是指调整行政关系和基于行政关系而产生的监督行政关系的法律规范体系。它以行政关系和监督行政关系为调整对象。在电子商务法中，公安机关对计算机信息系统的安全管理等内容与行政法有所交叉。电子商务法和行政法的主要区别有以下几点。

行政法不可能制定统一完整的法典，原因是行政法涉及的社会生活领域十分广泛，内容纷繁复杂，专业性又比较强，而且行政关系变动较快，因此制定一部包罗万象、完整统一的行政法典是十分困难的。而电子商务法则不然，制定国内统一的乃至全球统一的电子商务法典势在必行。

行政法容易变动，这主要是因为相对具体的行政法规范涉及的内容太多，而社会生活又在日新月异地飞速变化，行政管理活动为适应这些新变化，经常加以调整。而电子商务法一经产生就具有一定的稳定性。

行政法的实体性规范与程序性规范总是交织在一起，并且往往共存于一个法律文件之中。在行政关系中，由于民主公正的要求，科学与效率的需要，国家有必要对行政机关规定行使职权的程序。电子商务法是实体法，与诉讼法相对独立，是一个独立的法律部门，通常在非诉讼的情况下很少有法律规定的严格的行为程序。

（五）电子商务法和刑法

违反电子商务法的行为必然要承担一定的法律责任，这些法律责任中不但有民事责任、行政责任，还有刑事责任。1997 年我国刑法修订时，增加了几条有关计算机犯罪的规定，确定了非法入侵计算机信息系统罪，破坏计算机信息系统功能罪，制作、传播计算机破坏性程序罪等几个罪名和其他利用计算机进行的财产犯罪，这样就增加了法律对计算机信息系统违法犯罪分子的威慑力，使其不敢轻易进行计算机违法犯罪活动，这对于保护电子商务交易主体极为重要，有力地维护了电子商务活动的安全性。所以，我国刑法对计算机犯罪的有关规定是电子商务法的有力补充。

总之，电子商务法的法律调整手段是综合性的，它涉及多种法律关系，它与许多其他法律部门有着密切的联系。所以，学习电子商务法必须同时了解与电子商务法密切相关的其他法律。

三、电子商务法的作用

电子商务法在现代经济社会中发挥着重要作用，其作用主要表现在以下四个方面。

（一）它是市场经济健康发展的需要

市场经济发展到今天，虽然有纸贸易仍然存在，但是它已经逐渐失去势头，互联网的迅速发展使无纸贸易的贸易额与日俱增，电子商务已经应用到各行各业，它对经济发展的促进作用将是空前的，在21世纪的前25年，它将成为市场经济的重要贸易形式。而市场经济是法制经济，对电子商务这一市场经济的主要贸易形式加以法律规范，是市场经济的必然要求，电子商务法正是在这种要求下产生的，它的出现将有助于电子商务活动的顺利进行，同时，更能为市场经济的健康发展提供有力的法律保障。

（二）它是科学技术顺利发展的需要

计算机网络黑客和其他计算机犯罪人员事实上都是具有极高的计算机和网络知识的科技人员，他们利用自己的知识和聪明才智进行计算机犯罪活动，破坏电子商务活动的顺利进行。电子商务法中有关法律责任的规定对这些人有极大的威慑力，使他们因惧怕实施违法犯罪行为所承担的法律后果而停止网络违法犯罪行为，其中有些人会转而将其聪明才智应用到健康的科学研究上去，这对促进科学技术的发展具有一定作用，所以电子商务法是科学技术顺利发展的需要。

（三）它是规范电子商务活动的需要

传统民商法对有纸贸易的过程、交易双方的权利义务以及违约的法律后果都做出了较为详尽的规定，电子商务活动的出现打破了以前有纸贸易一统天下的局面，使贸易形式发生了巨大变革，传统民商法的很多规定都不能适用于电子商务这种具有极强技术性的全新的贸易方式，这就要求有一种能适应这种变革的全新的法律制度的出现。电子商务法就是在这种要求下产生的，它对在网上进行交易的过程、双方的权利义务都按照电子商务的特点做出全新的规定，并对一些技术性问题加以规范，使电子商务活动可以按照法律规定的程序进行，明确了双方的责任，在双方发生纠纷时可以按照电子商务法的有关规定加以解决，这样就使电子商务活动做到有法可依，所以，电子商务法是规范电子商务活动的需要。

（四）它是保护计算机信息系统安全和电子商务交易主体合法权益的需要

随着经济信息化进程的加快，计算机网络上的黑客破坏活动也随之猖獗起来。黑客及黑客行为已经对经济秩序、经济建设、国家信息安全构成了严重威胁。同时，这也会使电子商务交易主体的一些不能公开的秘密信息泄露出去，给交易主体造成不可估量的经济损失。这是对现代科学技术的一种严厉挑战，各国也已经充分地认识到了这一点，都在研究新的技术防止黑客。与此同时，各国政府和各种国际组织也都制定了或正在制定打击黑客及黑客行为的有关法律，通过法律手段保护计算机网络信息系统的安全。电子商务安全法的产生能直接、有效地打击各种危害电子商务安全的违法犯罪行为，规范电子商务主体的行为，保护电子商务交易主体的合法权益不受侵害；同时也能间接起到保护整个计算机信息系统的作用，为科学技术的顺利发展提供一个良好的法律环境。

四、电子商务涉及的法律问题

（一）电子合同问题

合同是交易的核心内容，传统的合同多通过书面订立，可以通过签名和印章来识别，电子商务中的合同采取了新的形式，具有了新的特点。我国合同法虽然承认电子合同的法律效力，但对于电子合同、企业电子账本及其他各类电子文档的格式、操作规范等没有明确规定。电子合同目前应着重解决以下四个问题：书面形式问题、电子签名、电子合同收到与合同成立地点、证据问题。

（二）网络安全问题

在网络运营过程中经常会碰到一些障碍，这些障碍或来自技术操作方面，或来自互联网上的病毒，或其他不可猜测又一时无法排除的原因，会导致电子商务中的交易中止，从而给买卖双方带来损失。虽然有一些互联网技术服务商提供保障网络安全的服务，但是绝不可能完全杜绝电子商务中的网络故障及人为的破坏。假如没有相关的法律规定，一旦在电子商务交易中出现上述原因引发的法律诉讼，便会因没有相关的具体法规，给法院对这些诉讼的审理带来极大的困难。

（三）商业信用问题

在传统的商业交易中，商业信用问题始终是个大问题。从历史上看，我国的商业主体普遍信誉低下，企业三角债问题严重。而严重的话，三角债问题使原来信用等级不高的商业信用更加低下，甚至影响到了银行的信用。而电子商务是将传统的交易方式改为在网络平台上进行交易，通过电子计算机、网络来进行的经济活动。电子商务虽然在多方面对传统商业交易有所改进，但是在商业信用问题上仍然没有彻底改变，甚至更加严重。所以说，商业信用问题是制约电子商务发展的瓶颈，也是电子商务中始终应该被注重到的核心问题。

（四）关税和税收问题

对于有形货物的离线电子商务，由于有形通关过程的存在，现行增值税税收政策依然适用。对于数字化信息产品，消费者通过下载取得货物，由于不存在一个有形的通关过程，由海关征收关税以及代征进口环节增值税和消费税的征收基础不复存在，对这部分电子商务的关税及进口环节增值税和消费税征收将变得非常困难。

电子商务的无国界性、虚拟性、无纸化特点在给企业带来巨大商机和给消费者带来空前便利的同时，也引发了一些国家税收方面的新问题：常设机构的概念和范围界定碰到了困难。电子商务突破了原有以固定地点为依托的物理形态，而是采取虚拟、无形的方式进行经营，销售商并没有固定的销售场所，其代理人也无法确定。这样，就不能依照传统的常设机构标准进行征税；有形产品交易和服务交易难以区分。例如，以数据形式传输的无形产品，是应该归为提供有形产品还是服务交易，税法没有做出相关规定。税务机关就不能按照现行的法律确定其征收对象的性质，适用税种、税率等，这就造成了税收工作上的技术困难，造成资金流失。电子商务的日益完善，导致网上国际投资业务的蓬勃发展，设在某些避税地的网上银行可以对客户提供完全的“税收保护”。假定某国际投资集团获得一笔来自全球的证券投资所得，为躲避所得税，就可以将其以电子货币的形式汇入此类银行。这就造成了一定程度上国内税务的流失，而且网上贸易是通过大量无纸化操作达成交易的，账簿、发票均可在计算机中以电子形式填制，而电子凭证能轻易修改，且不留痕迹，税收审计稽查失去了最直接的纸质凭据，无法追踪。

（五）电子商务的著作权问题

网上发表的声乐作品、文章和其他产品的著作权和商标权如何保护？是否需要支付和怎样支付使用费？他人恶意地将受保护的知识产权作品在网上散布如何补救？新技术的发展必然影响到法律，凡是与技术联系密切的都适用知识产权法，而在知识产权法中，著作权法又是受影响最明显的一部分。在网络环境下，现有的著作权制度力不从心，作者无法对自己的作品进行有效的控制。任何人都可以轻而易举地把作者的作品上传到互联网上并很快传遍全球，而作者却可能对此毫不知情。互联网的跨时空性使得跨国性的侵权行为变成了普遍现象。法律在这个领域的相对空白致使网上侵权行为十分严重，这种现象使电子商务的发展受到一定的影响。

（六）网络广告

国内的网络广告大多是无证经营，网络广告经营中的问题也是层出不穷，而广告主、广告经营者、广告发布者三者的利益关系却没有相应的法律来规范，在现有条件下只有《中华人民共和国广告法》可以提供法律依据，而《中华人民共和国广告法》完全不适应网络环境。为此相关部门应尽快制定旨在制止网络虚假广告和不正当广告竞争行为的互联网广告治理办法，对申请开展广告业务的互联网企业进行规范，符合条件的核发广告经营许可证，不符合的则不准进行广告经营，违者将以超范围经营查处。

（七）消费者权益的保护

传统的商品交易双方的主体，一方为商品经销商，另一方为消费者，商品经销商的市场准入主要由工商部门调整，消费者不需要市场准入。而电子商务的交易过程不但把商家和金融机构联系在一起，而且把数字认证机构、支付网关以及以技术为支撑的互联网络接入服务运行机构等完全地融合在一起。交易过程中，需要通过法律规范予以市场准入的对象有商家、金融机构、数字认证机构、支付网关以及互联网络接入服务运行机构等，而消费者则以自愿的形式，通过数字认证来保障其消费行为，这就需要变更现有单一主体制度，制定出相应的法律法规对以上各方当事人的权利义务进行统一调整。

在网上购物中，商家往往采用格式合同以节省消费者的时间，商家规定的格式条款中，往往还有许多“霸王条款”。在发生纠纷时，仅靠《消费者权益保护法》等原有的法律保护已显乏力。另外，由于企业可以轻易获取消费者的个人资料，消费者的隐私权也难以保障。因此，今后制定的法律规范在进一步确保落实消费者的合法权益，明确各方义务的同时，还应明确商家在收集资料时应当向消费者履行告知义务，取得消费者的认可，这样消费者就享有了选择权，避免了不必要的纠纷。

总之，电子商务是未来商务活动的主流方式，随着它的推广，将会不断引发一系列的立法需求。政府面对新情况、新问题，应正确运用法律手段来保证电子商务的有序发展。

第二节　电子商务的立法概况

自20世纪90年代中期以来，电子商务的推行，像比特穿梭于电子网络一样神速，瞬间传遍了全球。而传统法律在迅速发展的电子商务面前，显得有点力不从心。为了规范电子商务，使之在法律的轨道上有秩序地发展，世界各国纷纷行动起来，制定适合并促进电子商务发展的规范。综观全球，电子商务立法速度之快、范围之广，是其他领域的立法行动所不能比拟的。

一、国外的电子商务立法

（一）美洲国家电子商务立法

这里以美国和加拿大为例进行介绍。

1. 美国

（1）电子商务立法的基本原则

美国是全球互联网的策源地之一，其研究、开发与应用计算机网络技术的历史已有三十年之久。1997年7月，美国政府颁布了《全球电子商务纲要》（*A Framework For Global Electronic Commerce*）。《全球电子商务纲要》是全球第一份官方正式发表关于电子商务立场的文件，提出了关于电子商务发展的一系列原则，系统阐述了一系列政策，旨在为电子商务的国际讨论与签订国际协议建立框架，美国将积极地透过WTO、OECD、APEC等国际组织，实践纲要中提出的原则与政策，由于美国在网络发展的主导地位与其经济实力的强大，《全球电子商务纲要》已成为主导电子商务发展的宪章性文件。其基本内容包括五大基本原则和九大议题。

①私营企业应居于主导地位。

互联网应发展成为自由市场导向而非由法律规范的产业，政府应鼓励产业自律。

②政府应避免对电子商务做不必要的限制。

当事人应可在政府介入或干预程度最低的情况下，在互联网上自由买卖商品或服务；对于经由互联网进行的商业活动，政府应避免制定任何新的以及不必要的法律规则、官僚程序或税捐课征加以限制。

③政府必须进行支持商务法制环境的建设。

政府必须参与的目的在于支持和加强一个可预测的、最简单的和前后一致的商务法制环境。即使政府的干预是必要的，其所扮演的角色亦应为确保网络成为一个公平竞争的环境、保护知识产权及隐私权，保护消费者使其免受欺诈，促进争议的解决，而非以硬性规定的方式加以规范。

④政府应当认识到互联网的独特性质。

互联网之所以成功，部分应归功于它向外分散、没有中央主管机关的性质，因此过去60年来所制定的关于通信、广播及电视的管理架构可以说并不符合互联网的需求。故现存的法律及法规或将阻碍电子商务的发展，从而其应被重新审阅、修改甚至废除，以适应新电子时代的需求。

⑤互联网中的电子商务应在国际化的基础上被推进。

互联网是全球性的市场，无论买方或卖方在世界上的任何地点，网络上支持商业交易的法律架构应该是一致且可预测的，如此才能增加消费者上网从事交易的信心。

（2）电子商务立法发展的议题

《全球电子商务纲要》特别提出有关电子商务发展的9大问题，提出问题的症结以及可能的解决方向，作为国际协议需要予以解决的议题，旨在创立可预测的、面向市场的商务框架来促进电子商务的发展：①海关与税务；②电子支付系统；③针对电子商务修订《统一商法典》；④知识产权的保护；⑤隐私权保护；⑥网络安全；⑦电信基础设施与资讯技术；⑧网络内容；⑨技术标准。

（3）电子商务立法的发展进程

美国自从发布《全球电子商务纲要》之后，至1998年底，依据其纲要所提出的原则和议题，在国内已通过4个法案：《互联网免税法案》（*Internet Tax Freedom Act of 1997，ITFA*）、《政府文书作业简化法案》（*Government Paperwork Elimination Act*）、《数字千禧年著作权法案》（*Digital Millennitun Copyright Act*）、《1998儿童网上隐私权保护法案》（*Children's Online Privacy Ptotwtian Act of 1998*）。

《全球电子商务纲要》中还主张网络上应该发展《国标电子商务统一商法典》，同时明示支持《电子商务示范法》。《全球电子商务纲要》除建议各国应以《电子商务示范法》为原则，就电子合同、电子文件的效力、书面签名等问题制定其国内统一规范之外，也呼吁各国在制定电子商务法律规范之同时，应在最大的限度内，遵守下列原则：①合同自由；②法规应为技术中立并具有前瞻性；③仅在必要情况下修订现行法律与制定新法；④应将高科技产业及尚未上网的产业一并纳入考虑。

美国州法统一全国委员会近年来一直致力于制定新的适应电子化交易的法律，其中主要有美国《统一计算机信息交易法》（*The Uniform Computer Information Transactions Act*）和《统一电子交易法》（*Uniform Electronic Transactions Act*）。前者主要调整通过网络途径进行的信息产品的交易，譬如软件使用许可合同、数据库使用许可合同、信息服务合同等，其合同的标的都是以无形的信息形式存在的，并且完全可以直接在网络上完成交易，其实际由在线资金支付与在线数据传输两个方面构成。可以说，它是配合电子商务内容的变化而制定的。而《统一电子交易法》则力图为美国各州建立一个统一的电子商务规范体系，以便从操作规程上（即从交易的形式上）保障电子商务的发展。这两个法律文件已于1999年7月底在全美州法统一委员会上获得通过，并建议各州在立法中采纳。

在上述的法案通过后，美国众议院法制委员会于1999年10月13日通过了《国际与国内商务电子签名法（草案）》，提供日后在跨州（跨国）商务场合中电子签名使用的法源基础。克林顿政府已于2000年6月30日正式签署通过该草案，使之成为正式法案。众议院法制委员会指出，在各州尚未依据《统一电子交易法》所规范的标准制定州级电子签名法案之前，必须遵守这个国家级电子签名立法所颁布的适用规则，各州不得另行制定法规排除适用。

（4）各州的电子商务立法

美国的电子商务法立法，是以各州的立法行动为先导的，因此，有必要介绍各州的电子商务立法。犹他州于1995年颁布的《数字签名法》，是美国乃至全世界范围的第一部全面确立电子商务运行规范的法律文件。

在电子签名技术的选择上，美国立法不尽一致。以犹他州《数字签名法》为代表的“技术特定化”，明确规定采用某种电子技术的数字签名具有法律效力；而以《统一电子交易法》为代表的“技术中立化”，不规定特定技术的签名，只规定符合若干标准的电子签名具有法律效力。两种主张之争到2000年《国际国内商务电子签名法》生效才暂告一段落。《国际国内商务电子签名法》遵循《统一电子交易法》确立的“技术中立化”原则，并使之上升为美国的制定法原则。

2. 加拿大

加拿大统一法律委员会于1999年3月15日提出了《统一电子商务法（草案）》，它主要调整商务通信中电子签名的使用问题。该草案对电子签名的解释是：某人以签署电子文件的目的，用一种电子信息形式使之与电子文件相联系。它既可以是本人做出的，也可以是代理人做出的。从范围上看，该草案将适用于所有的信息交换，但法律对以下几方面有明确的除外规定：遗嘱及其增补、以遗嘱及其增补而设立的信托、关于金融或人身事务而授予代理权、流通证券，包括权利流转文件、土地及土地利益的交易，以及其他法律、法规关于电子形式使用的规定。

除此之外，加拿大还于同年起草了《土地权利修正案》《个人信息保护与电子文件法案》，其中规定了电子签名、电子表格的使用与提交等问题，并且授权相关的政府部门，可就电子化提交信息做出规范性要求。不过这些文件的适用范围，仅限于公民与政府机关之间的关系，其电子签名技术使用的是公开密钥加密体制（PKI）。上述法律文件都没有对认证机构及其责任问题做出规定。

（二）欧洲国家电子商务立法

1. 欧盟

欧盟委员会于1997年提出了《欧洲电子商务行动方案》，为规范欧洲电子商务活动制定了框架。1998年又颁布了《关于信息社会服务的透明度机制的指令》。1999年通过了《关于建立有关电子签名共同法律框架的指令》（简称《电子签名指令》）。2000

年，欧盟颁布了关于内部市场中与信息社会的服务，特别是与电子商务有关的若干法律问题的指令，即《电子商务指令》。

《电子签名指令》的目的在于促进电子签名的使用和被法律承认，主要规范电子签名技术在欧盟成员国的使用，协调各成员国在规范电子签名技术方面所采用的不同方式，同时对消费者在线商务活动使用电子签名提供保护。该指令对电子签名服务提供者规定了一系列的义务，为提供认证服务确立了基本的行为规范。与美国法律不同的是，该指令明确规定电子签名服务提供者承担确保其所签发证书内容准确性的义务。当然，该指令在有关签名的规则上，也持技术中立态度，并不强制要求采用特定的电子签名技术。《电子商务指令》全面规范了开放电子商务市场、电子交易、电子商务服务提供者的责任等关键问题。指令使用了“信息社会服务”一词，这是个独有的概念，概括其规范的各类电子商务中间活动。该指令要求成员国保障信息社会服务在欧盟统一市场内的自由流通，不得要求从事信息社会服务的企业在建立和提供服务之前履行任何审批手续。但是，信息社会服务应当受服务提供者所在国法律的管辖，遵守有关国家的国内法律。指令要求成员国调整其国内立法以使电子合同合法化，保证其关于合同订立的法律制度，不得妨碍电子合同在实际中的应用，也不得仅仅因为合同采取了电子形式这一事实而剥夺其有效性和约束力。

上述几项法律文件，尤其是《电子签名指令》和《电子商务指令》，构成了欧盟电子商务立法体系的基本框架，成为欧盟各成员国电子商务立法的基础。

（1）英国

从 1996 年到 1999 年，英国先后共提出了 5 份关于电子商务的立法动议。2000 年，英国制定了综合性的内容广泛的《电子通信法》，就密码服务提供商、电子商务的促进与数据储存、电信执照、法律修改、主管机关等做出了详尽规定。其后，英国又推出了《2002 年电子商务（欧盟指令）条例》和《2002 年电子签名（欧盟指令）条例》。这两个条例的共同特点是没有遵循《2002 年电子通信法》的原则，而基本采纳了欧盟指令的思路。

（2）意大利

意大利于 1997 年制定了《意大利数字签名法》。为了实施该法，国家又于 1998 年和 1999 年分别颁布了总统令，并制定了《数字签名技术规则》。《意大利数字签名法》原则上承认了电子文件的法律效力，而总统令将之具体化了。后者规定了数字签名与手书签名有相同的效力，以及对认证机构的要求等。而《数字签名技术规则》则详细规定了数字签名所使用的数学算法，其完全是一部技术规范。

（3）德国

德国于 1997 年 8 月制定了《信息与通信服务法》。该法内容广泛，涉及了与电子商务相关的各个方面，其中包括：《通信服务使用法》《通信服务中个人信息的保护法》《电子签名法》《刑法典修正案》《行政违法修正案》《禁止对未成年人传播不道德出版物修正案》《版权法修正案》《价格标示法修正案》等。也就是说，德国为了实施其电子商务法，已经对整个法律体系进行了全面调整。这种牵一发而动全身的做法，显示了其立法的严谨性。

2. 俄罗斯

俄罗斯可能是全世界最早制定电子商务法的国家之一，其于1995年元月颁布了《俄罗斯联邦信息法》，调整所有电子信息的生成、存储、处理与访问活动。该法赋予通过电子签名认证的，经由自动信息与通信系统传输与存储的电子文件的法律效力，并规定电子签名的认证权必须经过许可。与该法相配套，该国联邦市场安全委员会于1997年下发了《信息存储标准暂行要求》，具体规定了交易的安全标准。

2002年1月，普京总统签署了《电子数字签名法》。该法规定加密技术为生成电子签名的唯一方法，排除了其他技术。

（三）亚洲国家电子商务立法

1. 马来西亚

马来西亚是发展中国家中较早进行电子商务立法的国家。早在20世纪90年代中期，马来西亚就提出了建设“信息走廊”的计划，并于1997年制定了《数字签名法》。可以说，这是亚洲最早的电子商务立法。《数字签名法》最大的特点就是，基本上不受联合国国际贸易法委员会示范法的影响，集中解决电子商务中的签名问题。其具体体现为：第一，在签名问题上坚持技术特定化的立场，明确规定使用不对称密码系统生成的并经特许认证机构认证的数字签名得到法律承认；第二，只有经数字签名的数据电文方可认定为书面文件，具有书面形式文件的效力，并可执行；第三，只有经数字签名的数据电文方可视为原件，并可执行；第四，认证机构必须符合资格要求，并依法经过政府特许，方可执行认证业务。认证机构须接受主管机关的严密监管。

2. 新加坡

新加坡是亚洲，乃至世界上积极致力于推广电子商务的国家之一。1998年，该国颁布了《新加坡电子交易法》，该法是一部综合性的调整电子商务活动的法律，内容比较全面。有的学者评论，这是英联邦成员国中制定的第一部成文的电子商务法。还有的学者认为，该法是联合国贸法会的《电子商务示范法》，以及美国犹他州和伊利诺伊州的《数字签名法》为模式而制定的。1999年，颁布了新加坡《电子交易（认证机构）规则》和《认证机构安全方针》，作为《电子交易法》的配套法律。

《电子交易法》既规定了电子商务的基本问题，包括电子记录和电子签名的一般效力与规则，电子合同的成立、效力、归属，电子记录与电子签名的安全性要求，又重点规定了数字签名的效力与责任，认证机构的设立、义务及其行为规则。在电子签名问题上，新加坡《电子交易法》有两个重要特点：一是技术中立与技术特定化相结合，既规定了电子签名的一般效力，保持技术中立与兼容，对采用不同技术的电子签名给予法律上的承认，又对数字签名即所谓“安全的数字签名”做出特别规定；二是在认证机构上，采取政府监管和市场自由相结合。政府指定认证机构的主管机关，负责许可和监督安全认证机构的活动；而认证机构可以自愿向主管机关提出申请，不申请或没有获得许可并不妨碍认证机构进入市场，但是获得许可的认证机构可以享受法律规定的责任限制。

3. 日本

日本在电子商务立法方面略显迟缓。日本政府于 2000 年 6 月发表了《数字化日本之启动——行动纲领》（以下简称《行动纲领》），提出了实现“数字化日本”的目标。关于电子商务，日本政府提出要建立高度可信的网络商务平台，要构筑电子认证系统，明确网络服务提供者的责任，并推进跨国界电子商务活动。同时，《行动纲领》重申了电子签名认证系统对发展电子商务的重要意义，提出要明确电子签名的法律地位，支持电子签名所采用技术问题上的中立性，保障认证机构活动的自由和用户选择认证服务的自由，保护个人隐私及其数据的安全，降低网络服务提供者的风险，促进电子商务的健康发展。

2000 年，日本颁布了《电子签名与认证服务法》，自 2001 年起施行。其宗旨是通过对电子记录做出真实性的推定，明确电子签名和认证服务的规范性，促进采用电子手段的信息传播和处理，从而有利于人民生活质量的提高和国民经济的健康发展。该法的主要内容包括：从法律上承认载于电子记录中的电子签名，继而推定附有电子签名的电子记录的真实性；认证服务规范等。

4. 韩国

韩国的《电子商务基本法》于 1999 年 7 月正式生效。该法共分为总则、电子通信信息、电子商务安全、电子商务的促进、消费者保护和附则六章，内容较为全面。其特点与该法第一条所规定的目的是一致的，即旨在促进电子商务的发展。因为该法不仅对电子商务、电子通信信息、发端人、收端人、数字签名、电子商店、认证机构等基本概念做出了定义；对通信信息的有效性和电子商务的安全问题做了规定；还就消费者的保护以专章做了规定。该法兼容了欧洲国家侧重于具体技术的解决和美国偏重于消费者的保护两方面的内容。为了具体实施其《电子商务基本法》，韩国还制定了《电子签名法》。

5. 印度

在电子商务立法方面，印度的行动也是非常迅速的。为支持电子商务及印度信息产业的快速发展，印度在电子商务立法方面采取的做法是“两条腿走路”，立、改、废并重。第一，印度于 1998 年出台了《电子商务法》，对电子记录和电子签名予以法律上的承认；第二，同年还出台了《电子商务支持法》，对以合同法、证据法为代表的若干部重要法律做了一揽子修订，以适应电子商务应用中出现的新情况；第三，1999 年推出《信息技术法》，进一步对电子记录和数字签名的应用做了规范。

（四）大洋洲国家电子商务立法

澳大利亚于 1999 年 6 月由总检察长向联邦议会提出了《电子交易法案》。该法案是由电子商务专家组，依据联合国贸法会的《电子商务示范法》而起草的，它在电子认证方法方面，采取了市场导向与技术中立的原则。该草案已经由澳大利亚国会通过，并于2000年3月15日生效。

新西兰法律委员会于1998年出版了《电子商务第一部分：法律与企业社区指南》，该文件认为，“由于其全球性，最终因特网需要通过国际的，而不是纯国内的方式来规范”。其主要内容是分析现行法律对因特网的适用性，重点放在阐明原有的法律，而不是制定特别法。在与商业部、外交外贸部的配合下，该法律委员会将继续关注国际商法与惯例的发展。很显然，新西兰在电子商务立法方面的态度较保守，希望等待国际社会现成的立法产生，而从中采纳成熟的规范模式。

（五）各国电子商务立法的特点

1. 快速

电子商务立法仅仅在几年内就席卷了全世界。从1995年美国犹他州的《数字签名法》和同年俄罗斯制定的《联邦信息法》算起，仅仅四五年时间，就有几十个国家和国际组织，相继制定或正在起草有关的电子商务法。这在世界立法史上是罕见的。

2. 兼容

国际组织和各国制定的电子商务法，都不约而同地考虑到了相互协调的问题，因此，在立法上相互参考尽量减少冲突。如贸法会的《电子商务示范法》，在数据电讯的发送和接收标准方面，有意避免了两大法系所采取的“投邮主义”与“达到主义”之间的差异。这是电子商务法的中立原则和开放、兼容精神在各国立法中的体现。

3. 立、改、废并重

电子商务立法中，有些问题需要制定新的法律，如数据电讯、电子签名及其认证问题等。而有些问题则需要修改或者废除现行法。

二、我国的电子商务法律与法规

电子商务已成为我国经济增长的新动力，为了适应电子商务的发展，我国政府已经着手解决电子商务的有关法律问题，并出台了专门的电子商务法。但是，我国的电子商务立法相对滞后于电子商务发展较快的国家。

（一）我国电子商务法律体系存在的问题

1. 尚未形成完善的法律体系

为了调节电子商务环境中的各种矛盾，规范管理秩序，各部门已经制定相应的法规或规章。但是，由于在立法实践中，缺乏纵向的统筹考虑和横向的有效协调，特别是行政法规或部门规章的牵头起草制定部门出于自身工作的考虑，忽视了其他相关部门的职能及相互间的交叉等问题，致使出台的法规和规章虽然数量不少，但内容重复交叉，难以形成体系化的法律法规。

我国的电子商务法律这种现状一方面造成部门间更多的职能交叉，协调难度也随之加大，影响了整体的执法效果；另一方面在一定程度上造成了法律资源的严重浪费，同时也说明了我国现行的电子商务法律基本上还处于法规规章的层次上，在法律层面上的电子商务立法还比较少，而且不太完善。

2. 难以操作

法律的一个重要特点就是可操作性强。如果一部法律难以操作，那么该法律就难以起到应有的规范约束作用。我国的电子商务法律中就存在难以操作的现象。比如，行政审批部门及审批事项多。在十余个行政法规和部门规章中，涉及电子商务的行政审批事项主要包括：工信部的国际互联网经营许可证、经营性互联网信息服务许可证、非经营性互联网信息服务备案文件、互联网上网服务营业场所经营许可证、基础电信业务经营许可证、跨地区增值电信业务经营许可证，国家保密局的涉及国家秘密的计算机信息系统的审批、涉密计算机信息系统建设的资质审查，国家密码管理机构的商用密码的科研和商用密码产品的生产指定、商用密码产品的销售许可证、商用密码产品的认可使用，公安部的计算机信息系统安全专用产品销售许可证、互联网上网服务营业场所审批文件，文化和旅游部的互联网上网服务营业场所审批文件，国务院新闻办公室的互联网站从事登载新闻业务的审批，国家信息安全测评认证等 7 个部门共 16 项之多，特别是互联网上网服务营业场所的行政审批有公安、文化部门的审核批准文件、信息产业部门的经营许可证、工商行政管理部门的企业注册登记四项。过多的审批部门和审批事项虽然对加强和规范行政管理发挥了一定的作用，但由于“审批多、限制多、处罚多”，在一定程度上制约了电子商务的发展。

（二）电子商务立法模式与主要内容

1. 电子商务立法模式

电子商务的本质是商务，其法律调整的一个基本原则是仍然适用现有法律框架，同时又应当针对电子商务不同于传统商务的特殊问题制定新的规则。因此，电子商务法仅仅是解决电子商务中的特殊性问题而产生的法律学科。

解决电子商务特殊性问题的方法主要有两种。

一是制定新的立法，这方面的立法主要涉及电子商务交易形式的狭义电子商务法，最典型的是关于数据电文效力、电子签名法、电子认证等方面的立法。目前，我国应该尽快制定这种狭义上的电子商务法。

二是对传统法律进行修改、补充，比如对法律适用和管辖规则加以修改，以适应对网络案件的管辖和审理。我国应当系统地清理阻碍电子商务法律制定的现行法律法规，使得电子商务法形成一个比较完整的体系。

总之，电子商务法并不是一套完全取代过去法律的规则，而是在现行法律基础上建立的适应网络环境的特殊规则。

2. 电子商务法的主要内容

电子商务实际上是将传统的商业交易活动转移到互联网上进行。它不仅是一个技术应用问题，还包含着如何将传统的交易规范移植于网络交易中，或者在网络交易中如何重建与传统法律价值相近的规范体系等课题。电子商务立法中涉及交易内容的主要是对传统法律的修改、补充，这涉及多个部门法的问题，在此仅仅介绍狭义电子商务法即涉及交易形式的电子商务立法。从传统商事交易与电子商务活动的不同特点来看，至少有三方面的问题需要解决：一是对电子通信记录法律效力的确认；二是对电子商务交易当事人身份的鉴别手段——电子签名方法的基本标准的确定；三是关于电子签名认证机构的建立。

（1）数据电文的法律确认

对于电子通信记录的法律效力的确认问题，并不是现在产生的，早在电报、电传、电话、传真机应用时，世界上许多国家就已经形成了许多判例。在封闭型电子计算机交易网络——EDI，应用于商业领域时，法律界又对这一问题进行了全面的讨论。1996 年联合国贸法会的《电子商务示范法》已经在国际范围内再次对这一问题提出了解决方案。所以国际组织及各国在电子商务立法中，对这一问题的争议不太大。

（2）关于电子签名技术方案的选择问题

在电子商务交易中，以何种技术生成的电子签名才是安全可靠和具有法律效力的，这是电子商务法理应确认的问题。综观世界各国的几十部电子商务法，大致有两种解决方案：一种是起源于美国犹他州的技术特定化方案；另一种是以联合国贸法会为代表的技术非特定化方案。两种方案各有论据与支持者，一方面相互争论，另一方面又相互融合，互相吸取对方的合理因素。

技术特定化方案认为，在现行的电子辨别技术中，唯有公开密钥加密（也叫数字签名）方法，既安全可靠，又能适应开放型市场密钥分发的需要，而且成本也不太高，是较为理想的电子签名技术方案，因而应作为法定的电子签名技术予以确定。只有用公开密钥加密技术做出的电子签名，才具有如同手书签名一样的法律效力。技术非特定化方案则认为，电子签名技术手段的优劣，理应由市场和用户做出判断，立法者只需规定出原则性的标准，而不应越俎代庖；法律直接确定某种技术，就会限制其他同类技术的发展。

目前，一种折中式的电子签名立法思想逐渐占据了主导地位。它是上述两种方案相互论争、相互渗透的结果，其特点是着重强调电子签名的效果，并承认签名的相对安全性与适用性，而在其具体实现方式上尽量使之泛化，以囊括各种技术手段。其目的是在数字签名之外，为其他能够达到同一功能的技术方式留下余地。

（3）关于认证机构的管理与选任问题

在互联网上运行的电子商务，是一个完全开放的系统，任何不相识的个人或企业，都可以通过网络跨区域的、不间断的从事商务活动。公开密钥加密术，虽然将电子文件与其签署人紧密地联系在一起，解决了电子文件的辨别问题，但是并没有在陌生的商事主体之间，建立起交易所需的信任度。电子签名侧重于解决身份辨别与文件归属问题，而电子认证解决的是密钥及其持有人的可信度问题。因为密钥并不是万无一失的，它存在丢失、被盗、被破译等风险。这就产生了公开密钥的辨别与认证的有效性问题，即需要由一个权威的机构对公开密钥进行管理，以减少密钥丢失、被盗、被冒用而造成的损失。此外，认证证书还能提供一些交易当事人的资信状况。那么，由谁来管理认证机构，由谁来充当认证机构，认证机构应具有哪些权力，承担何种责任，就成了必须解决的问题。否则，公开密钥加密技术就是再安全，也不宜在网络空间中广泛应用。

从目前世界各国的立法情况来看，在认证机构的管理、选任上大致有如下几种做法。一是官方集中管理型，这种方法是由美国犹他州率先采用的，不仅被美国其他许多州所仿效，而且被其他一些国家所借鉴；二是民间合同约束型，这是市场自由、技术中立原则的体现，澳大利亚、美国的加利福尼亚州是采用这种方法的典型代表；三是行业自律型，这一方案采取了官方监督、行业自律的方法，实际上是前两种方案的折中。

第三节　我国的电子签名法

一、什么是电子签名

（一）电子签名的含义

电子签名是商务安全的重要保障手段。这是一个将交易者的身份与其电子记录联系起来的技术性问题，同时又是一个全新的法律问题。

联合国贸法会将电子签名定义为：“在数据电文中，以电子形式所含、所附或在逻辑上与数据电文有联系的数据，它可用于鉴别与数据电文有关的签字人和表明此人认可数据电文所含信息。”可以说，电子签名是指当事人出于签名的意图，运用电子手段，对电子记录实施的使之与当事人产生法律联系的行为。

（二）电子签名与传统签名的区别

电子签名与传统签名仅在功能上有等价之处，二者的区别主要有以下五点。

①电子签名一般是通过在线签署的，是一种远距离的认证方式。它不能像传统签名一样，保证签名人亲临交易现场，即便是生物特征的电子签名也不能如此。

②电子签名本身是一种数据，它很难像纸面签名一样，将原件向法庭提交。因此，传统证据规则拒绝将电子签名与传统签名相等同。

③大多数人只有一种手书签名的样式，虽然事实上它可能发生演变，但一个人可能同时拥有许多个电子签名，每使用一个信息系统，就有可能配发一个。

④传统签名几乎不存在签署者完全忘记的情况，而电子签名则有可能被遗忘。

⑤传统手书签名可凭视觉比较，而电子签名一般需要计算机系统进行鉴别。

通过对二者差异的考察，可见电子签名更接近于签名的衍生物——加盖印章，而不是签名。为了提供印章是由其所有者加盖的证据，需在证人面前加盖印章。那么，应有第三人在电子网络环境中承担证人的角色。

二、《电子签名法》的立法目的和主要内容

（一）《电子签名法》的立法目的

1. 规范电子签名行为

在传统的交易过程中，为保证交易安全，交易中的文件都要由当事人签字或者盖章，以便确认签名人的身份，并保证签字或者盖章的人认可文件的内容。当交易通过电子形式进行时，传统的手写签字和盖章无法进行，必须依靠技术手段替代。这种在电子文件中识别交易人身份，保证交易安全的电子技术手段，就是电子签名。

随着电子商务和电子政务的发展，电子签名的应用范围愈加广泛。但是，电子签名是一个新兴事物，在传统的法律环境下，电子签名的应用也遇到了一些法律上的问题：一是电子签名、数据电文是否具有法律效力无明文规定，客观上制约了电子商务和电子政务的发展；二是电子签名的规则不明确，对电子签名人的行为缺乏规范，发生纠纷后责任难以认定；三是电子认证服务提供者的法律地位和法律责任不明确，行为不规范，认证的合法性难以保证；四是电子签名的安全性、可靠性没有法律保障，交易方对电子交易的安全没有保障。

电子签名法通过确立电子签名的法律效力和签名规则，设立电子认证服务市场准入制度，加强对电子认证服务业的监管，规定电子签名安全保障制度等，来规范各方当事人在电子签名活动中的行为，确立其行为准则。

2. 确立电子签名的法律效力

电子签名的法律效力是电子签名法所要解决的最重要问题。确立电子签名的法律效力，关键在于解决两个问题：一是通过立法确认电子签名的合法性、有效性；二是明确满足什么条件的电子签名才是合法的，有效的。

电子签名法在电子签名的法律效力问题上，采取了折中式的立法模式：一是规定当事人约定使用电子签名的文书，不得仅因为其采用电子签名而否定其法律效力；二是规定可靠的电子签名具有与手写签名或者盖章同等的法律效力；三是规定当事人可以选择使用符合其约定的可靠条件的电子签名；四是以目前国际上比较公认的成熟技术为基础，推荐一定的安全条件和标准，作为可靠的电子签名的标准。按照本法的规定，一个电子签名如果符合法定或者当事人约定的可靠的电子签名的条件，就具有与手写签名或者盖章同等的法律效力。

3. 维护有关各方的合法权益

这里讲的有关各方包括电子签名人、电子认证服务提供者以及与电子签名人进行交易的电子签名依赖方等参与电子签名活动的当事人。有关各方在电子签名活动中的合法权益都受到法律的保护。电子签名法规定了各方在电子签名活动中的权利和义务，明确了电子签名活动的规则，确立各方当事人在电子签名活动中的行为准则，并规定违反法定义务和约定义务的当事人要承担相应的法律责任，以达到平等保护各方当事人合法权益的目的。

（二）《电子签名法》的主要内容

为规范电子商务行为、给电子商务发展提供必要的法律保障，在经过数年的酝酿和准备之后，我国从 2003 年 4 月开始了电子签名法的起草工作。在起草《电子签名法》的过程中，我国充分借鉴了联合国《电子商务示范法》及美国、欧盟、日本、韩国、新加坡等国家的有关立法，并广泛听取了国内电子商务和法律方面专家的意见。2004 年 4 月 2 日，十届全国人大常委会第八次会议首次对电子签名法草案进行了审议，中间又经过两次修改和审议，最终在 8 月 28 日通过了《电子签名法》，并决定于 2005 年 4 月 1 日起实施。

我国《电子签名法》明确和规范了以下几方面的问题。

1. 明确了电子签名的法律效力

《电子签名法》明确规定："民事活动中的合同或者其他文件、单证等文书，当事人可以约定使用或者不使用电子签名、数据电文。当事人约定使用电子签名、数据电文的文书，不得仅因为其采用电子签名、数据电文的形式而否定其法律效力。"这样，电子签名便具有与手写签字或者盖章同等的法律效力；同时承认电子文件与书面文书具有同等效力，从而使现行的民商事法律可以适用于电子文件。

2. 明确了电子签名所需要的技术和法理条件

电子签名必须同时符合"电子签名制作数据用于电子签名时，属于电子签名人专有""签署时电子签名制作数据仅由电子签名人控制""签署后对电子签名的任何改动能够被发现""签署后对数据电文内容和形式的任何改动能够被发现"等若干条件，才能被视为可靠的电子签名。这一条款为确保电子签名安全、准确以及防范欺诈行为提供了严格的、具有可操作性的法律规定。

3. 对电子商务认证机构和行为做了规定

电子商务需要第三方对电子签名人的身份进行认证，这个第三方被称为电子认证服务机构。认证机构的可靠与否对电子签名的真实性和电子交易的安全性起着关键作用。考虑到目前中国社会信用体系还不健全，为了确保电子交易的安全可靠，《电子签名法》规定了认证服务市场准入制度，明确了由政府对认证机构实行资质管理的制度，并对电子认证服务机构提出了严格的人员、资金、技术、设备等方面的条件限制。

4. 明确了电子商务交易双方和认证机构在电子签名活动中的权利、义务和行为规范

《电子签名法》对电子合同中数据电文的发送和接收时间、数据电文的发送和接收地点、电子签名人向电子认证服务提供者申请电子签名认证证书的程序、电子认证服务提供者提供服务的原则、电子签名人或认证机构各自应承担的法律义务与责任等问题，都做出了明确的规定。

5. 明确了“技术中立”原则

这次立法借鉴了联合国《电子签名示范法》的“技术中立”原则，只规定了作为可靠的电子签名应该达到的标准，没有限定使用哪一种技术来达到这一标准，这为以后新技术的采用留出了空间。

6. 增加了有关政府监管部门法律责任的条款

“负责电子认证服务业监督管理工作的部门的工作人员，不依法履行行政许可、监督管理职责的，依法给予行政处分；构成犯罪的，依法追究刑事责任。”由立法明确指出追究不依法进行监督管理人员的法律责任，这是国外电子商务立法中所没有的，也是针对目前我国市场信用制度落后、电子商务大环境不完善而特别需要加强监管的国情而实际做出的。

第四节 电子商务中的知识产权保护

知识产权是专利权、商标权、著作权、版权、专用技术、商业秘密以及邻接权、与贸易有关的知识产权的统称。随着科学技术的迅速发展，知识产权保护对象的范围不断扩大，不断涌现的新型的智力成果，如计算机软件、生物工程技术、遗传基因技术、植物新品种等，也是当今世界各国所公认的知识产权的保护对象。而上述权利在互联网上得以自然延伸，一切侵犯上述权利或数字化后的上述权利的行为都将构成对知识产权的侵害。

版权、专利权和商标权是传统知识产权的主要内容，如今这一传统的知识产权体系在网络中受到了前所未有的挑战。

一、版权保护

所谓版权，有时也称作者权，在我国被称为著作权，是基于特定作品的精神权利以及全面支配该作品并享受其利益的经济权利的合称。版权法自产生以来，一直受技术发展的重大影响，版权制度总是随着传播作品的技术手段的发展而不断向前发展。

随着计算机技术、通信技术和网络技术的发展，作品以数字化形式保存和交流成为可能，随之而来的问题是如何对数字化的作品给予保护和给予什么样的保护。在对数字化作品的保护中，最重要的一点是防止他人对作品的任意复制（这也是知识产权之所以能成为某种财产权的原因）。网络数字化的特性，使得一般人可以轻易地进行作品的复制、散布、修改等，一旦某项作品进入网络，就面临着在全世界范围内被无偿使用的“危险”。辛勤的智力劳动得不到应有的回报，任由这种情况发展下去必然会影响到创作者的积极性，所以迫切需要寻求法律的调整与规范，来保证数字化作品在互联网络中的正当权利。

法律上的客体是指主体的权利与义务所指向的对象。版权的客体是指版权法所认可的文学、艺术和科学等作品，简称作品。计算机技术以及网络通信的发展给版权的客体带来了新的内容。

二、专利权保护

所谓专利权指的是一种法律认定的权利。它是指对于公开的发明创造所享有的一定期限内的独占权。各类信息技术如果是具有新颖性、创造性、实用性的发明，只要不违反法律的禁止性规定，均可以获得专利权。与网络有关的许多技术具备这三个要素，是否可以成为可授予专利权的客体，这是目前专利研究的前沿问题。当前考虑最多的主要有网络技术与网络商务方法。

网络的发展不仅需要相关的硬件设备，还需要相关的软件和网络技术。对硬件设备和软件都有相关的法律进行保护，而对网络技术的保护仍然处在探讨阶段。例如，网上的界面技术、网上的资料压缩技术、密码技术、信息处理、检索技术等。有些国家开始尝试利用专利对网络技术进行保护，美国就曾经为网络问答语言技术授予专利，该专利技术与找回电脑文本和数据库资料的方法有关，包括使用自然语言进行检索。

由于电子商务的竞争日趋激烈，作为电子商务活动主体的商家都力图使自己的创新活动获得法律最大限度的保护，其中将自己的商业方法申请专利就是一个最为有效的方法。然而，这种在电子商务活动中的网络商业模式，其能否作为可专利性主题而被授予专利权，以及它的外延和内涵如何等问题都是值得深入探讨的。目前在国际领域，已经出现对网络方法授予专利的情况。例如，Pcne.com 的反向拍卖法，戴尔公司的“订制直销模式”。此外，一些商业顾问公司也就其“咨询过程”提出专利申请。专利授权，美国专利局的官员认为，这些发明创造都是新的、实用的、非显而易见的，因此符合专利授予标准。

网络商业方法也称网络商业模式，是指电子商务经营人在经营过程中所使用的新型网络商业经营方法，如网上商品销售方式、网络广告方式、网上支付链接方式等。网络商业方法是商业经营方法在网络商业中结合特定网络技术进行延伸的结果，是依赖某种技术而引申出来的一种新增的商业方法，是技术与方法相结合的产物，其目的同样是提高交易的效率。

网络商业方法首先是在美国成为可专利性主题，并被授予专利权的。1999 年 1 月，美国联邦最高法院对道富银行信托有限公司诉 Signature 金融公司一案做出裁决，使电子商务中的商业经营方法成为可专利性主题。在该案中，被上诉人 Signature 公司拥有一项名为“互助基金管理方法”的专利，用于以计算机计算并管理共同基金的投资金额。Signature 公司在与上诉人 StateSteet 银行授权使用谈判不成的情况下，起诉 StateSteet 银行侵权，该案一审法院根据既往专利判例确立的原则，认为该专利描述的纯属商业方法，不属于专利法保护的范围。审理该案第一次上诉的联邦巡回上诉法院认为，Signature 公司的该项专利的权利书要求记载的 6 项权利要求中的每一项均有其对应的结构的实施案例，因此该要求所主张的为一机器，具有可专利性，Signature 的专利权应受到保护，道富银行应立即停止侵权行为。1999 年 1 月，联邦最高法院确认上诉法院的判决。从而确立了电子商务经营方法专利保护的合法地位。

该案开启了商业方法可专利性的大门，电子商务经营方法第一次作为可专利性主题进入了美国专利领域。1999 年 10 月 21 日，亚马逊向美国法院递交诉状，以巴诺书店公司的“TeExpessane”网上购物原理与其二号专利技术（即“一次点击”购物技术）相同为由，起诉该公司侵权。法院确认其确实是一项具有实用性的发明，把专利权授予亚马逊公司。法院同时颁发了一个临时禁令，公司和个人不得继续对411专利实施侵权活动。虽然这项临时禁令于2001年2月被废除，但这并不代表法院认为商业方法不可以被授予专利，而是考虑到One-click专利的生效所带来的过度保护问题。

实际上，美国关于网络商业方法专利的确认和保护早在20世纪90年代中叶就开始酝酿了。例如，1996年2月16日公布的《计算机相关发明审查基准》指出，在审查商业方法时应和其他方法同等对待。而在2000年3月颁布的《自动化商业方法专利白皮书》中，电子商务模式作为“现代商业数据处理”专利已被正式归入第705类专利中。

对网络商务方法授予专利，是否会影响其他竞争者的竞争力，是否会造成某一商业领域的垄断，这是目前对是否授予网络商务方法专利权问题争论的焦点。例如，美国的网络零售商亚马逊公司就助销技术取得一项专利，将对电子商务产生很大影响。这项专利几乎涉及包括了助销的所有方面，对于此项技术，亚马逊公司取得了专利授权，如果其他网站同样采用一次点击技术，就会因侵犯亚马逊的专利权而遭诉讼。亚马逊可以对那些已经使用该技术的站点发放许可证，也可以通过诉讼要求竞争站点停止使用。亚马逊的竞争者将无法再使用相同的技术销售产品，或者只能向亚马逊支付许可费来获得使用权，这意味着其竞争力的下降。就此，美国法律界有些学者认为，专利和商标局应该修改和加强授予科技和发明专利的标准。

关于商业方法的内涵，美国的道富银行信托有限公司诉Signature金融公司一案初步明确了其内涵，即商业方法作为技术与经验的结合并表现为一个完整的处理系统，能够证明其是实用的，就可以被授予专利。就其内容而言，网络商业方法的表现形式却是一个电子系统，由各种机器、程序和方法组成。它是一种仅存在于特定网络系统中的独立专利形式。

《中华人民共和国专利法》对商业方法的可专利性问题没有做出明确规定，由于《专利审查指南》规定“组织、生产、商业实施和经济管理的方法及制度”属于智力活动的规则和方法，不能被授予专利权。我国的专利查审部门虽谨慎地仍旧在“考虑、研究”，但随着世贸组织的加入，对自身国际化的要求，不可能不受上述国家及其判例的影响，蓬勃展开的电子商务需要良好的法律环境，把商业方法纳入专利保护的范围已成为必然趋势。

三、商标权保护

商标在一定程度上体现了商品生产者或服务提供者的信誉这一“人格化因素”。在电子商务环境下，商标权的保护涉及如下内容。

（一）网络链接上的商标侵权

在互联网上，处于不同服务器上的文件可以通过超文本标记语言链接起来。常常上网的人都有这样的经历：只要在网页的某个图标上轻轻点击一下，另一个网页或者网页的另一部分内容就呈现在眼前。这种网页跳跃和文件转换的过程就是“链接”。因此在网站设计时，不要一味追求网页色彩缤纷、鲜亮美丽，而随意采用别的网站或公司的图标，否则将会在无意中陷入一场知识产权的纠纷中。

（二）网上搜索引擎上的隐性商标侵权

隐性商标侵权的特点是某个网站管理员将他人的商标置于自己的网页的源代码中，这样虽然用户不会在该网页上直接看到他人的商标，但是当用户使用网上搜索引擎查找商标时，该网页就会位居搜索结果的前列。

这种隐形使用他人商标，靠他人的商业信誉把用户吸引到自己的网页中的网站管理员，有淡化、贬低他人知名商标、商号之嫌，情节严重的则侵犯了知名企业的商标权。

（三）电子形式的商标侵权

北京市某某信息技术公司诉某集团总公司侵犯商标权的案件中，被告在其软件安装、运行的界面上（含对话框、标题栏、图标）使用了原告的商标，预示着网络上的商标侵权已经在我们身边发生。

只有网络管理机构加强对互联网络的管理，广大网民积极提高对网上商标权的维护意识，政府积极出台相应的知识产权法规，才能有效地杜绝此类案件的发生。

四、域名的保护

（一）域名的含义

域名是用户在网络中的地址。在网络中，每一位用户都有一个由数字和英文字母组成的账号，域名格式最初由一长串二进制数字组成，为容易记忆，人们又发明了一套域名翻译系统，将枯燥的数字翻译成人们可随意命名的一串英文字母或者阿拉伯数字。当人们在上网的电脑上输入预先设定的域名后，系统就会自动将其翻译成计算机能够理解的语言并接通该域名代表的网站。当然，域名必须首先经由国际网址管理机构或者各国的网址管理机构登记注册后才能生效。目前，世界各国网址管理机构对于申请登记的域名均采取“先申请，先注册”的原则统一注册，如果一个域名被在先注册，别人就不能再注册该域名了。相对于传统的知识产权领域，域名是一种全新的客体。

（二）与域名有关的法律纠纷

常见的涉及网络域名的纠纷一般分为以下五种。

1. 域名抢注

域名作为网络时代的重要商业识别标志，对企业至关重要，巨大的经济利益诱使有些人打起了低价抢注域名，然后高价出售牟利的主意，这就是网络界非常著名的“域名抢注”行为。按国际商标协会的定义，域名抢注是“出于从他人商标（商业标志）中牟利的恶意注册并出卖域名”的行为。这种行为常见的原因首先是现行的域名注册体系奉行“申请在先”，而不问域名与商标权、名称权等现实权利是否有冲突。

康柏计算机公司曾出 500 万美元回购了被他人抢注的域名。北京国网信息有限责任公司因为抢注荷兰英特艾基公司的二级域名“kea.con.cn”，被告上法庭并最终被判败诉。此案后来成为中国域名抢注的典型案件。因为此案的曝光，大家把眼光投向国网公司时才意外地发现，该公司已经在 CNNC 上注册了 2000 多个域名，包括姓氏、职业、爱好、属相、星座、“I”系列（与互联网相关）、“E”系列（与电子技术相关）。原来中国互联网顶级域名的 10% 竟然攥在某一家公司的手中。

2. 同一商标的域名争议

同一商标的两个合法拥有者都想以他们的商标做域名。这类纠纷就更难处理了。例如，享有盛名的网络目录服务商 YAO 与 MssKngKtcensInc 蛋糕公司的“YA”商标、域名纠纷案。坐落于美国德州的原告 MssKngKtcensInc 蛋糕公司向美国德州联邦法院起诉，称其已经以“YAO”注册了商标，其产品于注册当年即用了“YAO”的名称，要求禁止被告 YAO 公司继续在网络上使用“YA”这个字。该纠纷一度引起华尔街股市和网络世界的高度关注。该案经法院审理一年半，双方当事人终于协调成功，达成和解。MssKngKtcens 蛋糕公司另行登记了“www.yaoocake.com”的网页，并在网站上刊登广告、接收订单，还将双方和解声明登载于双方网站首页上，但双方和解协议内容未公开。

3. 域名混淆

一般认为，“域名混淆”包括了“盗用”和“淡化”两种方式。目前学界流行的看法，“盗用”是指利用权利人的商标、商号或域名注册成相同或相似的域名，企图利用被盗域名的知名度或者其他优势来宣传自己的网站，从而取得不正当利益，其实质属于“搭便车”的不正当竞争行为。

“淡化”这个概念最早是在美国制定的《反域名侵占消费者保护法》中提出，中文是商标淡化。在我国这种典型案件并不多。

目前，国际上判断商标相似的原则是：在全球范围内多大程度上可能造成公众的混淆。而混淆程度的全球评估是以商标的整体印象为基础，按照所要鉴定的商标之间在视觉、听觉和概念上的相似性，尤其是其独特性和决定性的要素之间的相似程度来鉴定的。

此类注册商标或域名相似的案例如美国电子商务（Hostspace）公司与我国江苏省金图科技有限责任公司的网络域名纠纷案。金图科技有限责任公司是一家软件企业，主要从事开发 GS 应用软件、国土资源管理信息系统、智能医疗软件等。该公司按国际惯例向 NTENC 注册了 www.mconospace.com 域名，取意为“微信息空间”，美国电子商务公司向国际知识产权组织仲裁与调解中心提起仲裁，投诉江苏省金图科技有限公司注册的域名与该公司注册的商标（NOSPACE）及域名 www.nospace.com（中文意为“信息空间”）相似，误导了网络用户，因此其认为金图公司无权拥有该域名，要求金图公司把此域名转让给该公司。最终国际知识产权组织仲裁与调解中心判定金图公司胜诉，美国电子商务公司的投诉不成立，金图公司合法地拥有了 www.mconospace.com 域名。

4. 域名反向侵夺

在网络世界，域名与商标权的冲突是常见的，起初是域名注册的“在先申请”原则没有保护好商标权，导致大批域名被抢注。但现在出台的域名争议解决政策则有“矫枉过正”之嫌，过于倾向于保护商标权人，由此又引发了新问题：某些商标持有人滥用权利，肆意侵占注册人的知识成果，酿成了“域名反向侵夺”问题。

"域名反向侵夺"是指域名注册人注册的域名与商标所有人的商标相同或近似，但侵害商标所有人权益，商标所有人对域名注册人进行诉讼威胁或其他骚扰活动。从实质上而言，"反向域名侵夺"与"域名抢注"是相类似的网络敲诈行动。

5. 域名代理纠纷

按照域名管理体制，域名注册实行代理制度，国际顶级域名由 CANN 指定的国际域名注册商完成，某些时候，由于国际域名注册商的工作失误，造成注册人无法使用已注册的域名，甚至是被第三人重新注册而失去域名。一般分为"域名丢失"和"拒绝过户"两种情况。

"域名丢失"，一般是因为域名注册代理商的疏忽或者过失，致使域名权利人的域名被他人占用或者注册的情况，中国在实践当中已经发生了真实案例。根据《扬子晚报》报道，泰州某公司因代理商疏忽，忘记了为其已经注册的 www.tm.con 域名缴纳年费，导致该域名被 NS 注销，其后因被第三人注册而无法索回。该公司愤而将该代理商诉至泰州市中级人民法院，索赔金额 498 万元，创下了同类案例的"天价"。

"拒绝过户"则有鲜明的中国特色和历史原因。以前，由于多数中国企业对域名的经济价值一无所知，国内域名注册代理商的业务推广极为艰辛。当时代理商一般会采取先注册的策略，就是以自己的名义将某些最有可能注册的域名先注册下来，再向客户推销。当客户支付注册费后，再将该域名过户给客户。这种情形类似于"域名抢注"而又有所区别。

（三）域名纠纷的法律规范

由于域名争议涉及全球，并无国界之分，势必需要全球统一的域名纠纷解决机制。因此，CANN 于 1999 年 3 月 4 日公布了《关于委任域名注册机构规则的声明》，开始着手建立防止域名纠纷的机制；同年 8 月 6 日又公布了《统一域名争议解决政策》以及随后公布的实施细则，完成创设处理国际顶级域名纠纷法律依据的步骤。不久，CANN 指定了世界知识产权组织等机构为"纠纷仲裁机构"，至此，全球统一的域名纠纷处理机制完成。

在中国，为妥善解决中国顶级域名纠纷，CNNC 参考上述方法，制定了《中文域名争议解决办法（试行）》，授权中国国际经济贸易仲裁委员会域名争议解决中心（CETAC）作为中文域名争议解决机构，由域名争议解决中心制定相应的程序规则。按照该程序规则规定，CETAC 采取专家组负责制解决相关域名争议，但并不妨碍当事人就同一争议向法院提起诉讼或向仲裁机构提请仲裁。

第五节　电子商务中虚拟财产的保护

一、虚拟财产的法律界定

虚拟财产又称"网财"，一般指玩家在网络游戏中的账号（ID）及其积累的"货币"

"装备""宠物"等财产。

虚拟财产必须具有以下特征。

（一）虚拟性

虚拟财产必须凭借一定的载体（如硬盘）、媒介（如光纤）、技术（如软件）才能存在，离开了这些载体、媒介、技术，虚拟财产也将不复存在。虚拟性是虚拟财产的本质特征，也是与其他有体物的显著区别。

（二）价值性

虚拟财产之所以要受到法律的调整和保护，是基于其具有一定的使用价值和交换价值，能满足人类社会生活的某一方面的需求。价值性是区别虚拟财产和不受法律调整和保护的虚拟物品的关键。所谓虚拟物品是指不能用现实的货币价格来衡量的，具有虚拟的形态和名称的网络上的物品。这类物品一般以免费的方式广泛存在于网络上，任何使用互联网的人均可通过不同的途径获取，而无须另行支付现金对价。譬如，在许多 BBS（论坛）里，为了激励用户参与往往设置这样的一套规则，用户通过提高发帖的数量或质量等积极行为，可以获得某种"积分""××币"之类的奖励，进而获得更高的权限，但由于其并不与现实生活发生联系，亦无法在现实生活里估量其价值，因此不能视为虚拟财产。

（三）可支配性

虚拟财产必须能被特定的主体所支配，以确定权利归属。如不能为特定主体所支配，则无法成为权利的客体，也就没有法律上予以调整和保护的必要。

（四）独立性

独立性是物的基本特征之一，一物如不能独立于其他物，亦即无法与其他物进行区分，则难以对其进行支配，更难以衡量其价值。

二、虚拟财产纠纷的表现形式

虚拟财产引发的或者与虚拟财产有关的纠纷主要有这样几种情形。

（一）虚拟财产被盗引发的玩家与盗窃者之间、玩家与运营商之间的纠纷

虚拟财产一旦被盗，用户查找盗窃者往往比较困难，或者虽能找到但难以举证，因此一旦发生虚拟财产被盗后往往会请求运营商协助提供证据，更多的是直接以运营商没有尽到应尽的安全义务为由将运营商诉诸法院。

（二）虚拟物品交易中欺诈行为引起的纠纷

虚拟物品交易已经非常普遍，因利益驱使也滋生了大量的欺诈行为，比如一方支付价款，而对方不履行移交虚拟物品的义务，或者虽然履行该义务，但与对方支付的对价不相符，等等。

（三）因运营商停止运营引发的虚拟财产方面的纠纷

运营商停止运营原因很多，多数是因经营不善而终止运营，也有恶意终止运营。不管哪种情况都会使得玩家的虚拟财产失去存在的依据和价值，因此往往会引起玩家和运营商之间的纠纷。

（四）游戏数据丢失损害到虚拟财产而引起的纠纷

数据的丢失有的并不对虚拟财产带来影响，但也可能会引起有关服务质量方面的纠纷，在此谈及的是数据丢失对虚拟财产产生影响的情形，这种影响可以表现为虚拟物品属性的更改进而影响到虚拟物品的价值，也可表现为虚拟物品的丢失使得玩家的虚拟财产化为乌有等。这些都可能引发玩家和运营商之间的纠纷。

（五）因使用外挂账号被封引起的虚拟财产纠纷

使用外挂属非法行为，但运营商因玩家使用外挂而封号是否有法律依据？如果说运营商有权对使用外挂的行为予以惩罚，那么这种惩罚能否延及玩家合法获得的虚拟财产？事实上的做法是，一旦玩家使用外挂，那么账号将被封，与之相连的用户的虚拟财产也等于被完全查封了，因此往往会引起纠纷。还有一种情况就是运营商因判断错误而误封玩家账号，这也会引起纠纷。

三、虚拟财产保护的立法对策

随着网络事业的发展，各种形式的网络虚拟财产纠纷不断出现，网络虚拟财产已经不再完全“虚拟”，侵犯虚拟财产已经突破虚拟空间而向现实空间过渡。具有一定的现实性虚拟财产不只是虚拟的或者独立存在于虚拟社会中的，而是逐渐与现实社会的真实财产建立了对应或者换算关系。因此，虚拟财产已经具备了现实社会中真实财产的价值。理应受到法律的保护，只是在保护的方式以及手段方面做出不同的规定而已。

（一）国外对虚拟财产的保护

1. 美国对虚拟财产的保护

美国现有法律并未对虚拟财产予以明确的规定，其对虚拟财产的保护是通过法官对相关法律的解释来完成的。一美国英特尔（Intel）的雇员在被解雇后，先后 6 余次发大量邮件给 Intel 数万名员工，抗议 Intel 对员工的不公正待遇和剥削。后 Intel 将这名被解雇者告上了法庭。在该案的处理上，法官认为，Intel 员工的电子邮件地址并没有对外公开，Intel 的电子邮件系统也并非公共论坛，因此被告不具有宪法赋予的接触权利。虽然内容属于劳动争议，但是寄送方式已构成非法侵入他人动产的侵权行为，于是法院颁布了禁令。根据这一判例，法官把 Intel 员工的电子信箱和 Intel 电子邮件系统当作动产来加以保护。可见，在美国，网络系统本身也构成财产，侵入网络系统，就构成非法侵入动产。

2. 韩国对虚拟财产的保护

韩国的网络游戏发展的比较早，是世界网络游戏较发达的国家之一。早先韩国的法律不承认虚拟财产的合法性，并完全禁止虚拟财产的交易，以此来达到杜绝虚拟财产所带来的种种问题，然而效果很差。虽然通过立法来杜绝虚拟财产的交易，但是无法禁止现实中虚拟财产的交易，并形成了一条完整的灰色产业链，这其中也出现了大量的纠纷，众多的用户因法律上不承认虚拟财产而导致利益受到侵害后无法救济，危害现实社会的稳定。于是，韩国通过立法明确规定，网络游戏中的虚拟财产独立于服务商而具有财产价值。服务商只是为玩家这些私有财产提供一个存放的场所，而无权对其进行任意的修改和删除，这种虚拟财产的性质与银行账户上的钱财并没有本质的区别。

（二）我国大陆对虚拟财产的立法保护现状及对策

1. 我国大陆对虚拟财产的立法保护现状

目前在我国法律层面上没有针对保护网络虚拟财产的明文规定，但按照《中华人民共和国宪法》（以下简称《宪法》）《中华人民共和国民法通则》（以下简称《民法通则》）等相关法律中保护公民合法利益的精神，网络虚拟财产应该得到法律的保护。如我国《宪法》第 13 条规定："公民的合法私有财产不受侵犯。"《中华人民共和国刑法》（以下简称《刑法》）第 2 条规定："中华人民共和国刑法的任务，是用刑罚同一切犯罪行为作斗争，以保卫国家安全，保卫人民民主专政的政权和社会主义制度，保护国有财产和劳动群众集体所有的财产，保护公民私人所有的财产，保护公民的人身权利、民主权利和其他权利，维护社会秩序、经济秩序，保障社会主义建设事业的顺利进行。"《民法通则》第 75 条规定："公民的个人财产，包括公民的合法收入、房屋、储蓄、生活用品、文物、图书资料、林木、牲畜和法律允许公民所有的生产资料以及其他合法财产。公民的合法财产受法律保护，禁止任何组织或者个人侵占、哄抢、破坏或者非法查封、扣押、冻结、没收。"《中华人民共和国物权法》（以下简称《物权法》）第 2 条规定："本法所称物，包括不动产和动产。法律规定权利作为物权客体的，依照其规定。"从以上法律条文中可以看出，在我国目前的法律体系中，公民的合法私有财产无论是在民事领域还是在刑事领域中，都受到了法律的严密保护，这体现了我国对公民私权的日益尊重和现代文明社会的法治精神。

然而，不论是在《物权法》和《民法通则》，还是在《著作权法》等知识产权法中都只是对公民的合法收入、房屋、储蓄、生活用品和其他合法的财产予以认可，对网络虚拟财产的合法性并没有做出明确的规定，即便在一些部门法中对网络虚拟财产是否属于我国法律保护的公民私有合法财产也鲜有规定。虽然在我国首例网络游戏虚拟财产失窃案中，原告李宏晨得到了相应的赔偿，而且法院还做出了"特殊的网络游戏环境，令虚拟财产具有了无形财产的价值，可以获得法律上的适当评价和救济"的司法解释，但在实践中，我国现行的法律并没有对网络虚拟财产给予明确的规制和有效的保护，因此常常出现网络游戏玩家在丢失虚拟财产后告状无门的现象。

2003 年 12 月 25 日，19 名律师联名向全国人大法律委员会上书呼吁保护网络虚拟财产，提交了《保护网络虚拟财产立法建议书》。该建议书建议国家制定一部程序、实体合一的《网络虚拟财产保护条例》，对网络虚拟财产的概念、内容、网络开发商、网络运营商、网络用户、网络管理者各自的权利义务、侵犯网络虚拟财产应承担的法律责任以及保护网络虚拟财产的行政执法和司法程序等主要内容进行规范，其目的就是希望在不久的将来，我国能有一部关于虚拟财产保护的专门立法，使得在发生网络虚拟财产纠纷案件需要处理时能够做到有法可依。

2. 网络虚拟财产保护的立法对策

（1）宪法上的保护

网络虚拟财产对传统法律规定的财产范畴提出了很大的挑战，在实践中不仅仅涉及民法、刑法等部门法律，还涉及我国的根本大法——宪法中规定的财产范围是否完整。当然我们也可在民法、知识产权法等相关法律中对相应的条款做一些修改，增加网络虚拟财产方面的法律内容，明确其法律地位，然而这无论如何也不及从根本大法上直接加以规制，明确网络虚拟财产的法律地位。当然，就目前而言，如此操作可能机会尚不成熟，但我们不妨尝试由全国人大行使宪法的解释权，发布宪法解释，规定网络虚拟财产属于宪法上财产权的范围。如此则可以引起一场从我国的根本大法到其他部门法都进行相关调整的改革，带动整个法律体系的发展，从而为真正将网络虚拟财产纳入法律上财产的范畴予以全方位的法律保护提供保障。这样既维持了宪法的相对稳定性，又可以使各部门法能直接引用此解释扩大财产保护的范围，更好地体现宪法的直接法律效力和最高权威。依照此种方案给予虚拟财产以宪法的原则性保护，可以减少立法成本。

（2）民法上的保护

在民法方面，目前最行之有效的保护方法，首先莫过于从民法的物权方面确认网络虚拟财产具备民法上“物”的法律属性，因此可在《民法典》中直接明确其他合法财产包含网络虚拟财产，或在《民法通则》及《物权法》的基础上出台相关的司法解释，将网络虚拟财产纳入“其他合法财产”的范围。这样一来，当网络虚拟财产进行流通时，就可以直接适用物权法对其进行保护。其次，增加知识产权法保护的范围，将网络虚拟财产纳入知识产权保护的客体之一，在虚拟财产不进行交换时，就可以适用知识产权法对其进行保护，这样就形成了物权法和知识产权法对网络虚拟财产进行交叉保护的框架，更能保护纠纷各方当事人的合法利益。再次，在认定合同的条款时，运营商的游戏服务协议应被视为格式合同，应该适用合同法关于格式合同的相关规定，提高运营商经营的法律成本。最后，虚拟财产之间的关系被认定为支配关系，侵犯其虚拟财产的行为同样为侵权行为，可适用侵权法的规定依法要求赔偿。最直接的解决方式是，受害人通过与运营商之间的服务合同要求其承担相应的违约责任，而运营商在承担违约责任后，可再通过其本身的技术优势找到侵权人向其追偿，从而解决纠纷。当然上述这些设想都是以法律承认网络虚拟财产的法律地位为前提的。

（3）刑法上的保护

在刑法方面，虽然现阶段我国《刑法》规定了非法侵入计算机系统罪和非法破坏计算机系统罪两项罪名，但这显然还不能包含各类侵犯网络虚拟财产的犯罪，简单举例而言，盗窃罪的侵犯客体是否应当包括网络虚拟财产，就急需相应的法律革新。

在刑事立法上，为保证刑事立法能随着时代的进步自我完善和及时跟进现实社会的发展现状，可以有以下两种做法：一是对网络虚拟财产确立行之有效的法律保护体系，尤其是对那些侵犯虚拟财产的行为依法应追究其刑事责任的，可以考虑将其直接引入侵犯传统的财产犯罪的条款加以惩治；二是建立全新的网络虚拟财产刑法保护体系。从目前的现实情况来看，涉及网络虚拟财产的刑事违法犯罪的案件主要有以下几种类型：盗窃他人网络虚拟财产、诈骗他人的网络虚拟财产以及利用虚拟财产进行买卖式诈骗。对于第三类案件，事实上已经与现有的侵犯财产权的案件相差无几，可以依诈骗罪直接进行处理。但前两种由于发生在虚拟的网络世界，虽可通过将网络虚拟财产转化为电磁记录的方法将其纳入传统刑事理论，但处理的难度较大，若采用直接规定新型罪名加以调整的方式又显得过于强烈，立法的难度也可想而知。

【案例分析】

抢劫虚拟财产也获刑?

从去年初开始，孙洋和李勇（均为化名）迷恋上了网游，经常和另外两个网游爱好者结伴到沈阳市东陵区一家网吧玩大型网络游戏。

由于级别不高，“装备”也比较简单，4人在游戏里常受“欺负”，即便是联手作战也经常被“打”得落花流水。为此，练“装备”成了孙洋等人的头等大事。

但是要获取更多更高级别的“装备”，对于这几个“新手”来说，可谓是一项浩大而艰辛的工程——不但费时费力，而且花费不菲。

就在4人为此愁眉不展时，一个网名叫“沈阳小伙”的同龄人进入了他们的视线。经过一段时间的观察，他们发现“沈阳小伙”是一个十足的游戏高手，不但“装备精良”，游戏时更是胜多负少。

“沈阳小伙”的显赫战绩让4人羡慕，慢慢地“沈阳小伙”成了他们的“网游偶像”。为了能够尽早向“偶像”看齐，4人商量决定——由孙洋在网上直接向“偶像”索要“装备”。但“沈阳小伙”一口回绝了。

索要不成，又一个计划在4人心中酝酿开来。

2008年10月22日零时左右，4人来到了“沈阳小伙”上网的网吧，经李勇指认后，另外3人开始对“沈阳小伙”进行殴打、威胁，迫使“沈阳小伙”从网上转出100个Q币、1100余万个游戏币和其他游戏装备。随后，孙洋又单独将“沈阳小伙”强行拽到网吧外野地，用砖头及语言威胁，从“沈阳小伙”身上抢走人民币200元。

事后，4人分别用抢来的Q币和游戏币，对自己的游戏装备进行了升级。

事发后，“沈阳小伙”报了案。经鉴定，“沈阳小伙”面部擦伤为轻微伤。

这时，孙洋等人意识到事情闹大了，主动到公安机关投案自首，并与“沈阳小伙”达成民事调解协议，共同赔偿人民币2000元。

然而，4人的行为已经涉嫌抢劫罪，被东陵区人民检察院提起了公诉。

由于我国现行法律只对公民的合法收入、储蓄、房屋和其他合法财产予以认可，并没有对网络虚拟财产的合法性做出明确规定，在如何量刑的问题上，主审法官感到困惑。

“国内虽然陆续出现过一些因虚拟财产而产生的诉讼，这些诉讼作为判例也在一定程度上对虚拟财产做出了相应的保护，但是处理方式以及对虚拟财产的认识却因办案人员的不同而有所差异。”该案主审法官姜俊伟对记者说。

据介绍，东陵区法院虽然将抢劫案中涉及虚拟财产的部分列入抢劫数额中，但因受相关立法不完善等因素的影响，案件处理结果尚不能称得上十分完美。4 名被告人的犯罪数额，仅有孙洋的抢劫数额包括 200 元人民币，其只是参与了抢劫 Q 币和游戏币等装备。姜俊伟说：“因现有评估机制、方法技术缺陷，无法由法定估价部门对虚拟财产进行估价，该案只是依据真实、客观、有效的价值证明等，对虚拟财产的价值进行了认定，为慎重起见，4 名被告人均以最低量刑来处理的。”

法院最后经审理认为，Q 币、游戏币和游戏装备属于网络虚拟财产，虽然现行法律并没有对虚拟财产的合法性做出明确规定，但玩家在游戏中财物的积累需要付出时间和金钱，虚拟财产完全具备财产的一般属性，应当纳入刑事法律保护范围。本案中的 4 名被告人以暴力手段抢劫虚拟财产，已经构成抢劫罪。鉴于 4 名被告人系初犯且归案后认罪态度较好， 主动与被害人达成调解协议，故酌情从轻处罚。

一审宣判后，除李勇向沈阳市中级人民法院提起上诉外，其他 3 人均服判。

【案例讨论】

运用你所学的知识分析在我国应如何加强虚拟财产的立法保护？

参考文献

［1］宋文官．电子商务实用教程［M］．北京：高等教育出版社，2003.

［2］施奈德．电子商务［M］．成栋，韩婷婷，译．北京：机械工业出版社，2008.

［3］陈晞，杨军．物流电子商务［M］．北京：机械工业出版社，2004.

［4］高怡新．电子商务网站建设［M］．北京：人民邮电出版社，2005.

［5］韩海雯，宋永欣，黎晓华．电子商务网站规划与建设［M］．北京：清华大学出版社，2007.

［6］赵乃真．电子商务技术与应用［M］．3版．北京：中国铁道出版社，2001.

［7］陈德人．中国电子商务案例精选（2008版）［M］．北京：高等教育出版社，2008.

［8］杨路明，薛君，胡艳英．电子商务概论［M］．北京：科学出版社，2007.

［9］卢志刚．电子商务概论［M］．北京：机械工业出版社，2008.

［10］樊坤．电子商务概论［M］．北京：人民邮电出版社，2013.

［11］张爱菊．电子商务安全技术［M］．北京：清华大学出版社，2006.

［12］王全胜．电子商务原理［M］．北京：北京大学出版社，2004.

［13］魏善沛．电子商务网站开发与实现［M］．北京：高等教育出版社，2004.

［14］彭志忠．现代物流与供应链管理［M］．济南：山东大学出版社，2002.